Todes Märsche
死亡行軍

從神童到火燒島叛亂犯

Soo Iú-phîng
蘇友鵬醫師的一生

襲昭勳 著

死亡行軍（陳孟和繪，綠邦提供）

孟和　2010.6.21

目 次

目 次

【推薦序】

在歷史傷痕中開出美麗的花

── 感謝昭勳兄為蘇友鵬前輩作傳

陳儀深（中研院近代史研究所副研究員）

　　最近幾年不知從何時開始，在一些台派社團舉辦的演講會、座談會上，我常看到一位光頭的中年男性專注聆聽、犀利發問。有一回會後他主動來自我介紹，原來他就是蘇友鵬前輩的侄兒──龔昭勳先生，值得一提的是，他外公的大哥，就是在二二八事件中失蹤的林茂生博士。2017 年9 月蘇醫師去世後，10 月 7 日的安息禮拜我因出國不克參加，承昭勳兄看重，事先邀我寫了一篇悼念文字，我因而讀了更多蘇醫師的資料，包括1998年12月我們近史所同仁為他做的訪問紀錄。如今昭勳兄承他阿伯蘇醫師的囑咐，聽錄音、查資料，辛苦完成了蘇醫師的傳記，我要藉著寫序的機會恭喜他、感謝他。

　　蘇友鵬醫師（1926-2017）是台南人，1949年台大醫學院畢業，他的受難經驗特點之一是：雖然在 1947 年參加二二八反抗行動，卻在 1950 年才被以「參加叛亂之組織」罪名判處十年徒刑。他在學生時代就認識住在士林的學長郭琇琮，而且一同參加士林「協志會」，一同在陳泗治牧師領導的合唱團唱男高音；被捕的時候已經是台大醫院醫生，地點在台大醫院院長室，與許強、胡鑫麟、胡寶珍等醫師一起被帶走；在保密局的時候是與劉明、郭琇琮、劉特慎同房。不過，蘇友鵬說他被捕的理由與許強等台大醫學院的同案者無關，而是與喜愛 1930 年代文學作品的王耀勳有關：「我西裝外套內被查出一小冊魯迅的《狂人日記》，這可能是後來入罪於我為叛亂犯之唯一物證吧。」

在這本傳記裡，昭勳兄詳細記述了蘇醫師的受難經過和心路歷程，不但幫我們多理解郭琇琮、許強、劉明等著名受難者的側面，同時也許是基於親戚的信任關係，蘇醫師講了很多生活上的故事，例如被捕以前，他已經有論及婚嫁的女朋友，入獄後為免耽誤人家的青春，勇敢寫信和對方分手；1971年被黃紀男牽累而被約談差一點「二進宮」的經過，以及1984年夫人去世以後為何堅持不續絃的理由等等。2017 年國家人權博物館籌備處曾舉辦「醫人治世的先覺者——白色恐怖時期醫師群像」展覽，展出十幾位醫師的故事，蘇友鵬醫師在焉。今天吾人在述說綠島 1950 年代新生訓導處的故事時，他們十位醫師輪值的醫務室、醫務所，服務當地的官兵、新生乃至綠島居民，是不可或缺的一段溫馨佳話。蘇醫師基於音樂的興趣，有一把小提琴「相依為命」，可以自娛娛人，算是不幸中的大幸。

音樂是蘇醫師生命中不可分割的一部份，包括學生時代的合唱團、在綠島「以音樂引導大家走過身心被禁錮的苦難歲月」（蔡焜霖前輩的話），出獄以後，在台北市廈門街的蘇耳鼻喉科診所，二樓有鋼琴、小提琴，還有堆疊的德國藝術歌曲「讓學音樂的我深深為之著迷」（表妹陳安美的話），兒子彥吉在感謝父親栽培的描述也說：「讓我從小有機會接觸小提琴、古典音樂。」記得台北愛樂廣播電台有一段廣告詞說，他們的目標不是要造就更多的「音樂家」、而是更多的「音樂家庭」。蘇醫師應該是實踐這段話的最佳典範。

個人過去所做的許多政治受難者口述史，是偏重台獨相關的政治案件為主，對於和共黨有關的「紅帽子」案件相對陌生，但是承蒙受難前輩吳聲潤、張瑛玨等主事者的抬愛，常與張炎憲（已逝）或薛化元等教授一起應邀參加他們的慶生餐會，會上總是可以聽到蘇友鵬醫師領唱生日快樂歌。2017 年 4 月 23 日適逢日本的王明理女士（王育德的女兒）回台，蘇醫師和他的家人設宴款待，我亦有幸作陪，在座的還有蔡焜霖前輩、日本記

者等，蘇醫師一時興致來了，在大家的要求下高唱一首《When I Grow Too Old To Dream》，至今餘音繞樑。

　　蘇醫師教導子孫「如何成為善良有用的人」、「不以財富為目標、要以助人為先、要有感恩的心」，蘇醫師告訴昭勳兄十年牢獄之災的感想時，仍然這樣正面思考：在那個動輒死刑無期徒刑的時代，才「僅僅」被關十年；而且因而可以做為蔣氏父子及國民黨獨裁統治台灣的親身見證人。感謝昭勳兄辛苦做了訪談並且把錄音整理出來與大眾分享，由於昭勳兄強烈的台灣意識和使命感，有時不免「逸出」主題多做闡釋，但是瑕不掩瑜，他應已圓滿達成蘇醫師交代的任務！

【推薦序】

高舉永不熄滅的理想火炬
蘇友鵬醫師 —— 真正的愛國者、理想主義者、人道主義者

蔡焜霖（政治受難者）

　　2015 年 12 月 10 日，世界人權日活動在台北市中山堂舉行，時任文化部長洪孟啓一上台即說：「幾年來與政治受難者前輩相處越多記憶越深，他們是真正的愛國者，是理想主義者，是人道主義者。」坐在我身邊的蘇友鵬醫師幾乎站起身來高喊：「對、你說對了！」——這一刻蘇醫師以及我心裡所浮現的，是當年白色恐怖狂焰裡壯烈犧牲的眾多前輩，以及曾經在人間地獄似的黑牢或在火燒島共患難的千千萬萬難友的身影。而蘇友鵬醫師正是其中最具代表性的一位。

　　認識蘇前輩是在 1951 年 5 月被押解到綠島的新生訓導處之後，雖然我們不同隊，但是蘇友鵬前輩被捕前已是任職台大醫院耳鼻喉科的醫師，到綠島後是後來成立的醫務室主要成員之一，加上他在音樂方面的造詣，參加樂隊等等，使他很快成為人家都熟識的「同學」。還記得有一次蘇前輩令弟寄來樂譜給他，其中一首《歸來吧，蘇連多》竟引起訓導處管理當局疑心而被調去偵訊，查問是否思想有問題——政治幹事居然把意大利地名「蘇連多」與「蘇聯」國名混亂連結在一起，幸好蘇前輩據理說明清楚，才免受再一次的冤屈。新生訓導處後期很多自製的小提琴，無一不是以蘇前輩令弟寄來的名琴為母型製作的。

　　白色恐怖受難者朋友人人都說，出獄後的境遇更加艱困難耐。因為情治單位繼續地監控、求學求職途中所遭遇的種種阻礙與騷擾、社會上甚至於親朋好友的偏見與歧視等等，使得整個台灣島成為一座巨大監獄島。蘇

友鵬前輩在 1960 年 5 月，而我在 4 個月後的 9 月被釋放離開綠島。蘇前輩很快回到他的老行醫療工作，而不具任何專業技術的我就在求學求職路上跌跌撞撞。但是我們患難至交經常聯絡，我常有向前輩求教甚或求助的機會，而每次都從敬愛的前輩求得寶貴的忠告與助言。尤其我酷嗜文學與音樂，而蘇醫師這兩方面的高超造詣，每次都滿足了我的需求。

1990 年代後期，平反白色恐怖案件之議題受到重視，當創立「五十年代白色恐怖案件平反促進會」以及「台北市高齡政治犯關懷協會」之際，蘇醫師積極參與策劃，後來長期與吳聲潤前輩交替擔任我們兩會會長，在推動轉型正義路途上領導難友前進。2014 年 3 月發生太陽花學生運動，蘇友鵬、吳聲潤兩位會長帶領我們幾個老難友進入立法院議事堂聲援與鼓勵年輕學生，誓言以老邁身軀奮不顧身做為青年學生的後盾。

最難忘的是王育德先生女公子王明理女士，曾為出版詩集《故鄉的太陽花》回台，我好幾次邀請同為台南才子的蘇友鵬前輩以及數位參加太陽花學運的年輕學生聚會。席上蘇前輩常常與明理小姐談起二次大戰結束不久，當時就讀東京帝國大學的王育德先生從日本回來，常常與故鄉台南對前途懷有雄心壯志的知識青年相聚，熱心討論如何奉獻自己才華來為鄉梓的發展盡力。想不到不久二二八事件發生，明理小姐的伯父王育霖先生遇害，育德先生則亡命日本，而後蘇友鵬前輩也因莫須有之罪被囚禁十年。

每次陪蘇前輩高唱當年在黑牢裡或在綠島山上或海邊唱過的懷念之歌，這位真正的愛國者、堅定的理想主義者、又是徹底的人道主義者，他高昂嘹亮的歌聲會鼓舞我們心志，讓我們深信儘管走過多少坎坷苦難的路程，曙光已經顯現在天邊，今後他會從天父之國帶領及指揮我們共唱家園繁榮之歌，也高唱民主自由終獲勝利的快樂頌歌。

【推薦序】

同受苦難的上帝

黃春生 (台北濟南長老教會主任牧師)

　　本書作者龔昭勳先生是我的表哥，本著對民主、自由及公義的信仰價值，使他有著強烈的台灣意識。對於家族長輩蘇友鵬醫師所遭受的政治迫害，透過本書來抒發公義的怒吼，並傳遞良善的價值，期待邪惡政權不再侵蝕自由與人權，使讀者在歷史脈絡中看到人存在的價值與意義。

　　本書有豐富的文獻佐證，讓讀者循著歷史脈絡，從宏觀的時代處境，去認識蘇友鵬醫師。蘇友鵬醫師自小就是一位天賦異稟的神童，在學生時代求學、問道都是名列前茅。隻身北上就讀台北帝人預科時，居住在士林禮拜堂（現在的台灣基督長老教會士林教會前身）後方巷內，更得到知名音樂家陳泗治牧師的牧養，沉浸在聖樂的世界中，並受到基督信仰的啟迪與內化。台北濟南教會李詹懷德長老，學生時代也在士林教會聚會，與蘇友鵬是世交，長期關懷受冤屈的蘇醫師。當蘇醫師年邁住院時，我跟懷德長老也去病床邊為他祈禱，二人在基督裡的情誼令人感動。

　　蘇友鵬在醫學生時代的學習非常艱辛，當時太平洋戰爭吃緊，受到戰爭的影響，中斷學習而進入學徒兵部隊。戰後復校，再次歷經艱辛的習醫之路，畢業後原本可以發揮專業醫師濟世救人之志，卻沒想到國民黨鏟除台灣菁英知識份子的邪惡陰謀正吞噬這群台灣菁英。其中有十幾人被槍決，而蘇友鵬醫師則被判十年政治冤獄，也中斷他與教會與信仰的維繫。

　　統治者的邪惡永遠是人類的公敵，平凡百姓如何對抗邪惡的統治者？1986 年獲得諾貝爾和平獎的埃利·維瑟爾（Elie Wiesel），他曾描述他在

集中營曾被強迫觀看死刑的執行。有一次，一個中年猶太人和一位小孩無故被處以絞刑，行刑時，維瑟爾聽到後頭的群眾發出一聲微弱的嘆息：「上帝在哪兒？祂在哪裡？上帝到底在哪裡？」這時有一個輕輕的聲音說：「上帝和他們同被吊。」這句話安慰了在場的人，因為他們憑信心相信上帝在他們的苦難中。

　　若我們身處當時，我們也是無力抵禦強大的邪惡，除了哀悼，我們還能做什麼？這讓我想到德國神學家莫特曼（Jürgen Moltmann）的集中營經驗。他反對傳統的形上學所認為的上帝是無動於衷、永不改變的，因為這與基督在十字架上的受苦是矛盾的，並且這樣的上帝是與人遠離的。莫特曼提出上帝是主動的受苦。在維瑟爾的心靈中，他則看到上帝主動的受苦被處以絞刑。在苦難中對上帝的盼望，是受難者的明燈。

　　第二次世界大戰時，在科隆集中營的地窖牆上，寫著三句話：

I believe in the sun, even when it is not shining.

I believe in love, even when there's no one there.

I believe in God, even when He is silent.

我相信太陽，即使它不亮。

我相信愛，即使我感受不到。

我相信上帝，即使祂沉默。

　　這名「集中營的無名作家」，寫下他的見證；今天《死亡行軍》一書，也見證那位與蘇友鵬醫師同受苦的上帝，也與一切蒙冤受禁錮的人同在。在對抗邪惡上，上帝也將與一切受苦的人同在，在每世代中消彌世間的邪惡。如同先知以賽亞所宣布的，上帝的話語要鼓勵受苦的人，直到被

擄者得釋放，直到公義得彰顯。

　　「我要發言鼓勵耶路撒冷；我決不緘默，直到她獲救，直到公義像太陽照耀，救恩像火把燃燒。」（以賽亞書62:1）

【推薦序】

《狂人日記》的孤島十年代價

曹欽榮（文史工作者）

　　蘇友鵬醫師自述在台大醫院被當局所抓的時候，身穿醫袍的口袋中有一本《狂人日記》，他看診醫病之外，令人好奇他也熱愛文學。不只科學、文學，音樂一直是蘇醫師的最愛。因為音樂，一位優秀的耳鼻喉科醫師於 1950 年代初被拘禁在火燒島上近十年，而後，至今發生了什麼連動的故事呢？

　　作者生命中的兩位親族前輩林茂生博士、蘇友鵬醫師，分別在二二八、白色恐怖受害，一位失蹤至今、一位被送往火燒島。追尋長輩的時代為什麼發生這些事，是自然而然的心情，這本書因此誕生。作者正因為幾年前開始想深入親族長輩的故事，而來找我，因此我們互相認識。作者要我為本書寫推薦序，我寫幾則與蘇醫師相聯繫的趣事。

　　蘇醫生的口述提到在綠島擔任醫務公差之外，有一次翻山越嶺從綠島東北角新生訓導處，走路到東邊的溫泉村買豬仔。這趟勞動差事一整天，天未亮出門，幾位書生政治犯回程輪流抬豬，再度翻山越嶺回處部，中途島嶼瞬間雷雨，致使山路難行，人豬翻滾。再一則，某天午休時間，天氣大好，暑熱難擋，幾位政治犯偷偷跑去游泳，從東北角燕子洞游到樓門岩小島，好險沒有人被急流帶走，奮力游回來。

　　另一則，孤島製作小提琴的故事出現了各種版本，流傳久遠，醫師和小提琴聯繫在一起，故事可信度如何呢？火燒島政治犯監獄怎麼會出現自製小提琴呢？誰帶來第一把小提琴呢？世界上曾經有同樣的孤島製作小提

琴的故事嗎？這則流傳廣泛的孤島政治犯製作小提琴的故事，最早源自同樣是台南二中醫師前輩的胡鑫麟醫師，傳說他兒子小提琴家胡乃元小時候的第一把琴是綠島製的，而蘇友鵬醫師是綠島製作小提琴傳奇故事的源頭人物！

　　陳孟和前輩依據從台灣本島寄到綠島的蘇醫師小提琴模樣，在綠島製作小提琴，這把琴現在於綠島紀念園區裡展出。葉雪淳前輩製作的小提琴曾經從綠島山上勞動工作草寮的火災中被搶救出來，現在收藏於奇美博物館。而林粵生前輩的小提琴可能隨家中失火而消失，王文清前輩製作的小提琴保存良好，可拉出綠島製小提琴獨有的樂音。這些出土的故事，成爲遊客到達綠島紀念園區瞪大眼睛的好奇所在吧！

　　當下，小提琴帶給遊客觀看的普遍疑惑，暫時忘了：他們爲什麼要被送來孤島呢？又是如何活下來呢？今天和未來的綠島，將永遠被記得島上政治犯監獄曾經發生了什麼事！蘇醫師爲什麼能留下曾經在島上拉小提琴的舊照片？在恐怖孤島上貌似開放的監獄，政治犯能自辦娛樂活動嗎？這是管理單位必須轉變恐怖氣氛，稍稍提供政治犯各種基本需求的政策調整，當局不再只是想高壓改造政治犯的大腦嗎？名爲「新生訓導處」的孤島監獄，上千名政治犯除了勞動、上思想改造課，能有更有效的「改造」管理監獄措施嗎？

　　許多有關孤島政治犯的故事遺產所帶來的疑問，錯綜複雜，迷霧未散。每一位前往綠島的遊客偶然遇見了黑暗歷史，他們所見所感，能留下什麼有幫助的旅遊印記呢？以上的一切疑問會不會在本書中找到合理的答案，我讀完作者爲蘇醫師所寫的傳記，自然浮現以上的疑問。

　　《狂人日記》帶來十年孤島監禁的代價，但是，蘇醫師每次受訪總是談到記憶中激勵人心的美好記憶。記憶背後的迷霧在 2004 年檔案公開之後，蘇醫師有更多的反思，這是他所謂的「世代正義」所要傳達給我們的

另一種遺產的寶貴訊息。如今他已離開我們，留下開朗笑聲和歌聲迴盪人間。

我每回參加受難者慶生會時，常常會遇到他，指揮大家唱生日快樂歌。那樣的歌聲，就如重生般地撼動在場的綠島同學們，鼓勵晚年的他們珍惜彼此情誼。希望他們重生的奮鬥精神，也能激勵我們與時間作戰，為這個轉型正義的時代努力做一些事，為了他們曾經度過孤島歲月的青春不再，也為了我們及未來世代，在台灣永遠不要再度遭遇侵犯人權的體制出現。樂意為序，請您接著閱讀，深入蘇醫師的人生故事！

曹欽榮　2018年3月30日

【推薦序】

惟願苦難平息，邪謬不再重演

蘇峰儀 (蘇友鵬長子)

「死亡行軍」，這個名詞最初的意涵是指二戰期間的末期，德國納粹知道大勢已去，隨著集中營的解散，囚犯遭驅逐被迫做長距離的行進，期間大量的囚犯被虐待殺害。1951 年 5 月 13 日，父親從軍法處看守所被移送到基隆碼頭，在嚴密的押解下，囚犯兩兩銬著，朝著未知的目的地行進，等待他們的不知是怎樣的命運，內心的驚懼悼恐可想而知，要說這是死亡行軍也絕不為過。父親的白色恐怖受難故事，只是那個荒謬時代千萬受難者當中的一個平凡的見證。他曾經說過，我只有被判十年，算是不幸中的大幸，同案中數名優秀的台大醫師不幸遭槍決遇害。十年綠島的流放歲月，有些人不堪禁錮而精神異常甚至自殺。對父親來說，幸運的是他的醫療專業讓他在火燒島的苦悶歲月得以發揮，成立醫務所對於荒島上的 3,000 名受難者、獄吏及居民是必須的措施，但也因為如此，讓他苦悶絕望的心情可以轉移寄託在醫治看診的活動上。十年的光陰就這樣過去，那應該是一個人最精華的時光。這只是個時代的悲劇與苦難嗎？這樣子的苦難有沒有意義？從某方面來說，白色恐怖受難者替我們承擔了人類邪惡所導致的苦難。如果這樣的苦難有意義，那麼我們後代的人就必須去思考這不義的原因何在，要如何讓這些作惡者的逼迫從此不再發生。

「苦難不會衍生苦難，但是邪惡卻會滋生邪惡。」（C.S.Lewis）願父親及其他難友們的苦難就此止息，後代子孫不要再生活在極權恐怖統治的陰影下。但是人們必須正視這種邪惡，防止並抑制它們的再度發生。黑

格爾說：「人類唯一從歷史中學到的教訓，就是人類無法從歷史中學到教訓。」雖然是悲觀的論調，但也指出了問題的所在：人類太容易遺忘，在驕傲自私中犯罪卻自以為義。轉型正義的目的，不僅是要釐清不義的原因和源頭，更重要的是要在教訓中杜絕邪惡的發生。於今的解決之道，唯有讓後代徹底認識並了解這些惡事的原因，找出不義的起源和加害者，給予適當的制裁，並且深切反省，透過教育讓後代能明辨是非善惡，從公民的覺醒和制衡的政治體制中，來杜絕邪惡種子的再度萌芽。父親曾說：「主的祈禱文教導我們，在禱告中要祈求赦免阮的辜負，親像阮也有赦免辜負阮的人。但是到底誰是我應該赦免的對象呢？」當作惡者不承認自己有罪、有過錯，赦免還有意義嗎？20 世紀最偉大的護教家 C .S.Lewis 曾經分辨了寬免及赦免的含義：「寬免惡行， 便是視惡行恍若無物，視惡行恍若善舉。然而，赦免必須同時具有施與也有接受，才算完整。所以，只要不認罪，就無法接受赦免。」（《痛苦的奧祕》，宋偉航譯）因此事件的加害者、首謀者是誰？誰應該負起最後的責任？主要的執行者及協助執行者是誰？這些問題如果沒有釐清的話，轉型正義永遠無法完成。因為後代根本無從認識、辨明不義與邪惡的根源在哪裡，人類在人性上的脆弱，如果沒有時時刻刻給予提醒及反省的話，很容易又朝著「平庸的邪惡」前進，黑格爾的魔咒不斷地在人類歷史上重演，也就不足為奇了。

　　最後要感謝昭勳兄發揮考古學家般的精神，四處探訪蒐集資料，詳細考證各個時期的典章制度，找出許多連至親都未曾聽聞的軼事，鉅細靡遺地詳述了父親的一生。昭勳兄一向關心轉型正義，對於白色恐怖史料的蒐集不遺餘力，希望本書的出版及更多白色恐怖時期真相的發掘，可以讓轉型正義以及世代間的正義得以實現！也希望我們能學習猶太人面對悲慘歷史的智慧：「不可忘記邪惡的人對你所做的事，我們希望不再有這種事情重複發生。」猶太人不教導小孩復讎與憎恨；只要他們真心悔改我們願意

寬恕他，因爲歷史是往好的方向前進的，記住只有上帝才可以伸冤復讎。
（羅 12:19）

自序

　　2015 年冬天，在一個因緣際會的情形下，筆者受邀前往英國倫敦演講，因此開啓了重新檢視家族歷史的旅程，也正式與友鵬伯接觸探討他的受難經過。友鵬伯十年在火燒島集中營的流放，在家族中人盡皆知，卻一直沒有做過深入的討論，畢竟那是一個絕對的痛！家父曾經提起過無數次有關國民黨不公不義獨裁政權的可惡，但是話題都是環繞在友鵬伯十年的受難苦牢，沒有詳細的過程。因爲要準備演講，只能硬著頭皮前去拜訪友鵬伯，惶恐地要求友鵬伯述說他的故事，沒有想到友鵬伯不但是熱情地接待我，更打開話匣子完整地敘述他的受難過程，同時從書房拿出許多珍貴的資料與相片，甚至說期待我能夠爲他寫書。就如同打開了潘朵拉的盒子一般，從此我一腳踩入那個八十多年前的時空，無法自拔。

　　去年（2017 年）3 月下旬，陪伴友鵬伯前往參加一個聚餐，在近一個小時的車程中，友鵬伯突然轉頭問我：「書寫的怎麼樣了？」其實兩年來我一直在徬徨中，也一直在掙扎要如何下筆。畢竟，對於一個完全沒有受過專業寫作訓練的筆者來說，實在沒有把握能夠完成如此重責大任。但是友鵬伯卻非常肯定地說：「我的故事當然是要你來寫，你必須讓故事廣爲人知，那是台灣悲慘歷史的一部份，大家不應該遺忘的歷史。」就在這種情況下，筆者硬著頭皮接下書寫的重責大任。

　　但非常遺憾的是，5 月友鵬伯接受放射線治療，導致喉嚨無法吞嚥必須插入胃管，無法說話。我手上拿著一大疊整理好的待確認事項，卻無法

取得友鵬伯的回答。幸好當中有許多保密局、軍法處以及火燒島新生訓導處細節，得到友鵬伯的難友蔡焜霖前輩、楊國宇前輩兩人的鼎力協助，得以澄清。在此必須特別致上十二萬分感謝之意。

9 月友鵬伯離我們而去，筆者也開始進入最後的書寫階段，5 月 13 日是友鵬伯被逮捕的日子，5 月 17 日是登陸綠島進入新生訓導處的日子，日以繼夜地趕工，終於不負友鵬伯的託付，能夠趕在 5 月 13 日這天付梓，尤其是在去年《促進轉型正義條例》通過之後完成，更是深具意義。畢竟，友鵬伯長期以來不斷呼籲，一定要還原歷史真相，更要防止悲慘的歷史再次發生。

69 年前的台灣，就是 1949 年 5 月 25 日開始實施戒嚴，開啓了白色恐怖的序幕。當天蔣介石抵達高雄壽山，就在一個星期前的 5 月 17 日，蔣介石與蔣經國父子兩人才從中國落荒逃到澎湖。1950 年 3 月蔣介石「復行視事」，蔣經國任總政戰部主任，直接領導五大特務系統，緊接著就是在台灣各地大肆展開逮捕行動。因爲身上攜帶一本魯迅的《狂人日記》，友鵬伯從濟世救人的醫師變成叛亂犯。這是台灣的歷史，不該被遺忘的歷史！

執筆當初，正好發生了台灣人李明哲前往中國旅行時突然失蹤的事件，經過漫長的時間後，終於在電視上看到他「被認罪」、被判刑。整個過程似曾相識，因爲與友鵬伯的遭遇幾乎完全相同，就在半世紀前的台灣發生如此荒謬的事。雖然李明哲是在中國遭遇這樣的惡行，但是有誰能保證不會再次發生在台灣？不會發生在你我任何一個人的身上？有誰能夠保證台灣不會再發生二二八及白色恐怖？因此，我們呼籲政府必須徹底落實轉型正義的執行，更必須堅持民主、人權的價值與法治精神，只有在這些普世價值下，台灣才能永遠脫離陰影。

法國大文豪大仲馬的名著《基督山恩仇記》其中有一句話：「等待，並懷著希望。」友鵬伯一生用這句話鼓勵自己。「等待，並懷著希望」陪

伴友鵬伯面對十年的集中營生活，以及接下來的 27 年，持續不斷地面對特務的監視與騷擾。友鵬伯說他是那個幸運的人，除了幸運，更是堅強的毅力，永遠的「等待，懷著希望」。

雖然這本書是友鵬伯個人一生的故事，但是也藉此串起台灣歷史長流的一小格，連接了長久以來被刻意遺忘的片段。台灣今天已經進入一個民主社會，這是許多前輩犧牲寶貴的生命與年輕歲月爭取得來的。我們今天在享受民主的生活，不應該忘記這些為台灣打拚的鬥士。更重要的是，我們也有責任去維護得來不易的民主與自由，為台灣的將來盡自己一份的力量與責任。

書寫過程中，非常感謝國家人權博物館陳俊宏館長的支持，蔡焜霖前輩、楊國宇前輩、郭振純前輩協助補足幾個空白；感謝陳儀深教授指導，協助規劃書籍的結構；台灣游藝曹欽榮先生的建議與協助；濟南教會黃春生牧師的敦促，以及台北鐵路醫院同事李醫師、林醫師、曾小姐、馮小姐協助建構鐵路醫院全盛時期到沒落的過程；提供筆者歷史研究資料的歷史學者、以及提供珍貴照片的好朋友（非常抱歉在此不一一列名）。因為大家的協助，讓筆者能夠完成本書，在此表達十二萬分謝意。最後，必須感謝友麟叔、峰儀協助提供許多家族舊資料照片，陳英徹表叔協助書籍的封面繪圖，他銳利的美感提供書名最適合的灰暗色系氣氛。更重要的，感謝家人不斷地鼓勵與支持，在書寫過程給了我最自由的空間，讓筆者完成友鵬伯交付的艱鉅任務。非常感謝大家！

感謝主耶穌讓我能達成這個使命！願主耶穌與大家同在，永遠平安喜樂！

第0章
孤獨的背影

　　2014 年 3 月 18 日下午，台灣發生了一件震撼整個社會，甚至引起國際注目的大事件——太陽花學運。第一次，中華民國的國會殿堂，立法院的大議事場被一群年輕學子佔據。年輕人抗議前一天在立法院內政委員會中，執政黨中國國民黨立法委員張慶忠以 30 秒時間宣布完成《海峽兩岸服務貿易協議》的委員會審查。大家不滿這個草率的黑箱審查程序。整個抗議行動引起台灣社會的共鳴，除了立法院的大議事場被佔據之外，立法院周邊地區的道路、巷弄裡裡外外都被從台灣各地趕來支援的學生塞滿，他們席地而坐，三三兩兩熱烈地討論抗議目的，野台棚架也搭了起來，有歌唱、戲劇表演、演講等各式各樣的活動，熱鬧地吸引大家的注目；四周堆放著社會各界送來的支援物資，一天二十四小時，抗議活動持續二十幾天，一直到 4 月 10 日才宣告結束。期間，在 3 月 30 日那一天達到活動的最

高潮，當日來自台灣各地約五十萬的民眾，穿著黑衣湧入凱達格蘭大道，遊行靜坐。

3 月 29 日，星期六上午，十五個平均年齡超過年輕學子六十多歲的小團體，進入立法院的大議事場。他們來立法院的目的是要聲援、鼓勵年輕學子，其中有一個高齡九十、身材矮小的老先生，在國會殿堂上台致詞，他明亮中氣十足的聲音，高舉緊握的拳頭激動著說道：「我們是上個世紀，20 世紀中葉，1950 年代白色恐怖的犧牲者。可以參加這個反服貿黑箱的活動，覺得很感動……」

結束探視鼓勵活動之後，這個身著外套頭戴黑帽的老年人，從他孤寂的背影，可以清楚地感覺到非常有精神，他沒有任何的猶豫，踏著輕快自信的腳步踩在台北市的街道，迎向未來。

他，就是蘇友鵬醫師，一個耳鼻喉科的專家，白色恐怖受難者，一生醫人無數，也是這本書的主人翁。1926 年 1 月 12 日至 2017 年 9 月 16 日，享年 92 歲。蘇友鵬經歷了日本大正、昭和以及中華民國三個紀元，在戰後歡迎「祖國」來光復台灣，當他成為社會人正要起步，充滿熱誠準備翱翔人生的時候，卻在一場莫名其妙的逮捕行動中，被國民黨剝奪了人生寶貴的十年光陰，成為綠島政治犯集中營──新生訓導處第一期的「新生」。蘇友鵬是 1950 年代白色恐怖時期眾多叛亂犯當中的一個。他從大家口中的「神童」，到國民政府所謂的「叛亂犯」，人生從光明瞬間墜入黑暗的深淵，唯一能做的只有「等待和希望」。

蘇友鵬用他 92 歲的一生，見證台灣激盪的近代史，這不只是一個人的故事，也不單純只是一個家庭的悲劇，這是台灣百年外來政權殖民歷史的見證。

↑↓2014年太陽花學運，蘇友鵬與政治受難者難友於立法院議場鼓勵青年學子。（黃謙賢攝）

↑↓蘇友鵬在服務的台北鐵路醫院留影

蘇友鵬6歲入學紀念照。

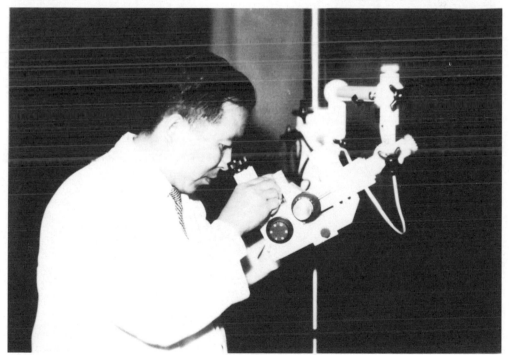

◀2017年2月，蘇友鵬與親人分享「等待與希望」。

▼2016年2月，家族聚會中熱唱的蘇友鵬。

第 1 章

日本時代的台灣人小秀才

台南善化的沒落地主

　　台南市的建城歷史大約可以回溯到 1620 年代，從台灣流行的一句諺語「一府二鹿三艋舺」就可以看出台南是台灣最早被開發建設的城市。自從荷蘭人來到台灣，一直到清國末期將巡撫衙門遷往台北之前，台南一直都是台灣的政治、金融、經濟中心，因此被稱為「古都」；由於清國在台南設了台灣府，「府城」這個名字也成為台南人對於自己家鄉自傲之暱稱。日治時代中期（1920 年 9 月 1 日），台南州正式成為台灣五州三廳之一，行政管轄範圍包括今天的台南市（2010 年改制，台南縣、市合併）、嘉義市、嘉義縣以及雲林縣。而州廳（州政府行政中樞）建築物由時任台灣總督府營繕課技師的森山松之助設計，在 1913 年（大正 2 年）動工上樑，1916 年（大正 5 年）啓用，1920 年（大正 9 年）正式完工。1997 年開始進行修復整建工程，於 2003 年修築完成。建築物地上二層、地下三層。2003 年 10 月 17 日正式成立為國立台灣文學館，位在現今的台南市中心中西區，正面就面對著湯德章紀念公園（日本時代稱為大正公園）。

　　善化區位於台南市中心東北方，在台南縣市合併之後，剛好座落在目前台南市行政區的正中央位置。日本時代稱為善化庄，歸台南州新化郡行政管轄。蘇家在善化地區曾經是非常有名望的家族，早期自中國遷移至台灣。蘇友鵬的曾祖父蘇廷燕為清國舉人，在善化地區開拓了一片家產，開設「裕順行」，專營燈油、麻油、糖、抽釐絲染絲等生意，往來於嘉義、鹿港、台北、廈門與泉州等地，規模相當龐大，成為善化當地的大地主。此外，蘇廷燕也精通漢醫學，在善化地區是知名的骨科醫師。蘇廷燕的長子，也就是蘇友鵬的祖父蘇源泉，在家被稱為「大頭」，不但精漢學、通過清國秀才考試，同時也掌理蘇氏家族企業裕順行的所有生意；另外也開辦私塾，教授當地的小孩漢學。日本人來台灣之後，指示老四的蘇試（家

族裡稱爲四頭）擔任當地的第一任區長。可惜有一年發生了慘重的颱風，導致農作物完全被毀而欠收，遭遇此天然災害之影響，導致蘇氏的家族生意產生變化而中落。蘇源泉的長男蘇火種，出生在 1899 年，年輕時曾經到台北，就讀台灣總督府農業試驗所的農業學校（國立台灣大學農學院之前身）三年，畢業後首先到嘉義（屬台南州管轄）的農業試驗所工作，接著返回家鄉善化，在善化區役所工作。蘇火種經由媒妁之言，認識台南市區陳家長兄陳灶的長女陳蕊，陳家在台南市中心也算是一個大家族，大家長陳灶是長男，有一個弟弟陳金及一個妹妹陳鑾，共三個兄弟妹。陳蕊出生於 1903 年，且由於陳家在當時是屬於少數非常重視教育的家庭，因此陳蕊在那個年代也就成爲少數能夠接受教育的女性，她進入台南唯一的明治女子公學校就讀，畢業後又接受高等科學校訓練成爲教員助手。蘇火種與陳蕊結識的那一年，陳蕊正在台南歸仁公學校擔任教員助手。

　　蘇火種與陳蕊在 1925 年結婚，蘇火種當時任職於白河庄役所（現今之鄉公所）擔任技士一職，此職務在當時是官職，有日本政府配發的「脇差」（短刀），具備配戴此短刀資格的是日本政府相關部門高級文官，而此短刀是用來切腹的，在當時能夠配帶短刀資格的台灣人並不多。蘇陳蕊在結婚之後前往台南醫院參加助產士訓練課程，後來也在白河庄役所擔任助產士的工作。

　　1926 年（大正 15 年、同時是昭和元年）1 月 12 日，蘇火種與蘇陳蕊愛的結晶出生，這個男孩就是蘇友鵬，是長男也是蘇家的長孫，自然受到所有家族長輩的關心疼愛。蘇友鵬在祖父的寵愛與父母親的呵護下，在白河度過了無憂無慮的童年。當然，精通漢學的祖父蘇源泉在寵愛這個長孫的同時，也不忘記教授蘇友鵬其專精的漢學。因此，蘇友鵬在幼年即開始學習初級漢學，舉凡《三字經》、《千家詩》、《論語》等，都被記憶力超強的蘇友鵬放入小小的腦袋中，成爲蘇友鵬的啓蒙初級教育。有一天，

蘇火種、陳蕊結婚照。

蘇友鵬幼年全家福。

　　蘇友鵬的父親蘇火種傍晚下班回家途中，遠遠看見家門前擠滿人，蘇火種不知道發生什麼事緊張地跑回家，結果看到蘇友鵬正在背誦整本的《三字經》（人之初，性本善；性相近，習相遠……）給大家聽，蘇火種只能驚訝地看著幼小的蘇友鵬朗朗上口地背誦著。蘇友鵬從小就展現驚人的記憶力，成績也非常優異；可惜，由於家道中落，蘇友鵬求學過程中的經濟狀況一直都不好，讓他因此吃了許多苦頭。幸虧蘇友鵬母親蘇陳蕊女士娘家長期的經濟資助，蘇友鵬得以完成學業。同時也令蘇友鵬在結婚成家生子後，不斷地提醒自己，立誓絕對不讓自己的小孩在求學過程遭受相同的境遇。

　　蘇友鵬醫師的父親蘇火種雖然出身在一個富裕的家庭，也在當時接受高等教育成為高級文官，但是個性浪漫，比較像是個哲人，並不是非常

關心世俗的事情，工作上也不擅長於職場的人際關係。他在中年後（大約在蘇友鵬被逮捕後）前往台南市有名的法華寺學佛，雖然沒有正式出家，但從此過著半離世的生活。由於蘇火種的書法相當好，逗留在法華寺時協助不少的佛經書法抄寫，可惜法華寺經過數任住持之後，完全沒有保存任何文墨，僅剩下大堂兩側柱子上的對聯。倒是蘇友鵬的弟弟後來照顧父親時，留下一些珍貴的遺墨。

　　母親蘇陳蕊是台南市人，在當時是非常少數接受教育的知識份子，結婚前在台南歸仁公學校當教員助手。在蘇友鵬醫師的父母親結婚時，家庭的經濟早已如風中殘燭一般，經濟上並不再豐裕。這也是蘇友鵬母親蘇陳蕊決定參加助產士訓練講習，立志成為助產士的主要原因！蘇陳蕊在結完

蘇火種墨蹟。（法華寺大堂兩側柱子）

蘇火種墨蹟。（峰儀所藏大門門簾）

婚，生了蘇友鵬後，一方面照顧小孩，同時又考取「州立台南醫院產婆講習所」，亦即助產士訓練所，前往台南醫院學習助產士的知識與技術，並於結業後取得證照成為正式的產婆（助產士）。當時，娘家的長輩曾經質疑蘇陳蕊，已經嫁入豪門蘇家當媳婦，為何仍然要外出拋頭露面，接受助產士之訓練，蘇陳蕊告訴娘家人，蘇家已經是日落西山、家道中落。蘇陳蕊的決定最後證明是一個充滿智慧的抉擇，因為蘇友鵬的弟弟與妹妹就學，幾乎都是靠母親蘇陳蕊獨力支撐。而蘇友鵬從綠島被釋放返回台灣之後，父親蘇火種已經長期逗留在台南市的法華寺。蘇友鵬在那短暫一、兩個月的時間就暫時待在高雄市母親處，蘇陳蕊那個時候在高雄市鹽埕衛生所擔任助產士，至於蘇友鵬的長期資助者——五舅陳水鏡——也已經離開高雄縣大樹鄉（現改為高雄市大樹區），在高雄市五福路開設診所。

　　蘇友鵬被逮捕之後，父親蘇火種曾經去台北的軍法處探視過他。當蘇

友鵬被移送到綠島新生訓導處之後，父親蘇火種也辭去工作，一直待在法華寺專心研讀佛法，雖然沒有正式剃髮出家，但是心情上的傷痛藉由禪學安撫之心情不言可喻。同時由於蘇火種在書法上的造詣，住持也非常倚重蘇火種。蘇友鵬的表弟（表姨龔鄭梅的長子龔伯文，筆者父親）一生醉心於研究宗教哲學，在長榮中學三年級時，有將近一年的時間，經常逃學跑去法華寺學習佛法，頗受蘇火種的照顧。或許那是因為自己的兒子身繫牢獄，落寞無奈心情之轉移也說不定吧。

北白川宮能久親王的「宮殿下賞」

　　蘇友鵬醫師依照當年日本教育政策之規定，與其他絕大多數的台灣人小孩一樣，在唸了兩年的幼稚園之後，滿 6 歲那一年進入白河公學校（日治時代當時，台灣一般的小學分為小學校與公學校，前者提供給日本小孩與極少數的台灣人小孩就讀，絕大多數的台灣人小孩則進入公學校）就讀。蘇友鵬進入白河公學校就讀兩年後，由於父親轉調回善化農會工作，舉家跟著遷回善化居住，蘇友鵬也轉學回到故鄉善化，進入善化公學校三年級繼續就讀。公學校時代的蘇友鵬，成績一直都是名列前茅，得到老師的喜愛。當時，他有一個非常要好的同學林賢一（台灣近代史學者，國立台北教育大學台灣文化研究所退休教授李筱峰的舅舅），兩人交情匪淺。林賢一的父親林心先生，當時任職於善化公學校當教員，林心先生非常喜歡蘇友鵬，除了蘇友鵬在學業上之表現外，同時也是一個活潑好動、個性開朗的小孩。相對於蘇友鵬，林賢一個性比較內向，從小身體不是非常健康。蘇友鵬經常在課餘時間到林賢一家玩耍，兩個人就如兄弟死黨一般，一起唸書一同遊戲。蘇友鵬喜歡去林賢一家，另外一個非常重要的理由是可以閱讀許多課外讀物，滿足他旺盛的求知慾。林心先生本身從事教職，

自然非常了解教育的重要性，因此為兒子訂購了許多課外兒童讀物，舉凡當年盛行的《幼年俱樂部》、《少年俱樂部》等學生雜誌之外，還有許多一般台灣人家庭比較少訂閱購買的小學生課外書籍。這些讀物讓喜歡閱讀、求知慾旺盛的蘇友鵬難以釋手，除了滿足學校的課業之外，更增加了許多的知識。但是非常遺憾，林賢一並沒有和蘇友鵬一起在公學校畢業後就直接考上台南二中。蘇友鵬在台南二中就學時期，從小身體就不是很好的至友、小學時代的玩伴林賢一就因病過世，這個事情令正處於多愁善感青少年時期的蘇友鵬悲傷不已。

蘇友鵬從小學時功課就非常好，無論在白河公學校或者是轉學後的善化公學校，在校成績一直都是名列前茅。當年，日本小孩唸的小學校或是台灣小孩唸的公學校，授課規定使用日語。不過，由於公學校台灣小孩子多，同學之間在下課時間，還是會習慣性地用台灣話交談。蘇友鵬曾經回憶起當年在公學校就讀時，他們這些台灣小孩曾經把台灣話的國罵「X你娘」，直接翻譯成日語「お前のお母さんをやる」來罵日本人。當然，那只有台灣小孩聽得懂，日本人是完全不知道在說什麼。不過反倒是當時許多的灣生（在台灣出生的日本小孩），由於生長在台灣，長期接觸一般的台灣社會，與許多台灣小孩有交集，因此都會說一些台灣話（包括國罵）。當蘇友鵬在敘述當年往事的時候，總是帶著一些懷念與頑皮的表情。可是事實上，這又何嘗不是反映了在當時那個被殖民的現實社會，台灣人民的無奈與反抗。

每到放寒暑假的時候，蘇友鵬的母親蘇陳蕊女士都會帶他回去位在台南市區的娘家度假，那總是非常愉快的假期，因為蘇友鵬在母親的娘家也是長孫，倍受所有家族成員的寵愛，特別是沒有男兒的姑婆鄭陳鑾女士。蘇友鵬經常回憶起小學時的寒暑假經常回母親娘家，有一次假期結束，準備要返回善化上學，年幼的蘇友鵬不願意離開姑婆陳鑾的家，一大早就黏

著姑婆不放,緊緊地抓住姑婆的衣服,後來姑婆叫了輛三輪車,親自送蘇友鵬至台南車站搭火車,還塞了五元給蘇友鵬當零用錢──1930年代的五元,可是一筆不小的數目。蘇友鵬在世時經常不時回憶起疼愛他的姑婆和梅姨(鄭陳鑾女士的獨生女,筆者祖母),蘇友鵬經常說,梅姨是一個非常摩登進步的女性,在九十幾年前的台灣社會,不但上小學唸書,更在小學畢業後前往廈門就讀中學。當時台灣是屬於日本統治,一般人前往日本內地唸書,雖然需要搭乘船隻,是長途跋涉的旅程,畢竟還是國內;但是去廈門唸書,雖然地理位置距離比較近,卻是外國,到廈門「留學」,必須拿著日本護照前往,特別是一個年輕女子,當然是不得了的罕事,這事令蘇友鵬印象深刻,終生難以忘懷,津津樂道。

1937年秋天,六年級的蘇友鵬被學校遴選,代表學校參加台南州廳主辦的台南州公學校兒童即席演講比賽暨新化地區代表預賽,演講比賽規定參賽學生必須在現場抽演講題目,然後發表約五至十分鐘的即席演講,當然演講比賽是使用日語進行。蘇友鵬當天在現場抽到的演講題目是「關於《教育敕語》」。《教育敕語》為日本在明治維新後,由明治天皇頒布的針對教育的說明文件,其宗旨在於論述日本教育應該具備的主軸。頒布此《教育敕語》之主要目的,主要是為了糾正當時日本在教育方面,太偏重於歐美科技器物技術的介紹,而忽略道德教育之重要性的偏差問題。明治天皇特別強調,道德教育是日本固有傳統教育的主軸,有絕對之重要性,不可亦不應該輕言廢棄。《教育敕語》要求學生在接受教育之學習過程中,必須培養、鍛鍊自身的道德與修養;日本在太平洋戰爭結束、改變教育體制前,《教育敕語》是小學生(在台灣包括小學校與公學校的學生)在固定慶典時必須朗讀與背誦的文件。

這又是一個時代背景下非常特殊無奈的產物,也是長久以來台灣被殖民,台灣人民不得不被要求學習殖民者語言的悲劇!蘇友鵬,一個才剛

滿 11 歲的小學生，在 6 歲之前，在家裡日常生活中使用的是台灣話（福佬話），祖父蘇源泉也是用台灣話教導他初級漢學，他在入小學前根本沒有學習日文。從 6 歲進入公學校就讀之後，從日語最基本的五十音開始學習，卻可以在經過五年後，在參加演講比賽時，使用流利順暢的日語，將《教育敕語》的論述、目的、教育主軸，其與《論語》及朱子學之整體關連性，國民道德之忠孝仁愛和睦等精神，洋洋灑灑地做了近十分鐘的詳細論述說明。即席演講比賽的結果，蘇友鵬得到第一名，母親蘇陳蕊因此將報紙上關於演講比賽的記事予以剪取保留當作紀念。蘇友鵬偶爾會拿出那一張剪報，得意地說明此記事，告訴訪問者內容：「……大人にも勝る思想豊富なもので且つすらすらと發表した事は聽眾一同をして唖然たらしめた事……」（華文翻譯：「思想之豐富比大人更甚，演說之流利順暢令在場之全部聽眾啞口無言。」）這是蘇友鵬代表學校參加的一次精彩即席演講比賽！那一年即席演講比賽的題目，除了《教育敕語》之外、另外還

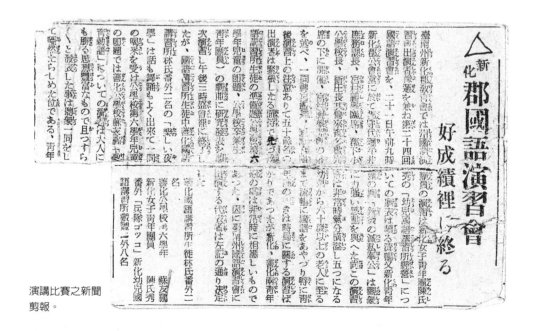

演講比賽之新聞剪報。

有《明治維新》、《嘉南大圳》等，依蘇友鵬的能力，無論他抽到其他任何一個題目，一定也能夠以流利的日語侃侃而談吧。

當然藉由此事，可以看出日本政府投入在教育的心力。不過，日本政府在推廣其語言政策之同時，並沒有要求台灣人放棄其原有語言，反而要求來台灣的日本人必須學習台灣話，即使小學生的教學，雖然必須以日語上課，但是課程內容卻是台灣本體。關於這一點，國民黨在台灣強制施行的「國語」政策，將其他所有語言都列為「方言」，同時強烈排斥貶抑之做法，以及上課內容以大中國為主體，完全不教導台灣，這種對於其他種族、語言、文化以及歷史地理的惡意抹殺，根本不能與日本的教育相提並論。

公學校即將畢業前夕，蘇友鵬的在學成績，受到學校的完全肯定！在台灣的日治時代，日本政府為了紀念在台因公喪生的北白川宮能久親王，於每年的公學校（小學）畢業生中，選取一位成績優異的台灣畢業生，授予「宮殿下賞」。日本所謂宮殿下，指的是北白川宮和閑院宮；其中北白川宮能久親王為《馬關條約》（日本稱為《下關條約》）簽署之後，前來台灣的最高日本指揮官，後來因公喪生於台南。「宮殿下賞」可以說是當時日本皇室獎勵在學成績優異之台灣出身小學畢業生的最高獎項。在舉行畢業典禮之前，全校師生在學校門口列隊，迎接台南州政府之代表督學使者，代表督學將「宮殿下賞」的獎章及獎狀送交給校長後，校長將其恭謹地放入學校放置《教育敕語》的供奉塔內保管，一直等到畢業典禮當天才取出來，將獎章與獎狀頒發給受獎的畢業小學生。1937 年春天，蘇友鵬在善化公學校的畢業典禮上，代表畢業生致詞，同時自校長手上接下「宮殿下賞」的獎狀與獎章。那一天，在善化庄地區，蘇友鵬成為地方的風雲人物，當天參加畢業典禮的父親蘇火種先生，也成為當地士紳羨慕與祝賀的對象，參與畢業典禮的人，無不握手恭賀蘇友鵬的優異表現。

宮殿下賞獎狀及獎牌。

善化公學校畢業生合照，第二排左一為蘇友鵬。

　　蘇友鵬在緊接著的中學校考試中，擊敗許多勁敵，以第二名的優異成績進入台南州立第二中學校（現台南一中），善化公學校特地爲這幾個優秀的學生舉辦了一個盛大的送行會。想當然的，此事再次造成善化地區轟動。當時，台南州之行政區域包含今天的台南市（2010 年改制，台南縣市合併）、嘉義市、嘉義縣以及雲林縣。轄區共有四個中學校，即台南一中（現南二中，主要招收日本人學生及非常少數的台灣人學生）、台南二中（今天之台南一中，主要招收台灣人學生，及部份成績未達一中標準的日本學生）、長榮中學（長老教會設立的私立中學）以及嘉義中學。除了長榮中學屬於長老教會，是私立學校外，另外三所皆爲公立中學。每個中學校每年大約招收約一百五十名學生，中學校的入學測驗，考試內容都是以日本人小孩爲主的小學校之教科書，做爲出題的參考依據，但是實際上

1938年善化公學校為前往台南二中的同學舉辦送行會。

公學校的課程要比小學校慢一些，特別是「國語」（即日本語）科目，差異就相當大。因此一般公學校的老師，會特別針對準備參加中學校入學測驗的學生，給予加強課業輔導的補習；不過雖然說是補習，卻完全是免費義務性質，老師並不收取任何費用，甚至於還會買點心給參加課業輔導的學生吃。蘇友鵬就讀的善化公學校，在當時是屬於非市區的鄉下學校，能夠順利通過台南二中的入學測驗，確實是相當不容易，絕對是非常優秀的學生。更何況，參加中學入學考試的學生，不只是應屆畢業生，還有許多重考生，競爭之激烈非比尋常。蘇友鵬不但考取，更是以第二名的優異成績被錄取。如此振奮人心的消息，再一次在善化地區，成為一個非常轟動且令人興高采烈的新聞！而當年蘇友鵬同一期的同學中，確實也是人才濟濟，其中有許多人在台灣社會的各行各業中成為佼佼者。不過非常遺憾的是，同一期的同學中另有其他五個人，雖然受難程度不盡相同，案件也各不相關，但都直接遭受白色恐怖之迫害；其中李瑞東在馬場町被槍斃，在惡名昭彰的刑場上，寶貴的年輕生命化為晨露。另外還有兩個同學，他們雖然不是直接受害者，但是他們的兄長都遭國民政府殺害。（台南二中受害同學的相關詳細情形於後節敘述）

台南州立第二中學校

1922 年，台灣總督府頒布《台灣新教育令》，主要目的是將初等教育到高等教育之教育制度做一個改變，讓所有日本人與台灣人學生，都能夠依相同的教育制度接受教育。初等教育部份，日本籍的兒童就讀小學校，台灣籍兒童除了極少數的例外則就讀公學校；中等學校以上則日本人與台灣人可以共同就讀，即為「日台共學制度」。這一年（1922 年），總督府在台灣各地，成立了公立中學校。台南州共有三所公立中學校，即台南州

立第一中學校、台南州立第二中學校以及台南州立嘉義中學校。另外有一所私立中學，是屬於長老教會的長榮中學。雖然實施「日台共學制度」，表面上似乎是讓日籍、台籍學生有平等的受教權，但是在招生對象數量上，台、日學生比例還是存在一些差異性，真正能夠接受教育的台灣籍學生人數，仍然受到相當程度的限制。譬如說招生名額，主要以招收日本籍學生的台南州立第一中學，台灣籍的學生人數不得超過百分之二十。但是主要以招收台灣籍學生為對象的台南州立第二中學，日本籍的學生人數之比例則沒有任何限制。另外在入學考試上，入學測驗的考試題目以日本籍小孩的小學校教科書為依據，但是小學校與公學校之教科書及授課內容進度有相當程度之差異，一般在小學校五年級的授課科目內容，在公學校則要到六年級才教授；想當然的，台灣籍學生在參加中學校之入學考試時，一定相對比較吃虧。但是蘇友鵬仍然以第二名的優異成績，考上錄取率不到百分之二十的台南州立第二中學，此事在當時的善化地區肯定又是一個轟動地方的新聞話題。

　　當時台南第一中學校主要招收日本出身的學生，及極為少數的台灣出身的學生。因此台灣出身的學生，一般都以升學進入台南第二中學校為目標，但是台南二中除了主要招收台灣出身的學生之外，也會錄取部份未能考取台南一中的日本籍學生。只不過日籍學生雖然能夠進入台南二中，但是學業成績與台灣出身的學生相比較，確實存在相當明顯的差異。其實在當時的菁英教育，能夠考取中學校已經非常不容易，但還是有差異現象。另外，台南二中在選取學生時，不但要求成績優異，也會考慮學生之監護人以及家庭背景。當然，以蘇友鵬父親蘇火種的公務員身份，蘇友鵬之身家調查絕對是符合資格，沒有任何問題。

　　日治時期的州立台南二中，培養出許多優秀的台灣子弟，譬如國際知名藥理學家李鎮源博士，後來成為台灣大學醫學院院長，及中央研究院院

士；李鎮源博士在蘇友鵬被釋放返回社會就職時，在那個對於政治犯、思想犯人人避之唯恐不及的白色恐怖時代，義不容辭地伸出援手志願做爲蘇友鵬就職的保證人；李鎮源博士的妹妹李碧珠女士，就是與蘇友鵬同一天被逮捕且一起在火燒島的集中營服刑的胡鑫麟醫師的夫人。台灣耳鼻喉科權威、暈眩專家、台北鐵路醫院院長楊蓮生醫師，也是畢業於台南第二中學校，是早蘇友鵬一屆的學長，蘇友鵬自綠島釋放回到台灣，最後能夠進入台北鐵路醫院服務，完全是楊蓮生醫師之盛情協助，兩人的交情也延續了一輩子，此事在稍後的章節會詳細敘述。另外，同案被逮捕遭槍決的許強醫師，是蘇友鵬台南二中的學長，也是與李鎮源院士在台北帝大醫科的同期同學；相同案件一起被逮捕，也一同被關在綠島新生訓導處的難友胡寶珍醫師，也是台南二中的學長。還有別的案件，一起在新生訓導處醫療所執手術刀的林恩魁醫師，也都是畢業於台南州立第二中學的學長。

日本在明治維新後，開始師法德國的教育制度，一直沿用到太平洋戰爭結束。當時中學校的修業是五年，主要目的是培養未來的社會菁英中堅份子，既然中學校招生之目的在培養未來的社會菁英份子，其授課內容皆著重在專業基礎教育，一到三年級授課內容主要爲國語（日文）、漢文與外國語（英文、德文、法文三選一），這三個語文科目就佔用了過半的授課時數。另外在專業課程上，教授數學、歷史、地理、博物（動植物與礦物）、修身、圖畫、唱歌、武道、體操等科目；到四、五年級，再增加物理、化學、法制、經濟等科目，另外，也增加數學之教學比重，取代原本的圖畫與唱歌課程。同時，因應1937年爆發的中日戰爭，中學校也開始增加軍事訓練課程，軍事訓練的教官，都是由現役陸軍將校（軍官）擔任。

蘇友鵬成爲州立台南第二中學校第17期的學生，他們這一屆學生可以說是臥虎藏龍。同學中的林文顯，一位具備音樂才能的怪傑，從未接觸過任何樂器，卻在18歲那年寫下一首交響樂的樂曲，寄到東京去參加比賽，

雖然最後沒有入選。但是，一個完全沒有接觸樂器，也未受過專業音樂訓練的年輕人，能夠譜出交響樂曲，本身就根本是不可思議的事情。林文顯後來從台大醫科畢業成為醫師，在高雄市立醫院上班。只是非常遺憾，他在一場車禍中英年早逝。

州立台南二中（現改為台南一中）畢業的十七期同學遭受白色恐怖迫害者如下：

李瑞東：被依叛亂槍斃，年輕寶貴的生命結束在馬場町的晨霧中。

黃昆彬：雖為府城世家的富家子弟，卻一心追求社會之公平與正義。拒絕繼承父親醫師之衣缽，跑去唸教育。在台灣省立師範學院（現在的國立台灣師範大學）就讀期間被逮捕，被非法羈押在警察局近二年時間，由於身體嚴重生病被釋放，返回台南在家養病，不久之後再經歷一次逮捕，與葉石濤一起被押解至台北，幸未被判刑。前後羈押近四年。後來前往山區教小學，同時自修苦讀法律，通過司法官特考，擔任高雄法院之書記官後並成為法官。因為在法院看到台灣的中華民國體制下司法界的黑暗面，遂去職應邀前往花蓮當律師，為弱勢的原住民維護、爭取權益。

葉石濤：喜愛文學藝術，台南二中畢業後與黃昆彬兩人原欲前往日本內地唸書，後打消念頭前往「文藝台灣社」上班，被依「知匪不報」判刑五年，於服刑三年後假釋。

邱媽寅：文人作家，在台大經濟系三年級時被逮捕，以叛亂案被判刑十年。返回社會後，前往弟弟投資開設的公司上班，也曾經在同學也是難友的黃昆彬先生的法律事務所服務，後遷居美國。晚年返回台灣居住於高雄。

邱奎璧：被依「以文字演說爲有利於叛徒之宣傳」判刑十年。返回台
灣之後，在台南市家族的土地上建築大樓，提供租賃服務維
持家計。

　　於台南第二中學校之學生時代，蘇友鵬寄宿於母親娘家的姑婆（蘇
友鵬外公的妹妹）鄭陳鑾位於台南高砂町（現台南市中西區）窄巷內民宅
的閣樓小房間。鄭陳鑾（筆者曾祖母）早年喪夫，僅有一個獨生女龔鄭梅
（筆者祖母）。鄭陳鑾非常重視教育，在早年曾讓獨生女龔鄭梅在公學校
畢業之後前往廈門的中學留學，因此對於孫子輩的第一小秀才蘇友鵬，當
然是寵愛照顧有加。在那個台南市衛民街的窄巷內，前面庭院種了一棵大
龍眼樹的民房屋簷下，閣樓那個昏暗的小房間裡，蘇友鵬沒有因爲家庭的
經濟狀況屈服喪志，不但專心努力學校的課業，求知慾非常高的他，也如
癡如醉地閱讀許多世界名著。在二中，蘇友鵬學校的成績一直都排名在前
五名之內，沒有什麼科目能難倒他，是同學中出名的秀才。阿姨龔鄭梅的
夫婿龔奇楠醫師，出身農村，是村長家長工的三男，在那個唸書是富裕家
庭子弟才可能有機會實現的時代，因緣際會能夠接受教育，自屏東里港公
學校畢業後，進入高雄州立中學校，經台北高等學校後，再前往熊本醫科
大學（現國立熊本大學醫學部）就讀。姨丈龔奇楠醫師（筆者祖父）在暑
假期間都會陪伴夫人龔鄭梅以及三個可愛的兒子們，回台南市老家探望丈
母娘鄭陳鑾女士（蘇友鵬的姑婆）。三個表弟中的老大，是個鬼靈精怪的
頑皮小子，兩個雙胞胎弟弟非常可愛，長得像外國人一般。蘇友鵬的姨丈
龔奇楠醫師經常於清晨及傍晚時分，穿著日式輕便和服（浴衣），徜徉散
步在市區內的小巷弄之間，那個年輕瀟灑的姨丈的身影深深映入蘇友鵬的
眼簾，也讓蘇友鵬立志欲成爲濟世救人的醫師。在寄宿處附近也居住著蘇
友鵬外婆家的許多親戚，其中有蘇友鵬的兩個舅舅也同樣出身於台南二

中，最後也都成為醫師懸壺濟世。一個是年長蘇友鵬 11 歲的五舅陳水鏡醫師，當時正在台北帝大醫學部附屬醫專就學；另外一個是小蘇友鵬 2 歲的七舅陳海國醫師，蘇友鵬進入州立台南二中那一年，他剛好升上公學校五年級。由於年齡較接近，陳海國醫師經常會找蘇友鵬詢問課業，蘇友鵬在唸書之餘，也一直為七舅補習功課。陳海國公學校畢業後經過一年重考，後來也進入台南二中。當時蘇友鵬已經是四年級，面對兩年後的高等學校入學考試，蘇友鵬更加全心全意在課業上，卯足了勁努力唸書，期望能在高等學校的入學測驗中能夠順利金榜題名。

　　當時，政府對於中學校學生的管教相當嚴格，學生一律理平頭，在校外不定期有所謂「學生聯盟」的教師巡邏市區各處，取締行為不當之學生。特別是 1937 年中日戰爭爆發，以及 1941 年底日本偷襲美國夏威夷珍珠港之後，由於戰爭進入熾烈階段，除了開始在課程上加入軍事訓練，對學生課外生活的取締也更加嚴格。在台南這個相當繁華的城市，舉凡「盛場」（SAKARIBA，今天之鬧區夜市）、戲院等場所，只要看到理著平頭的學生閒逛，學生聯盟的老師一定嚴格取締，同時通知其學校嚴加管教處理。蘇友鵬在這樣的環境中，除了努力學習之外，平時的娛樂就是看書。日本時代的菁英教育中，外語的學習被訂定為重要科目，許多英文原文的世界名著就是在此時成為蘇友鵬的課業外好友，舉凡《大地》（The Good Earth）、《飄》（Gone with the Wind）等等世界名著，都是陪伴隻身離家在台南市唸書的孤單青少年蘇友鵬的好夥伴。由於大量閱讀原文的書籍，蘇友鵬的英文能力更加突飛猛進，英文成績非常好。每次考試結束，蘇友鵬的考試答案卷一定被貼在教室後方的布告欄當標準答案。日治時期的中學校，光是英文科就必修三個單位，即文法、閱讀以及寫作，而蘇友鵬的成績當然也一直是保持名列前茅。中學一年級時老師出了一道題目「equal」，要求學生練習造句，絕大部份的學生都寫下「One plus

台南二中軍事課程。

one equals to two.」；不過自視甚高的蘇友鵬，以創新勇敢的精神挑戰，將
「equal」解釋成「匹敵」的意思，寫下「No one can equal him in English
composition.」13 歲的蘇友鵬的這個造句，引起老師的刮目相看。當然，在
中學這段時期培養的英文能力，對於後來蘇友鵬在醫學新知上的追求、書
寫醫學論文、參加國際醫學年會以及了解國際形勢變動上獲益良多。

　　台南二中的學生時代，同學之間的情誼非常深厚，畢竟他們都是各
地一時之選。蘇友鵬在炎熱的夏季暑假期間，回到故鄉善化，經常與幾個
同窗好友一同前往嘉南大圳游泳，結束後就前去同樣是台南二中的一個同
學林耿清（出身善化地區之名望家族，後來成為台灣省議會第五、六屆省
議員）家休息。在那裡，蘇友鵬開始接觸古典音樂。貝多芬的第六號交響
樂（田園交響曲），成為蘇友鵬進入古典音樂世界的鑰匙。第六號交響樂

➡➡ 台南二中同學。

的小提琴的優美旋律，不但深深地打動蘇友鵬的心靈，更激發蘇友鵬對於小提琴的熱愛。中學校畢業後前往台北就讀帝國大學醫科預科時，開始拜師學習小提琴，從此小提琴成為蘇友鵬一生的良伴。當蘇友鵬被關在綠島新生訓導處時，也是因為小提琴，讓蘇友鵬能夠成為康樂隊的一員，在綠島新生訓導處服刑時，不但可以自娛抒解苦悶的禁錮心靈，同時也可以娛人，慰藉一同被關在綠島的難友，更是成為國民黨獨裁政權對全世界宣傳的工具——國民黨藉由這些表演活動，宣稱綠島新生訓導處沒有「政治犯」，只有需要接受「感訓」的頑劣份子，而且在感訓營的生活是非常有「人性」。

　　1943 年 3 月，蘇友鵬以優異的成績自台南二中畢業。畢業前夕蘇友鵬已經通過台北帝國大學預科的入學測驗，即將成為台北帝大第三期預科醫類學生。那一年，台北帝國大學預科招生人數總共是 175 人，理科醫類為 44 人，其中台灣出身者僅 14、15 人。參加入學考試的學生除了台灣各地中學校應屆畢業生之外，尚有重考生，同時也有來自日本內地的學生（含

火燒島新生訓導處康樂隊。（前排左一為蘇友鵬）

火燒島新生訓導處雙小提琴。

1943年台北帝大預科理科醫類錄取名單。

應屆畢業生與重考生），可以想像競爭之激烈。蘇友鵬在同儕之間被稱為「秀才」，果真是實至名歸。

　　蘇友鵬此次隻身北上求學，不但告別故鄉善化、古都台南，更是走上

人生一個非常大的轉折點。這個台南古都出身的年輕學子，緊接著經過台北帝大醫科預科、帝大醫科、台大醫學院，最後成爲濟世救人的醫師；他更前往「綠島新生訓導處研究所」深造近九年的光陰，學習了一口中國各地方口音的「國語」。同時，他也成爲教學級台大醫院在綠島的迷你分院（新生訓導處醫療所）營運的重要醫療團隊的成員之一。蘇友鵬花了人生寶貴的十年光陰，親身經歷，見證了蔣介石父子與國民黨獨裁暴政威權體制下的白色恐怖！

台北帝國大學預科醫類

第二次世界大戰結束前的日本教育制度，完全是學習德國的教育制度。整個教育制度分成兩個途徑，其一是一般基本教育與職業教育，其二爲高等專業教育。一般人在小學畢業後可以進入高等科接受進一步的基本教育訓練，結束之後可以直接進入職場工作；另一方面，想要進一步接受高等專業教育者，則是進入中學校接受嚴格的菁英基礎教育，中學校畢業後可以繼續升學到高等學校，高等學校類似大學先修班，絕大部份的學生在畢業後，都會再繼續進入大學深造。日治時代在台灣設有台北帝國大學，是日本九個帝國大學之一，設立於昭和2年（1928年）。

當時，欲進入帝國大學就讀的主要途徑，必須先進入高等學校。台灣於大正11年（1922年）即設有「台北高等學校」（是日本政府在外設立的首座高等學校，即目前的國立台灣師範大學之前身），且當年高等學校之畢業生如果沒有特別選定科系，可以依在校成績直接申請進入帝國大學就讀，而台北高等學校的學生在畢業之後，大多數都前往日本內地的帝國大學就讀，僅部份學生進入台北帝國大學。反而是有許多來自日本內地的高等學校畢業生會前來台灣進入台北帝大就讀，這不但違背了原本在台灣設

立帝國大學的初衷，也讓台北帝國大學出現招生不足的情形。因此，1941年（昭和 16 年），台北帝國大學又成立了預科班，正式招收第一期學生。帝大預科的位階與高等學校一樣，也等同於大學先修班，吸引台灣各地區超過十個中學校畢業生前來報考就讀。因為進入台北帝大的預科，畢業後不需再參加大學入學測驗，可以直接進入台北帝國大學就讀，因此吸引許多台灣各地中學畢業生前來報考。藉由提供這個方便性的措施，吸引中學畢業學生（應屆畢業生、重考生皆有）報考就讀，同時也可以彌補台北帝大招生缺額情形。蘇友鵬在台南二中完成學業畢業後，通過了競爭激烈的入學測驗，進入等同於台北高等學校的台北帝國大學預科醫科就讀。1943年報考預科理科醫類人數有五百人，實際錄取學生是 44 人，在嚴峻激烈的競爭之下，蘇友鵬是以非常優異的成績通過入學測驗，進入台北帝大預科成為第三回生理科醫類的一年級生。

　　台北帝國大學醫科預科學校的校舍，最早是設立在台北帝大總校區的一個小角落，只有四間教室。不過進入預科的學生可是人人意氣風發，他們雖然仍僅僅是與高等學校的學生一樣，但是已經進入帝國大學，可以使用帝大校園裡面的所有設施，徜徉在偌大的大學圖書館、奔跑於寬廣的大操場，更重要的是，這一群預科生可能享受到無盡的自由精神。但非常可惜的是，在開校那一年的年底，由於日美開戰的影響，只好在次年把校舍遷往士林。新校舍位於今天的士林芝山巖，學生大多在附近士林地區租屋居住，隻身前來台北的蘇友鵬寄宿在今士林文林路大北路附近巷內，旁邊就是士林教會（成立於 1907 年，早先的聚會地點已經不詳，1934 年租用大北路 34 號，數年後購置該地，1958 年遷至現址），距士林公會堂僅數十公尺，士林車站就在旁邊，算是當年士林的中心地點。

　　1943 年的台北帝國大學預科（第三回生），四個類別組，共招收學生175 人，區分為文科 44 人、理農類 42 人、理工類 44 人、醫類 44 人。原本

進入台北帝大預科的蘇友鵬。

預科修業年限是三年，由於戰爭影響，年限縮短爲兩年。理科醫類的招收學生數是 44 人，參加入學考試的除了台灣各地應屆中學校畢業之學生外，還有來自日本各地的中學校應屆畢業生，與許多的重考生。當然因爲這樣子，讓應屆畢業的台灣籍學生，面對相當程度的競爭壓力。雖然總督府頒布日台共學政策，但是錄取的學生比例上，日本籍仍舊是比較佔優勢。那一年招收的學生中，日本出身者就佔了三分之二，而眞正能夠通過如此競爭激烈的入學測驗，進入醫科預科的台灣出身的學生僅僅 15 人，其餘 29 人皆爲日本出身者。因此，能夠通過入學測驗，進入學校就讀的台灣出身應屆畢業學生，絕對是萬中選一不可多得的秀才！蘇友鵬他們在次年一年級要升二年級時，醫類這一班的 44 人中有 8 個人被留級，結果全數都是日本出身的學生，至於班級的成績前十名，則完全是台灣出身的學生包辦，可見在所謂的「日台共學制度」下，表面上日本出身者與台灣出身者兩者可以平等接受教育，但是實際情形卻是存在相當程度的不公平，當然也因爲存在著不公平，讓蘇友鵬他們這一群台灣出身者顯得更爲優秀！

　　蘇友鵬雖然面對學校繁重的課程，仍然可以一直在班上領先群雄；同時，也開始享受當年高等教育非常特殊的自由風氣。帝大預科與當時的高

台北帝国大学予科生徒数

回数	文科	理農類	医類	工類	合計
一	四三	四一	三三	四〇	一五七
二	四二	四三	三三	四二	一七一
三	四四	四三	(四四)	四四	(一七五)
四	四〇	四〇	四〇	四〇	一六〇
五	八〇	八〇	八〇	八〇	三二〇
計	二四九	二八六	二四〇	二八八	一〇六三

注1　一・二・三回生は合格者数（官報による）
注2　四・五回生は資料不足のため定数で示した

台北帝國大學預科學生數。（翻拍自芝蘭會會誌）

等學校在位階上是同等的，高等學校校風崇尚自由，學生可以在自由的學習環境下，為下一個階段的高等教育做準備，在學校的課業之外，也可以盡情自由地涉獵個人喜愛的各種學問知識，完全沒有任何限制。

由於戰爭的緣故，原本修業三年的科目，縮短成兩年完成。學生必須修完的科目及單位如下頁表格：

別表　第一號・文科

學科目	第一學年	第二學年
道義科	一	一
古典科	六	六
人文科	五	五
歷史科	五	五
經國科	四	四
哲學科	二	二
自然科	六	六
外國語科	二	二
教練科	三	三
體鍊科	二	二
選修科	五	三
合計	三四	三四

備考：
一　外國語科中ノ外國語ハ獨語トス
二　選修科二於テハ古典ヲ中心トス。事須又ハ英語ノ中其ノ一ヲ選擇必修セシム

別表　第二號・理科理農類

學科目	第一學年	第二學年
道義科	一	一
人文科	四	二
外國語科（英語）	五	五
數學科	六	三
物理科	三	五
化學科	四	五
博物科	四	五
教練科	三	三
體鍊科	二	二
合計	三四	三四

別表　第三號・理科醫類

學科目	第一學年	第二學年
道義科	一	一
人文科	四	二
數學科	六	三
物理科	四	五
化學科	四	五
博物科	四	六
外國語科（獨語／英語）	五	五
教練科	三	三
體鍊科	二	二
合計	三四	三四

別表　第四號・理科工類

學科目	第一學年	第二學年
道義科	一	一
人文科	四	二
數學科	七	七
物理科	五	六
化學科	三	五
外國語科（篤語／英語）	四	三
教練科	三	三
體鍊科	二	二
合計	三四	三四

◀台北帝大預科教學科目。（翻拍自芝蘭會會誌）

台北帝大預科醫類授課單位表

科目	第一學年	第二學年
道義科	1	1
人文科	4	2
數學科	6	4
物理科	3	5
化學科	3	5
博物科	4	3
外國語科（英語）	5	6
外國語科（德語）	3	3
教練科	3	3
體練科	2	2
合計	34	34

　　由於日本在戰前是以德國教育制度為學習對象，特別是醫學教育完全以德語為中心，因此外國語科目中德語的課程相當重要，授課老師也是請德國教授來負責。

　　關於教練科與體練科之差別，在此說明如下：

　　教練科，是 1913 年體操科目當中的軍事體操部份（軍事訓練教材）。1925 年起，在男子中等學校以上的學校配置現役的軍官擔任，為了「藉由德育與體育的加強，增進能夠輔助國防能力」之目的，把教練科分開成為一個獨立的科目。內容以步兵操典為準則，實施中隊規模的訓練。教練科在第二次世界大戰結束後被廢止。

　　至於讓日本學校體育增加特色的運動會，也大約在 19 世紀末開始盛行，到了 20 世紀初在各中等學校及高等學校陸續成立競技社團。1913 年首度制定「學校體操教授綱要」，統一以瑞典體操及教練為中心教材實施授課。接著再增加武道與競技，導入戰技訓練，終於在第二次世界大戰期間

台北帝大預科德語授
課風景。（翻拍自芝
蘭會會誌）

於國民學校設立體練科。日本近代體育教育在充實的學校體育制度，以及
不成熟的社會體育制度之間搖擺，最終發展成為以學校體育為中心主軸。
但是學校體育卻也存在著授課、活動以及競技部之間無法統一的矛盾。

　　在美日戰爭開始的 1941 年，小學校改制為國民學校，體操課也更改名
稱為體練科。體練科的授課目的為「鍛鍊身體、磨練精神，培育潤達剛健
的身心，養成獻身奉公的實踐能力」（引自《國民學校令施行規則》）。
這也是強化國防能力所必要的。1945 年太平洋戰爭日本戰敗，在盟軍的管
理之下，禁止了武道與教練科目，同時不推廣反覆訓練的體操。

　　蘇友鵬在帝大預科的學生生活中，與中學校最大的差異是，除了埋
首於學校繁重課程的學校生活之外，學校也鼓勵學生開始正式接觸社會，
積極參加各類校外的社團活動。在台南二中就讀時期，學校方面對於學生
課外的生活，有許多嚴格的限制規範；但是到了帝大預科（高等學校亦
同），學校提供的是一個完全開放的生活環境與空間，鼓勵學生接觸社會
的生活，追求獨立自主的思想能力。租屋在士林街上士林禮拜堂後方巷內

蘇友鵬的台北帝大預科生活。

的蘇友鵬，走入位於現在大北路 34 號（1943 年時的舊址）的士林禮拜堂
（現在的台灣基督長老教會士林教會的前身。當時士林禮拜堂由陳泗治傳
道牧會 1），同時參加「協志會」（蘇友鵬與郭琇琮就是在協志會結識）
舉辦的音樂與文藝活動。協志會的合唱團，應該是台灣最早期的合唱團，

1　根據士林基督長老教會的紀錄，陳泗治傳道出生在 1911 年，於 1917 年進入社子公學校就
　　讀，畢業後前往廈門就讀中學，卻因思鄉情切返台，後進入淡水中學唸書。在淡水中學
　　時期受到基督教與音樂的薰陶，中學畢業後進入台北神學院（今天的台灣神學院）接受
　　神學教育。1934 年畢業後前往日本東京神學大學繼續深造，同時拜師任職於中野音樂學
　　校的木岡英三郎教授，學習聲樂、作曲，同時跟隨中田羽後學習發聲及指揮。

除了在士林禮拜堂的獻唱外，也曾經到電台錄製廣播，在台北公會堂（今天台北市中山堂）舉辦音樂表演。

從中學校時期就接觸古典音樂世界，愛好小提琴與聲樂的蘇友鵬，不但參加詩班的活動，由於受到貝多芬第六號交響樂曲的啓蒙影響，蘇友鵬醉心於小提琴優美的琴聲，更前往三重正式拜小提琴家楊春火爲師，學習自中學時代就心儀的小提琴。陳泗治傳道在 1937 年開始牧養士林教會，同時約在 1939 年成立了「協志會」，目的是透過音樂、唱詩、教授鋼琴與文藝活動來帶領與關懷年輕學子。當年士林教會「協志會」之年輕學子組成的詩班（此詩班應該是台灣最早的男女混聲合唱團），在陳泗治傳道的帶領下享有盛名，他們練習許多世界名曲，除了教會禮拜獻詩之外，也數次到台北公會堂舉辦演唱會，同時在廣播電台演唱。蘇友鵬與郭琇琮都是唱男高音，胡寶珍則是在男低音部。由於當時士林地區只有郭琇琮家裡有鋼琴（早期教會大多是使用風琴），自然而然與郭琇琮之交情更加緊密。在這裡，蘇友鵬也有機會認識呂泉生先生，以及有台灣第一才子之稱的著名聲樂家兼才華洋溢的小說家呂赫若 [2]。呂赫若當時已經是相當知名的聲樂家，居住在圓山往士林方向的小山丘上，經常在台北公會堂（今中山堂）舉辦大型演唱會，至於比較小型的演唱會則是在台大醫學院大講堂舉辦。

2　呂赫若本名呂石堆，出生於 1914 年 8 月 25 日，小說家、聲樂家。1931 年畢業於台中師範學院後成為小學教師，1935 年發表〈牛車〉受文壇注目。1939 年前往東京學習聲樂，並參加東寶劇團演出歌劇《詩人與農夫》，展現了在戲劇與音樂上的才能，1942 年回到台灣後，加入張文環的《台灣文學》雜誌擔任編輯，後又擔任《興南新聞》記者。1947 年二二八事件後，由於對國民黨的資本主義貪婪腐敗的失望，呂赫若轉向追求社會主義並加入中國共產黨，擔任《光明報》主編。1949 年，呂赫若也出任台北一女中音樂教師，同年 8 月爆發基隆市工作委員會案，《光明報》之創辦人、基隆中學校長又是中共地下黨員的鍾浩東及同校相關人士續遭到逮捕判刑，涉及本案的台灣大學相關師生也相繼被逮捕，因此參與《光明報》相關編輯工作的呂赫若也開始逃亡，逃避追緝藏匿至台北縣石碇鄉鹿窟等基地活動，史稱「鹿窟基地案」，最後死亡。（但確切日期與死亡原因不明，僅傳聞為毒蛇咬傷致命）

台灣音樂教育家，士林禮拜堂陳泗治牧師。
（士林基督長老教會提供）

士林禮拜堂與陳泗治牧師合影。

蘇友鵬在士林禮拜堂練習小提琴。

呂赫若的聲樂演唱會經常由鋼琴造詣頗深的陳泗治傳道擔任鋼琴伴奏，呂赫若常常來士林禮拜堂和陳泗治傳道討論演唱會的相關事宜，同時一起練習。那一年的夏天，蘇友鵬寄宿在士林禮拜堂後面民宅的屋頂遭颱風毀損，房屋必須要修繕，士林禮拜堂的陳泗治傳道好意地邀請蘇友鵬搬到禮拜堂住宿，前後大約有一年多的時間，蘇友鵬就借住在士林禮拜堂的一個小房間。蘇友鵬與陳泗治傳道的家庭，在日常生活上也有許多的互動，這也讓遠離故鄉北上的蘇友鵬減少些許的思鄉愁。當時蘇友鵬正熱衷於練習

2017年演唱歌劇《馬爾他》當中的歌曲《如夢一般》。

小提琴，白天上學，假日及晚上就在禮拜堂裡面練習小提琴，經常前來禮拜堂與陳泗治傳道討論演唱會事宜的呂赫若，看到蘇友鵬熱心練習小提琴的樣子，頗有音樂天份，還曾對蘇友鵬說可以放棄習醫，轉換跑道成爲音樂家。喜歡歌唱聲樂的蘇友鵬記得有好幾次在士林禮拜堂聽到呂赫若的聲樂練習，歌聲飛揚在樑柱之間，久久無法忘懷！蘇友鵬經常憶起呂赫若演唱歌劇《馬爾他》（亦翻爲瑪莎或立奇蒙市場）當中的一首歌曲《如夢一般》詠嘆調，總是情不自禁地哼唱，歌曲優美的旋律，餘音繞梁、久久不散！

協志會當時有幾個主要幹部，何斌、曹永和[3]以及郭琇琮[4]等人都是協志會之重要成員。蘇友鵬回憶郭琇琮被日本憲兵逮捕之事，說到：「1944年 4 月的那一天，我如平常一般前往學校，下午下課從學校回到住宿處，前往協志會才得知郭琇琮學長被逮捕，聽說被逮捕的理由是跟隨徐征教授學習北京話及研讀三民主義。……」郭琇琮一直到 1945 年戰爭結束時才被釋放，立即就組織「台灣學生聯盟」，同時積極宣傳三民主義及教唱國歌。畢業於台灣大學醫學院之後，進入台灣大學醫學院附設醫院的第一外科服務，同時成為台大醫學院的講師，後來又兼任衛生局防疫課之工作。

台獨教父史明[5]與郭琇琮是同年出生，又同樣居住在台北士林。史明曾經提過：「郭琇琮和我是同一年出生的，我們都是台北士林人。郭琇琮的父親是金融機構的高級幹部，家庭也算是士林地區的士紳。郭琇琮從小孩時就一身充滿正義理想，見有不平即起而抱不平。……」

蘇友鵬在士林帝大預科就學時，郭琇琮已經是台北帝國大學醫科的學生，每天早上帶著他唸第三女高的妹妹一起走到士林火車站搭車前往學校，郭琇琮每人早上戴著那頂台北帝大學生的四角帽，抬頭挺胸走在士林街上，總是引起大家羨慕與讚嘆的眼神；何斌是一個在文學、哲學與藝術

3　曹永和，1920 年生，1984 年被中央研究院三民主義研究所聘為兼任研究員，同年成為台大歷史系兼任教授。

4　郭琇琮，出生於 1918 年台北士林。1943 年，日本政府當局為因應盟軍之轟炸行動而指定台北、基隆、台南與高雄四個城市為必須疏散地區時，因為與台北帝國大學醫科同學蔡忠恕成立學生反日組織被逮捕並判刑五年。1945 年戰爭結束後釋放，重新回台大醫學院就讀並完成學業，接著成為台大醫院的外科醫師及醫學院講師，並兼任台北市衛生局防疫課職務，也發表了關於防疫上重要的論文。後在 1950 年遭國民黨逮捕並槍決，詳細後述。

5　史明，本名為施朝暉，台北士林人，出生於1918年11月9日。前往日本就讀早稻田大學，畢業後前往中國上海加入共產黨地下組織，戰後看到共產黨假藉土地改革之名行清算鬥爭地主之實的殘暴行為，輾轉回到台灣；在台灣又看到蔣介石的惡行暴政，因計畫刺殺蔣介石而遭通緝，遂流亡日本數十年。著作《台灣人四百年史》，終身提倡台灣獨立。

上非常有教養、思想進步的年輕人。協志會曾經借用士林公學校的校舍舉辦文化展覽活動，其中有「鄉土展」介紹台灣的鄉土文化，企圖藉由如此的展覽來表達台灣與日本之差異，他們表面上是談論文化而非政治問題，因此並沒有受到政府相關單位的特別注意。協志會也曾經在中秋節，大家相約一起到楊雲萍 **6** 位於雙溪故宮附近的別墅住宿，舉辦講座討論文學。何斌為鼓勵年輕學子追求真理，經常舉辦學習會，並親自輔導大家研讀哲學，並邀請楊雲萍先生、徐征教授（在台灣大學任教的北京出身學者，後在二二八事件受害）等人舉辦演講及座談會。

　　1918 年出生的郭琇琮醫師，他短短 32 年之人生歲月，不止熱愛台灣，也曾經醉心於「祖國中國」，據聞甚至利用暑假期間前往廈門、廣州、上海短暫旅遊，醉心於學習北京話，因為反抗日本統治台灣，遭日本憲兵逮捕入獄，在戰後組織「台灣學生聯盟」，挺身熱心教唱《中華民國國歌》，宣傳三民主義。但是在國民政府前來台灣之後，真正見識到國民政府的腐敗，轉而朝左翼傾斜，心儀社會主義強調的公平正義。這是一群所謂「大正男人」的思想，期待一個民主、自由、公平與正義的社會，卻因此被號稱「民主」的國民政府以叛亂逮捕並處以極刑。在戰後台灣的悲慘歷史中，因反叛日本遭日本政府逮捕甚至判刑的人不少，但是都僅僅只是短暫被關；反而在國民政府的手上被處以極刑、無期徒刑……。知名的作家楊逵也是其中之一，他曾經戲稱：「我領過世上最高的稿費，我只寫了一篇數百字的文章，就可吃十餘年免費的牢飯。」楊逵在日治時代被逮捕數十次，總刑期不到一年，卻因為一紙〈和平宣言〉被國民黨關在綠島吃了 12 年的牢飯，那不到一千字的文章，換取到最貴的稿費！當國民黨政府

6　楊雲萍，原名友濂，台灣作家、歷史學者。1947 年，楊氏出任國立台灣大學歷史學系擔任教授，直到 1977 年退休。

宣稱日本殖民統治是惡劣的同時，卻對其所聲稱大家都是「同胞」的台灣人，下手比日本政府更為重，手段更為殘酷暴虐。

蘇友鵬在士林就讀台北帝國大學醫科預科，在因緣際會下參加了「協志會」的活動，並認識台北帝大醫科的學長郭琇琮，兩人有相當密切的交往，也因此導致在 1950 年被以相同的「台北市工作委員會」案件逮捕判刑十年，在綠島的新生訓導處這個勞動集中營服刑。這一切都是人生路途上的無常，正值年輕有為的學子，一個優秀的台灣社會菁英，就如此被惡劣的國民黨政權，以莫須有的罪名剝奪了人生中的十年光陰。而另外一個優秀、滿腔熱血且熱愛中國的台灣青年郭琇琮則犧牲了寶貴的生命，被國民黨政府槍斃。這些優秀的台灣年輕的專業醫師、受到高等教育的知識份子，只因為無法接受國民黨政府的貪污腐敗，就不容於國民黨，被國民政府視為眼中釘欲去之而快。他們遭受殘酷的迫害，這絕對不是單純個人的受害，國民黨藉由清除異己來鞏固其獨裁政權，造成整個台灣社會非常大的損失！

他們都是在日本時代經過嚴苛激烈的競爭後，爬上社會金字塔頂端的菁英份子。在日本時代他們經歷了不公平的台日待遇，一心追求打破社會差異，建立一個公平與正義社會。在戰後滿心期待「祖國」中國能為台灣帶來新的氣象，殊不知國民黨政權極盡貪污腐敗，比之日本官僚品性，完全天壤之別。最後，這群熱血青年寶貴的青春歲月，甚至生命，就被蔣介石父子與國民黨獨裁政權剝奪。

原來帝國大學預科修業年限是三年，但是因為戰爭之緣故，日本政府將修業年限更改為兩年，提早一年畢業。1943 年 4 月進入帝國大學理科醫類預科就讀的蘇友鵬，在 1945 年 3 月從台北帝大醫科預科畢業，同年 4 月正式進入台北帝國大學醫科就讀。但是，由於戰爭吃緊，蘇友鵬的習醫之路並不順利。雖然正式進入台北帝國大學醫科，緊接著面臨的是入伍當

兵，為保衛台灣而戰。

台北帝國大學醫科

　　日本在戰前的帝國大學，是根據 1886 年（明治 19 年）頒布的帝國大學令設立的舊制高等教育機關。帝國大學除了是位階最高的國立高等教育機關，同時也是高級的研究機構。在當時，日本還沒有特別區分設置大學與研究所，帝國大學不但兼具複數的專門科系之大學，同時也具備以學術研究為主的研究所。日本總共設立九所帝國大學，依設立先後順序有：東京（1886 年）、京都（1897 年）、東北（1907 年・仙台）、九州（1911 年・福岡）、北海道（1918 年・札幌）、京城（1924 年・首爾）、台北（1928 年）、大阪（1931 年）、名古屋（1939 年）。台北帝國大學與其他內地之六所帝國大學最大之差異，在於日本內地成立的七所帝國大學歸文部省管轄，台北帝國大學則歸台灣總督府管轄。

　　1895 年，日本取得台灣之後，隨即規劃了移植明治維新之成果至台灣的計畫，但是實際進入台灣之後，由於深受亞熱帶台灣氣候與衛生環境不佳之困擾，因此擬定以醫療與醫學為開路先鋒，做為將台灣導入現代化之起步。在領台的第二年，即 1897 年，日本政府在設立了台北病院之後，同時成立培養本地人從事醫療衛生工作的「醫學講習所」（也就是俗稱為「土人醫師講習所」）。緊接著在兩年後的 1899 年，正式成立「台灣總督府醫學校」；1919 年醫學校改制為「台灣總督府醫學專門學校」，1927 年再次更名為「台灣總督府台北醫學專門學校」（俗稱台北醫專）。1928 年「台北帝國大學」正式設立，成為大日本帝國九個帝國大學的第七個高等學府。台北帝國大學起初只有文政學部、理農學部，以及附屬的農林專門學部（現在的國立中興大學）。最後經過九年，於 1936 年增設醫學部，

同時將上述的「台北醫專」正式併入醫學部，成為「大學附屬醫學專門部」。台北帝國大學的醫學部不但成為台灣培養醫療人員最重要的搖籃，更吸引了第一流的優秀學子前來就讀。台北帝國大學在正式成立醫學部之後，陸續聘請前來台灣的日本醫師與相關醫學教師，每一個都是胸懷大志，皆以在台灣建立與日本國內相同等級水準的醫事學校為目標，同時也因應台灣異於日本之地理環境，投入相當多的心力，進行亞熱帶氣候台灣之相關疾病與風土病的研究工作。

　　至於台北帝大成立之初為什麼沒有直接設立醫科？根據《台灣教育沿革誌》之記載，延遲成立的主要理由有二：第一個理由，是因為台灣地理位置跨亞熱帶與熱帶，招攬對於熱帶醫學具有研究的專家學者實在不容易；其次，因為醫學設備儀器的費用龐大，經費方面無法立即籌措取得。另外，由於日本政府在進入台灣之後，隨即設立了培養本地台灣人的「醫學講習所」，到後來成立「台灣總督府醫學校」，1919 年再改制為「台灣總督府醫學專門學校」，1927 年將其更名為「台灣總督府台北醫學專門學校」（俗稱台北醫專）。因此在設立台北帝國大學之時，相較之下沒有立即成立醫學部的迫切需求。

　　但是日本政府當局認為文、法科系的學生思想比較不穩定，也相對比較具有潛在的危險性，因此並不鼓勵台灣學生進入文、法科系就讀；可是政府當局又不方便明文規定禁止，就讓這些科系的學生不容易找到工作，或者是只能從事比較低階工作，藉減少就業機會的方式來降低台灣學生就讀文、法相關科系的意願。考慮畢業後的就業機會，同時濟世救人的醫師在社會上亦較受尊敬，因此絕大多數的台灣優秀學生都選擇進入學醫救人之路。蘇友鵬在如此現實環境之下，加上求學過程一直受家庭經濟因素之苦，為了協助家庭經濟，蘇友鵬也自然選擇進入台北帝國大學醫科就讀，成為台北帝國大學醫科第 10 期醫學生。

1944 年，日本在太平洋戰
爭慢慢接近吃緊狀態，受到戰
爭的影響，日本政府修改台北
帝國大學預科的修業年限，將
原本三年修業的預科課程縮短
爲兩年，因此蘇友鵬在這種政
策下，於 1945 年 3 月畢業於台
北帝國大學醫科預科，正式進
入台北帝國大學醫科就讀。不
過由於戰爭接近尾聲，整個台
灣進入一個非常緊迫的形勢，
蘇友鵬的習醫之路並不平順，
仍然是非常的坎坷！

蘇友鵬攝於國立台灣大學醫學院。

學徒兵

1944 年 8 月台灣總督府宣布「台灣進入戰場狀態」，同年 10 月 22 日又
爲因應局勢之緊迫設立了「疏散指揮部」；台北帝國大學醫學部也受命開
始進行疏散，1944 年底經過教授會議之決議，開始執行「疏開計畫」（即
疏散計畫）。疏散地點選定兩個地方，一爲台北溪洲地區（今日中和圓通
寺附近），另外一處在桃園大溪地區。

1945 年，太平洋戰爭正逐步接近激烈尾聲，美軍也反守爲攻，漸漸加
強在太平洋各地之攻勢，進擊的美軍軍勢，當然也逐步進逼台灣與日本，
日本軍方面也開始進入以守爲攻之態勢。2 月 19 日，美軍開始硫磺島登陸
戰，3 月 3 日美軍攻佔菲律賓的馬尼拉。至此，菲律賓完全落入美軍手中。

日本軍方開始擔心接下來美軍要攻擊台灣的可能性增高，台灣雖然有由安藤利吉大將指揮，以關東軍為主組成的日本最精銳的第 10 方面軍駐守，但是仍然於 3 月 22 日發出學徒兵徵召令，召集 18 歲以上的高等學校及帝國大學的學生進入日本帝國陸軍服兵役。

　　蘇友鵬在 3 月初自台北帝國大學醫科預科畢業，帝大醫科學校方面通知 3 月底入學，但是在一堂課都沒有上的情況下，蘇友鵬旋即進入學徒兵部隊，成為日本帝國陸軍二等兵，編入荒川炮兵部隊。部隊長的名字是荒川菅彥，部隊因此稱為荒川中隊。

　　學徒兵首先在淡水地區接受短暫的基本軍事訓練之後，部隊奉命駐守在介於五股、八里之間的觀音山山麓附近一帶展開部署，執行陣地防禦任務。荒川部隊的學徒兵主要由台北帝大醫學部低年級學生，及附屬醫學專門部的學生組成，另外還有一些台北帝大農學部的學生，學徒兵成員包括日本人與台灣人，主要的武器是一些老舊的小山徑對坦克火炮及舊式長槍。部隊白天主要的工作，是挖掘碉堡與碉堡之間的地下聯絡坑道，同時訓練如何以手榴彈來攻擊戰車。那是一種自殺攻擊方式，稱為「蛸壺式」攻擊。一個人躲藏在事先挖掘好的地洞裡面，手上拿著頂端綁著圓錐形炸彈的竹竿，當戰車經過地洞時，高舉雙手伸出竹竿引爆炸彈；想當然的，躲在地洞下方的兵士也絕對躲不過爆炸的威力，結果一定是同歸於盡。在戰爭末期，日本軍部開始以自殺方式來消滅敵人，最有名的神風特攻隊正是要求飛行員駕駛飛機直接衝撞美軍的軍艦，台灣方面則要求學徒兵用手榴彈攻擊戰車，都是利用犧牲寶貴人命的方式。最可惡的是，這些被要求犧牲的生命，絕大多數都是年輕的學子。日本軍部非常可惡，利用年輕人的寶貴生命，做為消耗敵軍的可浪費工具。

　　1945 年的台灣，有正規的日本帝國陸軍第 10 方面軍駐守，人數將近有二十萬人。駐防在台灣各地，集中在以中央山脈為主要的防守據點。依據

蛸壺式攻擊圖。

日本軍隊的計畫，是將重要的武器彈藥分發給駐守在台灣各地的主要部隊，蘇友鵬他們這一群學徒兵則配備比較簡單的舊式武器。當時日本軍部作戰參謀，認爲美軍在攻佔菲律賓之後，在正式攻擊日本內地之前，極有可能會先攻擊台灣。學徒兵部隊被布防在海岸線，可以在美軍登陸台灣時給予第一時間的牽制性抵抗打擊，先消耗局部的美軍戰力，然後再由正規的軍隊來執行進一步的防守攻擊。因此，這一群年輕的學徒兵部隊，成爲可以被消耗犧牲的戰力。無論是日本人或是台灣人，他們的任務，都只是第一線的消耗防禦部隊，阻止可能從八里坌登陸，往台北市區挺進的美軍戰車攻擊路線的自殺部隊，這一群年輕的學徒兵被安排在這裡，他們的功能非常簡單，就是利用自殺方式，儘可能先消耗部份美軍戰車軍力。只是學徒兵部隊所

擁有的對坦克火炮，不但口徑小也非常老舊，因此就想出人肉手榴彈的攻擊方式。蘇友鵬他們這一群學徒兵，只是擁有非常單薄老舊武器的年輕自殺防禦部隊。

再者，防守在五股與八里之間的觀音山，除了阻擋前往台北市區的路線外，還有另外一個意義。當時林口之樹林口附近，日軍有一個訓練特攻隊的小機場，而五股與八里剛好就是要前往林口台地的交通要衝，觀音山區於是成為重要的防守據點。

蘇友鵬他們這些學徒兵在5月底、6月初，台北遭受大空襲之後，曾經從駐守的五股八里地區暫時回到台北市區數日，協助進行市區的整理、整頓工作。他們完成任務之後，再回到駐防的觀音山山麓，繼續挖掘戰壕坑道，以及訓練自殺式攻擊的任務。當然，保養大炮與其他操練的課程也沒有間斷。另外，蘇友鵬他們這一群學徒兵也要修繕營舍，這些工作讓他們每天都從早一直忙到晚沒有什麼休息時間。唯一能夠比較空閒的只有吃飯時間，可是由於伙食方面提供的肉類、蔬菜都非常少，主要只有米飯配一些醬菜。幸好米飯倒是供應充足，可以吃飽不至於飢餓！而且由於台灣人居多，許多人家裡會寄來金錢，他們就拿錢到附近的農家買雞，直接在農家煮熟吃，當作額外的美味佳餚。

蘇友鵬曾經數次受命前往五股領取軍糧，途中遭遇美軍的空襲，天空可以看到成群的美軍 P-38、B-24、B-28 等各式戰機；那時的情況非常危險，以命在旦夕形容也絕不為過！就這樣子，經歷了近四個月的學徒兵軍隊生活。1945 年 8 月 15 日，日本天皇透過廣播系統，向全日本宣布日本戰敗投降。雖然「玉音放送」的內容不是很清晰，不過大家都知道戰爭結束了。蘇友鵬他們這一群荒川中隊的學徒兵，從陸軍二等兵升級為一等兵，同時在最後的離別宴之後各自解散，以一等兵的身份退役。蘇友鵬背著自己的行李，回到寄宿處，然後返回故鄉台南。當然，蘇友鵬也沒有忘記打

聽台北帝大恢復上課的時間。蘇友鵬於 1945 年 10 月，重新回到即將改制
爲國立台灣大學醫學院的台北帝大醫學部。

戰後混亂的學校生活

　　1945 年 8 月 15 日戰爭結束之後，台北帝國大學醫學部和帝大醫學部附
屬醫院的學生陸陸續續從疏散地返回學校。只是，恢復上課後的整個學校
的氣氛、日本學生與台灣學生之間的關係，都出現微妙而詭異的變化。日
本人從殖民主變成戰敗國的國民，一夜之間有如過街老鼠一般。甚至還有
台灣學生聚集日本學生在台大醫院前面的廣場訓話，命令日本學生不要再
來上課。另一方面，回到醫學部的台灣人醫師組織了「台醫同學會」，與
在此之前日本人組織的自救團體「和親會」相抗衡。「台醫同學會」選出
醫學部第一屆畢業的許強、李鎭源與許燦煌，第三屆畢業的賴肇東，還有
1937 年畢業於台北帝國大學附屬醫學專門部的翁廷俊，共五名醫師擔任委
員，協助杜聰明醫師接收台北帝國大學醫學部、附屬醫學專門部、熱帶醫
學研究所以及台北帝大醫學部附屬醫院、日本赤十字台灣支部與赤十字醫
院等相關醫療院所。以杜聰明醫師爲首的六人小組，共同扛起整個醫學院
之重建與整頓工作；同時協助「祖國」軍隊接收原日本皇軍庫存於台灣各
地的軍用醫療物資。

　　1945 年 11 月 15 日，在完成台北帝國大學之接收工作後，行政院決定
改組台北帝國大學爲國立台灣大學，分爲文、法、理、工、醫、農六個學
院。11 月 20 日，在行政院第七百二十一次會議，決議通過設立國立台灣大
學一案；並於五天後的 11 月 25 日，正式成立國立台灣大學。蘇友鵬也在這
一天，由台北帝國大學醫學部的學生身份，改編入國立台灣大學醫學院，
搖身一變成爲第三屆的醫學院學生。終於，學校方面經過幾個月的動盪搖

擺，從接收到改制，整個工作告一段落，蘇友鵬也得以再次回到改制為國立台灣大學醫學院的校園就讀，繼續他就學習醫的生活。但是隔年卻又發生台大醫院罷診事件 [7, 8]，真的是好事多磨。罷診事件的起因，是由於台灣省公署官僚欲介入國立台灣大學之人事，造成人事任命上的不公問題，台大醫院爆發醫師罷診事件，此事件也間接影響到醫學院之授課，與醫學生實習之問題。

　　關於台大罷診事件的許多敘述，可以發現事件發生的原因，其實是從終戰後，來自中國之官僚本身的問題。這些前來台灣「接收」的中國官員，基本上完全沒有「公」與「私」之分別，藉著其職位之方便假公濟私。這些中國官員利用職務之權力，謀取私人之利益，完全無視現實環境以及實際之需求。如此循私利己的行為，以外行領導內行專業之亂象，導

7　台灣大學附設醫院罷診事件（引自《國立台灣大學醫學院雙甲子院慶特刊》）：「接收台北帝大醫學部後，羅校長先聘 93 名台籍醫師任教職，而無給職助理醫師希望能補日人離去後的有給職務，並發委任狀（聘書）。然省公署干涉台大人事，與羅校長交惡，經費無著落。1946 年 2 月，羅校長赴重慶請示教育部，行前杜院長獲羅校長答允，提出助理醫師名單 70 名，其中 30 名無給職改為有給職，但是代理校長者以名額眾多無法決定擱置不處理。3 月 19 日陳情代表前往校長室，由主任秘書接見，又因態度強硬，出語不遜，引起代表強烈不滿。群醫激忿而草擬『要求書』，限校方於 21 日下午 5 時前，補足編制內員額、發給編制外無給職者委任狀（聘書）。但未得校方回覆，第一附屬醫院醫師自 22 日起停止門診，25 日第二附屬醫院相繼響應。3 月 27 日提出『限大學於 28 日發出委任狀』、『大學當局應改正其官僚態度』兩項新訴求。事件後社會譁然。4 月 10 日羅校長會見醫師代表，接受委任狀和大學民主化的訴求；醫院醫師於 4 月 11 日恢復門診作業，事件終告結束。……此罷診事件其實反映戰後初期，台灣菁英與中國官僚文化普遍性的衝突。」

8　1946 年 3 月 28 日《民報》社論針對此罷診事件有以下的敘述報導。〈論大學醫院的風潮〉：「保障身份，這不但是大學醫院一部份服務員的要求，而且也是全省本省公務員普遍的希望。……所謂保障身份有幾個步驟，第一要依其學歷經歷工作能力而予以適當明確之地位，第二其地位必須使其有相當程度的安定。…『民主化』不僅是附屬醫院的要求，而又是全省民眾的要求，全國國民的要求。……官僚的威風掩蓋了一切，芝麻綠豆的官員，也有一付臭架子，向上則巴結求功，對下則欺矇威脅、耍花樣、玩權謀，所表現的是貪污庸碌。這種封建官僚的作風，我們不能再容許其繼續下去，所以不但大學應當民主化，我們要求的整個國家的民主化。」

致台灣大學醫院及醫師們全體的反彈與抗議。

國立台灣大學醫學院

　　蘇友鵬由台北帝國大學醫學部學生，改編入國立台灣大學的醫學院，學生繼續就讀接受專業醫學訓練。台北帝國大學在日治時代與日本內地所有帝國大學的學術水準相當，改制為國立台灣大學之後，第一任校長為羅宗洛校長，至於第一任醫學院院長則是杜聰明醫師，杜醫師於 1893 年出生，1914 年畢業於台灣總督府醫學校，1922 年獲得京都帝國大學博士，1928 年提出杜氏斷療法用以治療鴉片癮者，後來發明微量嗎啡定性定量的尿液檢查法，為醫界之創舉，更獲得世界各國的普遍採用。最後於 1953 年離開台大，南下高雄興辦高雄醫學院，為延續國立台灣大學在學術研究與培養專門人才上的功能，同時顧及醫學教育之專業性，設法留用原台北帝國大學醫學部的日籍教師；當然，另外一個最嚴重的現實問題是「中國人教師」數量與質量完全不足以扛起教學工作，只有留用日籍教師，才能維持既有的課程與教學；另一方面，也同時藉由日籍教授帶領年輕台籍教師之方式，才能延續教學傳承的工作。日籍教師一直待到 1949 年完成整個傳承工作，才全部離開台灣返回日本。

　　另外，在改制為國立台灣大學的醫學院之後，學制上做了數次的調整變更，同時課程亦相當混亂，導致就讀醫學院的學生非常不滿，就在如此跌跌撞撞的情形下，蘇友鵬仍然設法專心努力地鑽研課業，同時選擇耳鼻喉科做為主修。蘇友鵬之所以決定選擇成為耳鼻喉科專科醫師，有兩個理由。其一是，蘇友鵬在小學時因為鼻黏膜腫大及鼻中隔彎曲之影響，一直有鼻塞的症狀，不但影響生活，在學習過程中深受其苦，後來蘇友鵬的父親帶他到位於台南市有名的沼鹿耳鼻喉科接受手術治療，才得以解決了長

期不適的鼻塞問題。第二個理由則比較有趣，完全展現蘇友鵬活潑調皮好動的個性。蘇友鵬非常興奮地述說：「一般人習醫主要都以四大科別（即兒科、內科、外科、及婦產科）為優先選擇，當然選擇也要參考在學成績。大家都知道兒科內科是不用動手術刀，外科與婦產科則幾乎都是動手術刀。但是非常有趣的是，耳鼻喉科一方面如內科一般用聽診器，同時又有機會拿手術刀動手術，我就因為耳鼻喉科特別的跨內外科屬性，可以一手拿聽診器，一手拿手術刀，決定選擇主攻耳鼻喉科。能夠可以一手拿著聽診器，又可以一手拿著手術刀來動手術，真是太棒了。」

　　蘇友鵬這個選擇，在當時實在令許多人跌破眼鏡，畢竟主修什麼專科都以學習成績為依據，一般成績優秀的醫學生，也都以主要四個科別為第一優先選擇，沒想到成績名列前茅的蘇友鵬，卻選擇相對冷門的耳鼻喉科這個專科，做為自己的主修科別。不過這個決定，在蘇友鵬的人生中，反而讓蘇友鵬在被釋放離開綠島返回台灣、重新回到社會尋找工作時，因緣際會得到一個絕佳的工作機會。因為蘇友鵬是耳鼻喉科的專科醫師，不但有機會進入鐵路醫院成為「中華民國公務員」，甚至還得到最佳醫師金龍獎。對於如此之結果，蘇友鵬經常戲稱這就是中華民國最大的矛盾與諷刺！何況，決定最佳醫師金龍獎得獎的單位是政府公部門。在這個獨裁者手上，一次簽核把蘇友鵬送綠島感訓，另外一次則送給蘇友鵬一個公務員的任命令，最後再送他一個傑出醫師金龍獎的獎項。真的非常諷刺！

　　蘇友鵬在醫學院除了專心習醫，也沒有忘記他最喜愛的小提琴，同時也開始努力學習中文。畢竟在那個時期，整個台灣社會的主要語言已經從日語變成中文，欲與來自中國的人交談溝通需要學會中文。蘇友鵬在戰爭結束到復學恢復上課的短短兩、三個月時間曾經返回台南，並找了台南二中同學王育彬的兄長——戰後從東京返回台南的語言學博士王育德先生——學習中文，王育德先生可以說是蘇友鵬中文的啟蒙老師。這個學習一

直持續到王育德先生在二二八事件後，逃避國民黨追捕，亡命到日本才告一段落。

在蘇友鵬復學不久的翌年，也就是 1946 年 3 月下旬，旋即發生台大醫院的罷診事件。如前所述，此事件發生的主要因素，在於日本之學校編制與中國不同，台北帝國大學改制爲國立台灣大學後整個人事系統非常混亂，同時台灣省公署的官僚又強力地介入台灣大學之人事任用，導致台大第一附屬醫院及第二附屬醫院的全體醫師不滿而發起罷診以表示抗議。當然，此罷診事件也直接影響到蘇友鵬他們這些醫學院的學生。因爲罷診情事，導致醫學生無法在醫院繼續進行實習課程。醫學生請求台大當局妥善處理，卻換來校方完全沒有誠意且擺出高壓態度的對應，最後醫學生也決定加入進行罷課活動來支持罷診事件；醫學院學生的罷課行動，也引起其他學院學生之共鳴，大家一起聯手打破學校之官僚化，共同爭取大學校園之民主化。

雖然蘇友鵬四年間的習醫之路坎坷，在學期中當然必須面對繁重的醫學課業，但是課餘時間，仍然持續著自預科時代開始學習的小提琴，在經過王育德先生的啓蒙後，也開始認眞地學習中文。寒暑假期的時間，蘇友鵬則會短暫放下一切，稍微喘息休息一些日子。蘇友鵬的三弟友麟述說：「大哥醫學院放暑假，一定返回家鄉台南善化探視家人。總是短暫停留一個晚上，然後即啓程前往高雄大樹五舅陳水鏡醫師的診所，以及屏東市表姨鄭梅夫婿龔奇楠醫師的診所，一直待到假期結束返回台北。」對蘇友鵬來說，這幾個長輩不但是他能夠繼續求學的經濟援助者，同時更是可親可敬愛的長輩，也是可以完全放鬆心情的避難所。另外，由於兩位都是非常有經驗的醫師，當然也成爲醫學生蘇友鵬請教學業的重要對象。表姨鄭梅的長子龔伯文，出生於 1933 年，小蘇友鵬 7 歲，也是家族中不可多得的才子，當時正在唸屏東中學，非常調皮搗蛋。兩個好動的表兄弟的感情非常

好，暑假期間兩個表兄弟會一起去表弟的故鄉里港附近的溪流游泳戲水，也會到三地門登山。表兄弟兩個人的惡作劇，似乎是沒有極限。那應該也是蘇友鵬暫時放下繁重課業，在假期中舒解壓力的忘情喘息時間。

　　1949 年 7 月，蘇友鵬以相當優異的成績畢業於國立台灣大學醫學院，同時進入台灣大學醫學院附設醫院的耳鼻喉科就職，成爲住院醫師兼醫學院助教。蘇友鵬結束學業進入社會，當時必定是意氣風發，因爲不但可以開始發揮所長，成爲一個專業醫師濟世救人，更可以擺脫多年來就學過程的經濟拮据問題，蘇友鵬心裡的壓力，在畢業那天完全煙消雲散。可是天妒英才，蘇友鵬絕對沒有料想到，在進入社會後不到一年的時間，等待他

台大醫學院畢業證書。

的卻是一場莫名其妙的荒謬十年牢獄之
災。對蘇友鵬而言，這是莫名其妙的政
治牢獄之災；但這其實是國民黨政府精
心設計的鏟除台灣菁英知識份子的邪惡
大陰謀。蘇友鵬的一生，因為這場牢獄
之災完全改變，不只是他個人受影響，
整個家族的親人、周圍的朋友也陷入一
場大夢魘。

蘇友鵬自國立台灣大學醫學院畢業時照片。

第 2 章
莫名其妙被逮捕

迎接戰爭結束

　　1945 年 8 月 15 日，日本天皇的「玉音放送」宣告日本戰敗投降，結束戰爭。台灣整個社會在得知消息之後，開始興起一股脫離日本的氣氛。在 10 月初，「台灣學生聯盟」這個關心台灣政治發展的青年學生組織，以郭琇琮爲中心，在經過幾次的準備會議後正式成立。「台灣學生聯盟」成立後，就積極舉辦相關活動，這些活動包括以脫離日本統治、迎接祖國爲主題的宣導、演講，以及教唱《中華民國國歌》等等。在士林，「台灣學生聯盟」借用士林信用合作社禮堂，開辦「國語學習班」教授國語（北京話）、研讀三民主義，並教唱國歌，準備熱烈迎接即將前來台灣的「祖國」。10 月 10 日，士林舉辦第一次「光復」後的「國慶日」慶祝活動，蘇友鵬當然也參加了。那一天，郭琇琮站上會場講台，以一口流利的「國語」（北京話）帶領與會者高唱《中華民國國歌》、《國旗歌》、《國父紀念歌》，同時恭讀《國父遺囑》，最後又高唱《義勇軍進行曲》，活動相當熱鬧！

　　1945 年 10 月 25 日，自中國前來的陳儀行政長官，參加在台北公會堂（今日的台北市中山堂）舉行的投降儀式。陳儀的身份，是盟軍接受日本在台軍隊投降儀式的中國代表。自 1945 年 8 月 15 日裕仁天皇宣布日本投降之後，台灣與中國之間的交流活動與日劇增，除了代表國民政府前來台灣接收的官員與軍隊外，也有許多的中國民間人士前來台灣尋找發展的機會。同時，台灣社會也積極動員爲了即將「回歸祖國」做準備，開始從五十年來學習的「日本國語」，轉變成學習「中國國語」；各級學校也開始對學生教唱《歡迎歌》。台灣社會認爲可以脫離日本人五十年的統治，終於有出頭天的機會，而處於異常興奮狀態，特別是聽說「祖國」（中國）即將前來台灣接收，更讓社會許多人熱切期待，中國會以「同胞」的

心來對待台灣。但是在此同時，當中國軍隊搭乘美軍海軍艦艇從基隆登陸之後，登岸的中國軍隊的軍容，完全顛覆了台灣人對軍人的印象，令許多前往歡迎的台灣民眾、青年學子瞠目結舌。

10 月 17 日，「台灣學生聯盟」動員許多學生，前往基隆歡迎祖國軍隊抵達台灣，蘇友鵬與幾位好友也一起前往基隆的碼頭歡迎中國軍隊登陸台灣，碼頭上早就已經是萬人空巷，擠滿了前來歡迎的群眾，身材不高大的蘇友鵬也奮力鑽到群眾的前面，興奮期待這個與祖國軍隊的第一次見面。中國國民政府派遣前來台灣接受投降的是第 70 軍，另外是部份台灣行政長官公署的官員。碼頭上樂隊演奏著歌曲，許多人高唱著《歡迎歌》：「台灣今日慶昇平，仰首青天白日青。哈哈，到處歡迎！哈哈，到處歡迎！六百萬民同快樂壺漿簞食表歡迎……」群眾表現出異常興奮的情緒，整個碼頭充滿一片歡欣愉悅的氣氛。

蘇友鵬當然也不落人後，非常興奮地跟著其他群眾一起人聲唱著歌：「台灣今日慶昇平，仰首青天白日青。哈哈，到處歡迎！哈哈，到處歡迎……」大家都引頸期盼著，想要一睹打勝仗的「祖國」軍隊英姿。但是當載運祖國軍隊的美軍海軍艦艇停靠碼頭，放下舷梯之後，左等右等就是看不到「祖國」軍人下船上岸。只是隱隱約約可以看到在軍艦的甲板上，似乎有一些爭執吵嚷的樣子，好像「祖國」的中國軍隊沒有要上岸的意思；最後看到負責運送的美軍人員強硬地將中國軍隊趕下船。一直到後來才知道，原來前來接受投降的第 70 軍部隊，在中國曾經屢次與日軍交手，吃過許多虧，他們擔心要面對在布署在台灣的日本第 10 方面軍，希望出美軍先行上岸偵察「敵情」，因此遲遲不敢、不願意下船。

當舷梯上出現了心不甘情不願的「祖國」軍隊，突然之間碼頭現場的空氣急速凍結，原本響徹雲霄的樂隊演奏與歌聲也驟然停止。這些軍人的外表，讓在場歡迎的所有民眾完全傻眼，因為映入眼簾的竟然是一

群身著破爛軍服如乞丐一般的集團，手上拿的、肩膀背的是扁擔及雨傘，吊掛在扁擔雨傘上面的是歷經滄桑的棉被與鍋盤。這個軍容和所有台灣人印象中的軍隊實在是差異太大，詭異的氣氛令在碼頭上的所有表演霎然停止，四周的空氣刹那間如結冰般瞬間凝固，原本興奮吵雜的歡樂的聲音，瞬間化爲可怕的寂靜，而「祖國」軍隊從艦艇的舷梯跌跌撞撞走下碼頭的影像，緩慢地從歡迎群眾的面前走過，有如無聲慢動作之默劇一般。突然之間，這個乞丐集團發出此起彼落的吵雜聲，驚醒所有在碼頭上沉默圍觀的群眾。原來，聲音出自那一群走下船的「祖國軍隊」，他們在下了船到碼頭之後不但四處散開，三五成群就地或坐或蹲，也高聲說著台灣民眾聽不懂的話語。有人旁若無人似地走到岸邊直接撒尿，有人隨地就吐痰，行爲根本就不像是一支軍隊，更比較像是一群烏合之眾。「完全沒有一點軍紀可言的一群烏合之眾」，是蘇友鵬對這一群出現在眼前、剛登上岸的中國軍隊的第一個印象，也是唯一的印象。不過善良的蘇友鵬回神過來，在心裡告訴自己，這些軍人剛結束長達八年的中日戰爭，祖國軍隊已經疲憊不堪，又經過在台灣海峽的波濤折騰，累壞了！說實在的，在那個時候沒有爲眼前看到的情景，找一個理由藉口做解釋，自己內心的動悸也無法平息。但是在場的一些群眾，特別是一些日本婦女與小孩都不能相信，眼前這一群如殘兵敗將般的軍隊竟然打敗日本皇軍，不禁放聲大哭。也有些人無奈地互相安慰說：「日本皇軍是被美國的兩顆原子彈打敗，不是被這些乞丐軍隊打敗。」

　　終戰初期，台灣社會其實充滿著許多的矛盾。被日本統治五十年，雖然經歷日台之間的差異，但是畢竟被教育成自己是日本人，甚至也有許多年輕人投入軍隊，成爲日本天皇的子弟兵，以日本皇軍的一員赴戰場。可是，日本戰敗，身爲戰敗國的台灣人，一夕之間從日本人變成中國人，國籍也將從日本更改成戰勝國中國。身份的曖昧與改變，難免令人感到矛

盾。不過宣傳歸宣傳，期待歸期待，當戰勝國──祖國中國的官員、軍隊進駐台灣之後，實際情形又是如何？

　　1945 年 8 月 15 日，日本宣告了在第二次世界大戰中戰敗投降。《一般命令第一號》（General Order No. 1）是第二次世界大戰日本向同盟國無條件投降後，由美軍參謀長聯席會議制定，1945 年 8 月 17 日，美國總統杜魯門核准、授權盟軍最高統帥麥克阿瑟元帥在 1945 年 9 月 2 日的受降儀式上發布予日方代表，再由日本帝國大本營對所有日軍發布的軍事命令，其內容為解除日本武裝的指示。命令中規定，在中國（滿洲除外）、台灣、越南北部等地的日本軍隊，向代表同盟國的蔣介石將軍投降。蔣介石隨後委派中國陸軍總司令何應欽將軍為其代表，負責相關之受降事宜，何應欽再派任陳儀將軍前來台灣，擔任台灣方面的受降代表。從 10 月初開始，國民政府的官員與軍隊陸陸續續進入台灣。緊接著，台灣社會隨即面臨嚴重的文化衝突現象與生活經濟問題：來自所謂「祖國」的政府官員與軍隊，以戰勝國的高姿態，在台灣社會引發各種衝突。台灣經過日本五十年的統治，社會建設已經非常進步，同時日本政府及軍隊對於法治觀念非常嚴格，衛生習慣也非常良好，環境整頓得乾淨有序。相較之下，中國人的髒亂、沒有法治精神⋯⋯根本就是非常嚴重的落差，完全無法與台灣相比擬！雖然在台灣實施強制性日語教育政策，但是也由於教育普及，台灣民眾的識字率接近八成，這又是另外一個文化水準的差異。台灣社會即使在戰爭末期遭受美軍嚴重的空襲，卻仍然保持秩序井然。

　　可是來自所謂「祖國」的這群政府官員與軍人，首先在心態上，他們充滿著勝利者、征服者之優越感，面對深具日本風格的台灣社會，心裡本來就抱持著非常大的排斥與歧視的心態，認為這一切都是受日本奴化影響的結果。同時，他們這些來自「祖國」的政府官員及軍人，卻又無法跟上腳步，適應一個進步的台灣社會，有如「劉姥姥進大觀園」的迷失，內心

掙扎根本無所適從。一方面是自大虛榮心作祟，另一方面卻是偉大的「戰勝國代表」，只能打腫臉充胖子，裝模作樣掩飾自己心裡的自卑心態。在如此矛盾心情的內心掙扎中，來自「祖國」的中國人和台灣人之間，文化與精神的衝突，如一齣「歹戲拖棚」之連續劇般，每天持續地在台灣社會發生，造成雙方的關係僵化！

　　至於在接收日本財產方面，來自「祖國」的官員與軍人，根本就是抱持著搜刮掠奪「戰利品」的方式進行「接收」，從戰略物資到一般民生用品，完全被「劫收」一空。雖然在戰爭期間，日本政府有限制糧食供應的政策，但是並沒有造成無糧可食之情形；同時，日本政府在台灣也儲存了許多為因應戰事的戰備物資。可是，前來「接收」的官員將取得之所有物資，以支援國共內戰的大義名份搬離台灣運送到中國；更嚴重的是，物資被運送回中國變賣後，獲取的利益幾乎全數被裝入私人口袋中飽私囊。舉凡食米、糖、樟腦等民生物資，就在這種情形下從台灣被搬走，台灣社會在此情況下，發生民生物資匱乏的狀態，造成所有的物價暴漲，有錢買不到東西的情形頻發，導致最後發生嚴重的通貨膨脹問題。在其他非民生物資的日產方面，相同的情形也不斷發生，工廠的機器被拆卸盜賣、原材料被搬走不知去向，惡劣的接收方式，完全就如土匪強盜集團的掠奪行徑一般！

　　此外，中國官員的貪污腐敗、軍隊紀律敗壞更是令台灣人氣憤難耐。來台接收的官員，一方面霸佔所有主要職務地位，同時任用親朋好友在各相關有利職位，造成外行領導內行的詭異畸形現象，打壓剝奪了台灣人的工作機會，導致嚴重失業問題發生。這裡有一個非常基本的問題不能忽視，就是來自中國的人員與台灣人之間，本來就存在著嚴重的語言隔閡，彼此之間的溝通困難障礙重重，因此雙方的誤會本來就很容易產生！加上來自中國的軍、政官員之勝利者、征服者的強烈優越感，對台灣人的歧視

態度，這些驕縱專橫的行為和表現，令台灣人不滿情緒逐日俱增。

　　早期，日本在剛抵台灣時，曾飽受台灣不同地理環境風土之苦，造成嚴重的傷亡情形發生；因此日本政府在改善衛生環境、撲滅傳染病、研究醫療上花了許多功夫，投入相當多的心血，經過五十年確實取得相當成效，更撲滅了不少的傳染疾病。但是，隨著中國人進入台灣，台灣與中國之間的海上交通之頻繁，導致許多已經在台灣消失匿跡的傳染病，又開始在台灣重新出現，造成嚴重的疫情（譬如說，帶病原的老鼠躲藏在隨進出的中國船舶上，老鼠在抵達台灣的港口靠岸後上岸，造成在台灣已經絕跡的相關傳染疾病再度流行）。同時，前來台灣的中國人對於衛生觀念與習慣之缺乏，也在台灣各地製造了無數的髒亂，如此之行為也令早已經習慣於喜愛乾淨、具備良好衛生觀念與習慣的台灣人產生極大反感。這種情形剛好完全應驗了台灣的俗語「不識字又不衛生」！

　　至於來自中國的絕大多數的軍人，根本就完全沒有軍紀可言。到處製造髒亂之外，偷竊、搶奪、恐嚇是家常便飯，調戲婦女、強姦，甚至於拿槍恐嚇、任意開槍殺人等非法情事也不斷地上演。這些惡劣行徑，讓手無寸鐵且溫順的台灣人受害，已經超越不滿，根本就是忍無可忍。習慣於遵守法治的台灣社會，對於這些來自「祖國」的「外省人」（或稱唐山仔，阿山）產生厭惡，憤憤不平，已經到了瀕臨爆發的邊緣！

　　1945 年 11 月 17 日，台灣行政長官陳儀公告《人民團體組織臨時辦法》，台灣學生聯盟就如同其他人民團體一樣，被迫停止所有的公開活動。學生聯盟不再公開活動，蘇友鵬把全部的精神放在課業上，全心全意專注讀書，但是關心台灣社會變化之心情，並沒有因此而減少。台灣社會每天發生的事、行政長官公署之施政、台灣社會各式各樣的問題，當然不會被蘇友鵬視若無睹地遺忘。代表國民政府的國民黨在台灣的行政長官公署之問題，軍隊的惡劣軍紀行為，讓台灣人反感，這一切的問題源頭都指

向中國，所有的責任，最後必須由國民黨及國民政府來承擔。

　　每一個時代都相同，能夠考上醫學院的學生一定是成績優秀的。特別是日治時代的菁英教育，從中學校開始就訓練學生在各方面的知識，到了高等學校教育，更允許也鼓勵學生涉獵各式各樣的知識，培養學生具備自由開放的思考能力。如此之教育制度下，讓這一群光復初期能夠在台灣大學醫學院就讀的學生，不但能通過嚴格的重重考試關卡、成為被精挑細選的極為優秀的學生之外，同時也具備絕對的自主思考能力。他們平日就不斷閱讀各類書籍，求取多方面的知識，當然也都異常關心台灣社會的發展，不會置身事外。在日本軍國主義下，雖然對於共產黨有相當程度的排斥與限制，但是對於知識上的社會主義思想，基本上是採取比較開放的態度。蘇友鵬本來就喜歡看書吸收各式各樣的知識，當然對於社會主義方面也早有接觸；很自然的，強調公平的社會主義思想主張，在這個時間點重新在他們的腦海復甦，也很容易打動這一群高知識份子的心。

　　不過，在此必須特別強調的是，蘇友鵬他們雖然傾心於社會主義的思想主張，被社會主義提倡的公平正義吸引，但是這些都只是思想上的激盪，並不表示他接受共產黨，更不用說與中國共產黨一點關係都沒有！「認同社會主義，並不等於認同共產黨」，這是當時眾多知識份子（包含蘇友鵬在內）共通的一般思想！就像今日的國際社會上，許許多多實施社會福利的民主國家，採取社會主義的福利的政策，關心照顧人民，追求公平與正義，但是施行民主制度，尊重人權，並不接受共產黨的主張，也沒有獨裁專制的政府。

　　對於台灣社會與台灣民眾來說，原本熱烈歡迎的「祖國」──中國，政府官員貪污腐敗，軍隊如蝗蟲搶匪一般，其惡劣行徑，根本與地痞流氓、土匪強盜集團沒有不同，已經令台灣民眾一再地累積憤怒，反感的心情也接近爆發的極限！長期以來，已經習慣了日本政府嚴格徹底執行的法

治社會、遵循高效率行政的官員、遵守嚴明軍紀的日本軍人；相較於這些來自「祖國」的中國官員與軍隊，則是完全無法無天，根本就是天與地的強烈對比！面對中國官員的貪污腐敗，軍隊的軍紀渙散，一再製造麻煩、發生問題，台灣民眾從充滿希望期盼的喜悅中，完全掉落到黑暗深淵的失望，甚至絕望！此時的台灣社會，在民眾之間也開始流行「狗去豬來」這一句話——台灣民眾把日本當作狗，雖然兇悍卻會看門守護家園；反之將中國人當作豬，只會吃喝拉撒，一無是處！

　　台灣民眾的不滿情緒，終於在累積了一年多之後，在 1947 年 2 月 27 日傍晚的一場查緝私菸行動的衝突中徹底爆發。而且在次日近中午時，面對抗議要求處理前一天傍晚誤殺事件的群眾，在行政長官公署，稱為「祖國」的中國之軍隊面對手無寸鐵的群眾，竟然無差別的開槍射擊屠殺！當消息傳出之後，令台灣民眾無法再繼續忍耐，奮起開始抗爭，戰後在台灣歷史上悲慘重要的一頁　　二二八事件，也正式展開，台灣各地陸續發生抗爭。事件發生後，國民政府先虛與委蛇，待援軍趕到台灣，更藉口鎮壓平亂，對台灣社會進行清鄉，導致台灣社會的賢達、學者、醫界、法界、財經界等菁英、知識份子，與眾多無辜的民眾，在二二八事件當中失蹤、被逮捕、被殺害！台灣20世紀的暗黑時代正式揭開序幕！

二二八事件

　　1947 年 2 月 27 日傍晚，一個單純的取締私菸行動，由於官員當街開槍造成無辜民眾傷亡的事件，令在場的台灣人憤憤不平，激發台北的民眾群情激憤。次日（2 月 28 日）群眾來到台灣最高行政單位的行政長官公署（現行政院）陳情抗議，防衛長官公署的部隊，竟然又向手無寸鐵的抗議群眾開槍射擊。政府公權力的公然暴行，無差別殺戮行為的消息，在第一

時間傳到中南部，長久以來台灣社會累積壓抑的不滿、憤怒情緒終於爆發，原本已經關係緊張的本省人（台灣人）與外省人（中國前來的人，阿山）之間的衝突，一發不可收拾，在台灣各地陸續發生問題。終於，台灣人將近一年半以來，累積對中國人的不滿情緒爆發，情況非常嚴重。引爆「本省人」與「外省人」（阿山）之間的衝突對立的導火線被點燃，結果演變成台灣近代史上非常重要且悲慘傷痛的第一頁──二二八事件。

　　在台灣各地發生衝突事情後，整個社會如燒開的熱水般沸騰，到處有攻擊事件發生。擔心事情發展的許多台灣社會賢達人士（包括地方士紳、民意代表、民眾團體等），眼見可能惡化的動亂，遂出面協助安撫激動民眾，同時要求陳儀行政長官能降低衝突，能夠正視問題本質加以根本性的徹底解決。他們在各地成立「處理委員會」，台北方面，大家聚集在台北市中山堂開會討論如何解決問題。

　　但另一方面，有許多民眾認為「處理委員會」有太多的妥協及過於複雜，無法解決問題，因而朝向以武裝鬥爭方式來處理；其中，在台北市的大學生部份，由學生領袖陳炳基、郭琇琮及李中志三人共同策劃，動員台大校本部、台大法商學院、省立師範學院（國立台灣師範大學前身）與延平大學等各學校的學生，編組成三個大隊，計畫於3月4日夜晚各自集合。第一大隊由陳炳基領隊，集結於建國中學；第二大隊由郭琇琮領隊，在師範學院集結；第三大隊由李中志領隊，集結於台大。他們預定的計畫是：3 月 5 日凌晨兩點發動武裝攻擊；首先由第三大隊與烏來泰雅族原住民會合，攻打戒備防守較為鬆散的景尾軍火庫，取得武器彈藥之後與第二大隊合流，共同攻擊戒備比較嚴格的馬場町軍火庫；最後在各大隊取得武器彈藥之後，再分頭攻擊散布在台北市內各處的軍隊、憲兵、警察的據點。最後，在拂曉時刻，三個大隊再次集結，一起攻打台灣行政長官公署（即今日行政院現址）。

　　蘇友鵬在 1947 年二二八事件發生時，寄宿在水源路（今溫州街）一帶的宿舍，一起居住的還有從日本東京醫專返回台灣、編入台大醫學院的七舅陳海國，以及善化的同鄉、同時也是台南二中同學林耿清。在事件發生後，學校宣布停課，學生也被要求不得離開住宿處任意外出，他們三個一直待在寄宿的地方，心急如焚地等待取得事件發展的最新資訊。3 月 4 日傍晚，蘇友鵬接到學生聯盟通知，召喚大家前往師範學院集合，蘇友鵬和一起居住的另外兩個人（七舅陳海國與林耿清）跟隨前來通知的聯盟學生，一起前往集合地點師範學院。經過輾轉繞道之後，蘇友鵬一行人來到師範學院的操場，操場上已經聚集了不少年輕學生，人數大約有四、五百人左右。3 月初的傍晚，天空飄著細雨，有一個面孔用手巾包起來的人在操場前方和大家說話，寒冷冬風一陣一陣地吹過操場，聚集的學生們的心卻是火熱的，他們都認為這是一個改變台灣的機會，自終戰後中國人前來台灣近一年半的時間，整個社會被前來的中國人完全搞得大混亂，台灣社會的民眾已經到了忍無可忍的地步；今天這個晚上，即將是大家改變台灣社會混亂瘋狂狀態的大好機會，他們也將成為改變台灣社會亂象的先鋒。蘇友鵬從身影與說話的樣子看出，在前方演說的人應該是學長郭琇琮，因此走向前欲和他打招呼。郭琇琮與蘇友鵬兩人目光交會，郭琇琮點了一下頭，同時舉手在嘴前做了個手勢動作，意思是要蘇友鵬不要出聲音說話。郭琇琮的腰部佩帶著一支日本短刀。旁邊有一些同學正在削竹竿，準備把竹竿頭部削尖，用來做為攻擊用的武器。另外還有一些人站在一旁聽郭琇琮說明作戰計畫，他們手上握著頂端已經削尖的竹竿，不過這些人蘇友鵬一個都不認識。

　　郭琇琮述說的計畫是：所有學生分成幾個小隊，各隊分幾路前往南機場攻擊國軍的彈藥庫，同時解除國軍的武裝，收集武器彈藥。聽到要進行攻打國軍的計畫，並沒有令蘇友鵬膽怯，反而心情激動興奮不已；他們

三個住在一起的人被分在同一個小隊,沿著萬華到新店的鐵道線路走到中正橋下待命,等候與從萬華過來的烏來原住民部隊進行會合。3 月初的台北市深夜,仍有寒意的天空持續飄著毛毛細雨,蘇友鵬可以感覺到皮膚接觸到的寒冷空氣,不過心情卻是興奮火熱的,畢竟蘇友鵬他們這一群年輕學子期盼著,一年半以來的社會動亂得以解決,重新建立一個新的社會秩序。對於充滿理想的蘇友鵬來說,能夠參與這個神聖、改變台灣社會動亂的行動,心裡自然是興奮不已。自從終戰之後,中國人來到台灣所產生的種種混亂,實在已經到了令人無法忍受的狀況。但暗夜中的等待,已經超過了原先預定會合的時間許久,手錶的指針無情地繼續轉動著,就是等不到預定要出現的烏來原住民部隊。一直到了凌晨兩、三點,眼看烏來的原住民部隊不會現身,領隊的郭琇琮只好宣布部隊解散,蘇友鵬與七舅陳海國及林耿清三個人,再次踏上寒冷的台北市街道,返回到他們住宿的地方。

幾天之後的 3 月 8 日,從中國派遣前來支援的軍隊(憲兵第四團、整編後的陸軍 21 師)陸續抵達台灣,分別從南北基隆港與高雄港兩地登陸台灣。3 月 9 日凌晨軍隊開抵台北市,陳儀宣布台北及基隆全面戒嚴。至此,從事件發生當時,一直虛與委蛇應付處理委員會,狡詐的台灣行政長官陳儀露出猙獰的真面目,一改事件發生初期的柔和態度,開始了全台灣的鎮壓,在各地展開清鄉行動,寫下無情屠殺台灣人的血腥暴行歷史。在台灣光復之後的歷史上,國民黨政權殘殺消滅台灣社會菁英份子的第一波行動,由陳儀揭開了序章。

醫學院畢業

二二八事件發生之後,在台灣各地展開的清鄉行動,動亂的台灣社

會，肅殺的氣氛並沒有影響蘇友鵬在改制為國立台灣大學醫學院的學業，蘇友鵬最後選擇耳鼻喉科為主修，成為耳鼻喉科專科醫師，在 1949 年 6 月畢業，是國立台灣大學醫學院第三屆畢業生。

　　在校的沉重課業難不倒蘇友鵬，但是在生活上，他卻一直飽受經濟拮据的嚴苛壓力。由於蘇友鵬父親家道中落，無法完全提供蘇友鵬的就學與生活費用，蘇友鵬因此長期依賴親戚的支援，其中幫助最多的，是蘇友鵬的五舅陳水鏡醫師以及姑婆陳鑾。1915 年出生的陳水鏡醫師在畢業於州立台南第二中學校之後，進入台灣總督府台北醫學專門學校（簡稱台北醫專，1936 年 4 月 1 日併入台北帝國大學醫學部，改制為大學附屬醫學專門部）就讀，1939 年畢業，是醫學專門部第三期的畢業生。陳水鏡醫師畢業後回到家鄉台南結婚，然後在高雄開業行醫。陳水鏡醫師對於外甥蘇友鵬長期以來的優秀成績讚譽有加，也非常關心蘇友鵬的經濟生活，不斷地資助蘇友鵬在台北讀書的學費與生活費。另外，姑婆陳鑾雖然早年喪夫，獨力養育獨生女鄭梅，但蘇友鵬就讀於台南二中時期就是寄宿在姑婆鄭陳鑾家，對於孫子輩的蘇友鵬從小就寵愛不已，因為經商成功手頭充裕，因此一直沒有停止協助蘇友鵬就學。

台灣大學（臨時）畢業證書。

　　除了親戚之資助外，蘇友鵬也會利用課餘時間打工，當時大學生，特別是醫學生，能夠找到最好的打工就是爲學生補習。蘇友鵬經友人，也是台南同鄉王耀勳先生（王耀勳先生是台南安定鄉港口村人，日本明治大學畢業，戰後在《新生報》當日文版編輯；後來《新生報》日文版廢刊之後，轉往台北市第六倉庫合作社當總務主任。與蘇友鵬同案，被判決死刑，槍斃）的介紹，在開南商工兼課，同時經《新生報》編輯主任王白淵的介紹，在幾處人家當家教補習；王耀勳先生家中有許多各式各樣的藏書，其中也不乏一些社會主義、傾左作家相關的書籍。二二八事件結束後，台灣許多懷抱理想的年輕人，對於貪污腐敗的中國絕望，轉而尋求主張社會公平正義的社會主義思想，蘇友鵬也不例外；他經常在結束家教之後向王耀勳先生借書，攜回住宿處閱讀。除此之外，蘇友鵬也曾經在假日打零工，想盡辦法貼補日常生活需要。

　　同時，蘇友鵬也開始認眞地學習北京話，畢竟這是現實環境所趨，也是台灣社會悲慘歷史之無奈，台灣社會一而再、再而三地被逼迫去學習外來政權、殖民者的官方語言。台灣宣傳已經「光復」，回歸到「祖國」中國的懷抱，因此放棄原本的語言，學習「祖國」的語言──北京話變成是新的時勢所趨，蘇友鵬開始認眞學習注音符號，購買標有注音符號的書籍閱讀。終戰後，國民黨政府在台灣的惡劣行徑、胡作非爲，早已經令許多台灣人反感，相當多關心台灣前途的人士更對「祖國」感到絕望，此時主張打破階級，提倡社會公平、公義的社會主義與左派的思想、書籍，自然成爲知識份子之間思考、憧憬的對象與一絲希望。對蘇友鵬他們這一群在日治時代就接受教育的知識份子而言，雖然日本政府對於共產黨相當反感，但是在追求知識的自由風氣上，對於社會主義並沒有特別的禁止，左派的魯迅、巴金、老舍以及茅盾等所謂「左派作家」1930年代的書籍，是坊間書店正常銷售販賣的書，並沒有特別問題，蘇友鵬也早就閱讀過這

些作家作品的日文翻譯本；只是如今爲了學習北京話，蘇友鵬更努力重新
研讀這些作品的中文版本。這些書籍都是由上海的出版社出版，上面還有
注音符號，雖然國民黨開始禁止這些左派作家的書籍，但台北市重慶南路
的書店，都將這些書籍置於後方角落，仍舊繼續販售給有興趣的讀者。蘇
友鵬就在這樣子的環境下，在學校努力習醫，課餘除了忘情於享受著小提
琴優美的琴聲，同時開始積極地專心研讀中文，也不忘徜徉於左派作家與
社會主義思想相關的書籍，期望尋求解決發生在台灣社會問題的答案與出
路。

　　1949 年 6 月，蘇友鵬以極優異的成績從國立台灣大學醫學院畢業，是
國立台灣大學第三屆醫學院畢業生，同時進入台大附屬醫院之耳鼻喉科服
務，兼任醫學院的講師工作。但蘇友鵬絕對作夢也沒有想到，在十個月後
的 1950 年 5 月 13 日下午，有一場災禍即將發生在他身上。國民黨政府利用
「冠冕堂皇」的理由，莫名其妙地在台大醫院「秘密」而且「非法」逮捕

國立台灣大學醫學院。

四位優秀的醫師。從這個週末的下午開始，被稱爲秀才的蘇友鵬，進入人生最悲慘的時光。蘇友鵬人生中青春寶貴的十年時間，就這樣子被獨裁者蔣介石、蔣經國父子以及國民黨政府剝奪！蘇友鵬將被囚禁在台灣東南方小島上的勞動集中營，成爲新生訓導處第一期的新生。下一次返回台大醫院，再踏入這棟雄偉的建築物，將是漫長的十年以後。

突如其來的逮捕

　　一般人對於法律的常識是：逮捕犯人有其必要的法律程序，即使是現行犯有立即拘捕處理之必要，也需要在事後立即追加補辦相關的法律程序。但是在台灣的白色恐怖時期，特務機關要逮捕人，完全不需要任何法律程序，可以隨時任意直接逮捕，過程與手法非常粗糙，完全不受任何法律規範！其實在白色恐怖時期，情治機關的特務是獨裁執政者的打手，司法是威權體制下的工具。整個政權體制，就是一個暴力結構，一切都只是讓獨裁者藉以整肅異己的手段，沒有任何的道理，完全無關乎社會之公平正義！

　　1950 年 5 月 13 日，星期六，過了中午的休息時間，在台灣大學附設醫院裡，醫師與護士正在開始準備下午的門診，蘇友鵬也剛結束休息時間，放下手上的書籍，披上醫師的白袍準備進行下午的門診。這個時候，台大醫院院長魏火耀醫生的辦公室來電話到診間，要蘇友鵬過去院長室一趟，蘇友鵬接到電話就放下手邊工作趕緊過去。當時，蘇友鵬住宿在醫院宿舍，晚上下班後經常在宿舍練習小提琴，蘇友鵬以爲可能是由於拉小提琴的琴聲吵到別人被抗議申訴，魏火耀院長打電話來是要找他過去關心一下。但蘇友鵬到了院長室，就見到外面有幾個面貌兇悍的陌生人散在門前走廊，進入院長室，看到第三內科主任許強醫師、眼科主任胡鑫麟醫師

（後來才知道許強主任及胡鑫麟主任兩位醫師，是在當日的定期主任會議中被從會議室直接帶出來）以及皮膚科胡寶珍醫師，都默不作聲地坐在椅子上，旁邊還有數名著中山裝的身材壯碩的陌生男人，一看就知道應該是特務。胡鑫麟主任抬頭看了蘇友鵬一眼，臉色沉重沒有說話。四位醫師被要求坐在院長室裡面的椅子上，不准互相交談，似乎還在等候什麼人，只有幾個特務匆匆進出院長室，似乎一直在連絡什麼。原來，大家在四處找尋第一內科的主任翁廷俊醫師。那天翁廷俊主任剛好因為母親身體不適，臨時請假返鄉探望母親不在醫院。在沉靜與吵嚷的情況下，經過大約一個小時之後，蘇友鵬等一行四個醫師就在那幾個陌生人帶領下離開院長室，

離開前因為蘇友鵬身上還穿著看診時的醫師白袍，魏火耀院長特別打電話到耳鼻喉科的診間，要求護士把蘇友鵬的西裝外套送過來更換。四個醫師就這樣子莫名其妙地被戴上手銬，被帶到等候在醫院外頭的兩輛吉普車，蘇友鵬與胡鑫麟醫師、許強醫生和胡寶珍醫生，兩兩搭乘一部吉普車，車上另外還有兩個特務緊緊跟隨在他們身邊，加上司機車子坐了五個人。就這樣子，一群特務把四個醫師直接押解到位於總統府後方的保密局南所

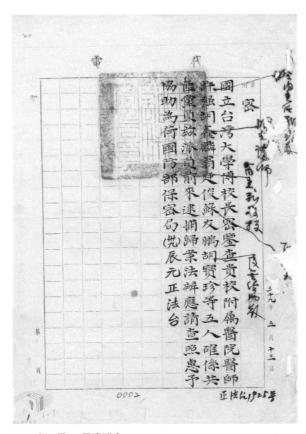

1950年5月13日逮捕令。

（即現在東吳大學城中校區旁）。1950 年 5 月 13 日，就在這一天，台大醫院失去了一群非常優秀的各科室的醫師！完全沒有任何法律程序，直接非法逮捕四個醫師。這一群醫師在當時是經過萬中選一，接受了世界最先進的西洋醫學訓練，濟世救人的醫師！

非法秘密羈押

保密局在當時是一個非常神秘的地方，台灣社會上絕大多數的人根本不知道政府有這麼一個秘密的情治單位。一般人被保密局逮捕，就如同神秘的失蹤一樣，完全與外界隔離。進入保密局之後，首先填寫個人資料，然後進行檢查，蘇友鵬他們被要求脫下身上所有衣服，取下身上所有物品，方便進行搜身與檢查。檢查隨身物品時，從蘇友鵬的上衣西裝口袋裡面，發現了一本魯迅的《狂人日記》，那是中文加注音的版本。西裝上衣是蘇友鵬要離開台大醫院前，魏火耀院長好心打電話，請護士從耳鼻喉科診間拿過來的；至於口袋裡面的書，是蘇友鵬爲了學中文特地買的加注音中文版本。關於魯迅的作品，蘇友鵬早在中學時代高年級時就閱覽過，手上這一本只是爲了學中文才又買來，平日放在口袋裡可以隨時翻閱，方便學習中文。誰知道這一本所謂「禁書」，竟然成爲蘇友鵬被判刑的唯一物證！國民黨認定魯迅是左派，是共產黨，因此魯迅所有的作品，全部都被國民黨認定是「禁書」，閱讀禁書罪不可赦，蘇友鵬手上有這種禁書，當然是非常嚴重的問題。但只因爲國民黨討厭魯迅，將其視爲共產黨，所有的書在一夕之間就變成「禁書」，擁有「禁書」變成罪不可赦，眞的是欲加之罪，完全百口莫辯。

檢查完畢，四個醫生被帶到不同的牢房，蘇友鵬被推進一間擁擠的牢房，聽到背後鐵門用力關上後，蘇友鵬的心陷入一陣驚慌，睜大眼睛看著

昏暗的牢房，裡面總共關了 13 個人。牢房最裡面，有個人站起來手扶著牆壁跛著腳，一拐一拐慢慢地穿過狹窄的間隙走向蘇友鵬，蘇友鵬睜大眼睛一看，原來是學長郭琇琮醫生。郭琇琮雙腳被打得嚴重浮腫瘀血，但是眼睛仍然是炯炯有神，他走近蘇友鵬，用堅強溫柔的眼神注視著蘇友鵬，沒有說一句話，又緩慢地走回最裡面的牆角。

　　保密局正式名稱是國防部保密局，前身是國民政府軍事委員會調查統計局（一般簡稱為軍統局）。軍統局的前身又是軍事委員會密查組，是屬於蔣介石個人的秘密警察部隊，成立之初目標即是效忠蔣介石，專門從事見不得人的黑暗勾當，軍統特務工作最重要的手段就是「制裁」。所謂制裁，基本上就是處分、暗殺敵人，手段相當嚴酷。1946 年 6 月，軍統的武裝特務部門劃歸為國防部第二廳，秘密核心部份則改組為國防部保密局，國防部設立有總政治部，由蔣經國親自掌舵，所有系統的特務機關都歸總政治部，一元化集中加強管理。白色恐怖時期，眾多的政治受難者就是被保密局逮捕。保密局分南所與北所，南所位於總統府後方，即今日東吳大學城中校區旁。北所則是沒收辜顏碧霞位於延平北路台北橋旁的高砂鐵工廠，因為當時大肆逮捕，各處看守所人滿為患，遂予以改建做為臨時收容用的看守所。

　　保密局南所的牢房，一間大約是 2.5 坪的面積，基本上要監禁大約十幾個人（以十個人計算，平均一個人可以被分配的空間約 0.8 平方米），擁擠的程度不難想像。蘇友鵬等四個醫師就被羈押在保密局南所不同的牢房裡，開始人生中最黑暗的生活。在南所的牢房中，有一個劉特慎先生，被依「高雄市工作委員會主謀」於 1949 年 11 月 8 日逮捕，蘇友鵬懷念劉特慎說到：「他真的是硬漢，看我吃不下東西，總是安慰我勸說，要像他一樣多吃一點，一旦被槍決時，才有力氣能把鮮血噴灑到那些劊子手身上……」結果劉特慎在 1950 年 11 月 19 日被槍決。

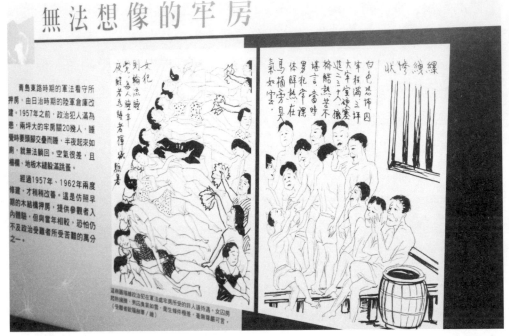

無法想像的牢房

青島東路時期的軍法看守所押房，由日治時期的陸軍倉庫改建。1957年之前，政治犯人滿為患，兩坪大的牢房關20幾人，睡覺時要頭腳交疊而睡，半夜起來如廁，就無法躺回，空氣很差，且擁擠，地板木縫般滿跳蚤。

經過1957年、1962年兩度修建，才稍稍改善。這是仿照早期的木結構押房，提供參觀者入內體驗，但與當年相較，恐怕仍不及政治受難者所受苦難的萬分之一。

這所圖描繪政治犯在軍法處牢房所受的非人道待遇。女囚房悶熱潮濕：男囚臭氣如蒸，衛生條件極差，毫無尊嚴可言。
【受難者陳孟和／繪】

如沙丁魚罐頭的押房。（攝於景美人權園區展場）

　　根據蘇友鵬本身的記憶，進了保密局南所當天，做了全身以及隨身的檢查，之後完全沒有任何的詢問，那段時間只是單純地被與世隔絕，每天被關在牢房中無所事事。但是根據從國家檔案局申請取得的相關資料，其中所記錄的日期與內容卻是非常弔詭。這一份檔案是一份公文的存檔，內容是國防部保密局發給國立台灣大學傅斯年校長的公文，發文日期是民國39年5月14日，內容是說明許強、胡鑫麟、胡寶珍、蘇友鵬等四名醫師確實是「共產黨員」，該公文同時附加了四份偵訊筆錄，其中一份偵訊筆錄內容記錄著「蘇友鵬承認自己是匪諜」，該偵訊筆錄的日期是「民國39年5月13日」，也就是蘇友鵬他們四個人被逮捕的當日。在那個沒有電腦、通信不如今日發達的年代，下午逮捕送往保密局南所之後，經過搜身檢查隨身物品，然後偵訊製作筆錄，可以在翌日立即發公文到台灣大學，國防

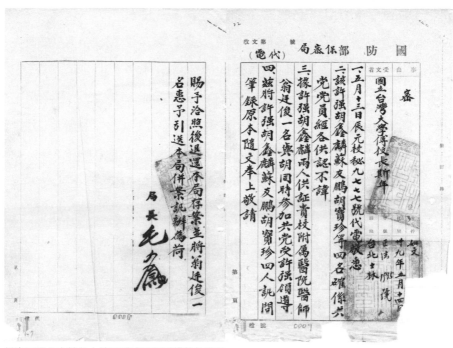

保密局發公文給台大校長說明四個醫師是共產黨。

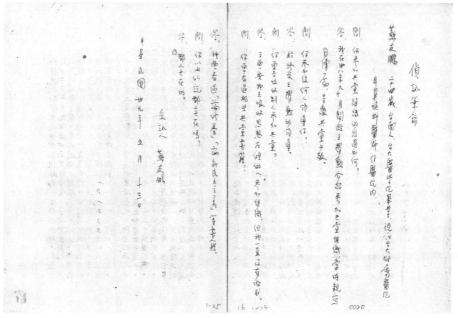

偵訊筆錄。

部保密局的工作效率之高，實在令人不得不佩服！

　　就這樣，蘇友鵬他們幾個台灣大學附設醫院的醫師，開始了失去自由的受難的日子，突然之間莫名其妙地從社會中「被消失」。幸好，5 月 13日發生在台大醫院的逮捕行動，消息立即在醫院與校園中被傳開，蘇友鵬的七舅陳海國，當時是醫學院四年級的學生，聽到逮捕的消息之後，立即寫信回台南故鄉，告知家族發生了逮捕事件。因為他的通知，蘇友鵬的家人才知道發生事情，蘇友鵬是被保密局的特務帶走並不是無故失蹤，但是到底為了什麼理由被逮捕呢？家人絞盡腦汁也想不出任何會被捕的原因，所有人都非常心急，卻無計可施。在那個年代，整個台灣社會風聲鶴唳，山雨欲來風滿樓，各地陸續有許多人被秘密逮捕而失蹤，家人根本就不知道發生什麼事。

　　包括蘇友鵬在內的幾個台大醫師，於 1950 年 5 月 13 日被逮捕進保密

被逮捕、判刑後的蘇友鵬定裝照顧的模樣。

蘇友鵬七表舅陳海國。（陳英崇提供）

局。在一個月後的6月25日，北韓軍隊越過38度線襲擊南韓，韓戰爆發，東亞及朝鮮半島進入一個緊張的時勢，美國以聯合國名義出兵，美國海軍第七艦隊進入台灣海峽。在此同時，國民政府知道台灣暫時沒有迫切危機，開始在台灣各地大肆進行搜捕「匪諜」的行動，一時之間被逮捕的人數急速增加，導致各處的拘留所都有人滿為患的狀況。蘇友鵬等一行人也被移送到延平北路，靠近現在台北橋附近的保密局「北所」羈押。北所在日治時代是一個鐵工廠，稱為高砂鐵工所，後改名為新高鐵工廠，為辜濂松母親辜顏碧霞女士所有，因此有許多政治犯也稱北所為「鐵工廠」。辜顏碧霞女士因涉及呂赫若案被逮捕羈押，整個鐵工廠不但被保密局沒收充公，還把鐵工廠改成臨時看守所，稱為保密局北所，辜顏碧霞女士也被關在北所內。後來由於保密局南所的牢房實在人滿為患，無法再容納急速增加的人，因此有一部份人被移送來到北所，北所的牢房擁擠狀況稍有改善，不過仍然是非常擁擠。在台北各地的看守所及監獄當中，青島東路的軍法處看守所最為擁擠，平均一間面積約 6 坪大小的押房，要關上三十幾個人，如此狹小的空間連坐下來都有問題，更何況是晚上睡覺，「犯人」只能分批輪流睡覺，一些人睡覺時其他人只好站在牢房四周，至於睡覺就只能側著身體睡，如果起來上廁所，原來的位置也立刻會被旁邊的人佔用。整個羈押的空間根本就如沙丁魚罐頭一般，擁擠到完全沒有任何空隙。

蘇友鵬被移送到北所，看見帝大醫科預科時期就認識的台灣大學醫學院學長郭琇琮，蘇友鵬非常訝異學長也一起被移送到北所。郭琇琮被嚴刑拷打得非常嚴重，每次被帶出牢房訊問時，總是會聽到傳來淒慘的哀號聲，看他全身都被刑求的嚴重傷勢，雙腳腫脹幾乎已經無法站立行走；基於昔日情懷，善良的蘇友鵬，總是盡可能想辦法協助郭琇琮，在放風時間能夠到牢房外稍微洗滌。當然，在北所裡面被刑求的不只是郭琇琮一個

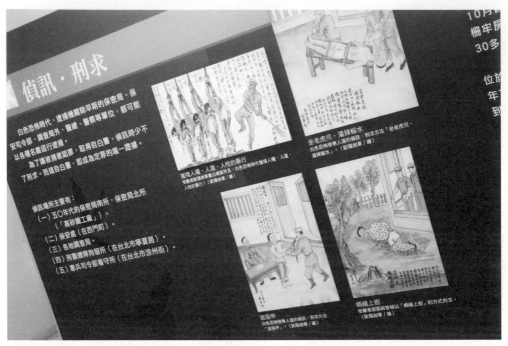

歐陽劍華前輩刑求示意圖。（攝於景美人權園區展場）

人，還有許多人在偵訊過程中被刑求，成天在牢房裡都可以聽到漫天的哀號聲，看到怵目驚心血淋淋的悲慘身影，這一齣暴力劇每一天都不間斷地在上演！

　　負責偵訊的特務，通常都是使用黑臉（刑求）與白臉（欺騙）的方式來交叉進行詢問。一方面利用嚴刑來逼使「犯人」供出人名、強迫簽下早就準備好的「自白書」，承認特務已經決定好的罪狀。也會利用犯人剛經歷嚴刑拷打，最無助軟弱的時候，換一個假裝慈善的笑面虎，帶著「和藹可親」的態度，設法讓剛遭受刑求的人卸下心防，當然重點是依照特務的要求，在早就準備好的自白書或筆錄上簽名畫押，供出特務期待的回答。如此的「白臉」與「黑臉」輪番上陣，除非真的具備超人的堅強意志，或是受過專業訓練的間諜情報人員，否則有多少人能夠撐下去？這些特務為

求取自己的利益好處（業績達成？獎金獎勵？）根本就是不擇手段，爲了達成他們的目的，眞的是想盡辦法，做盡了傷天害理的壞事。利用對人體精神與肉體的折磨傷害摧殘，要求寫下事先準備好的故事，故事有許多都是特務人員造假編撰，根本就與事實不符。如此的嚴刑逼供，不單單是肉體的折磨，奪取了犯人的尊嚴與人格，更進一步造成精神上的永久創傷，許多人在被刑求下失去生存的意願，放棄自己的意志，經過數十年之後的今日，仍然有非常多人對於那段經歷感到不寒而慄。直到今天，許多的受難者無法過正常的生活，睡覺時會無故驚醒，甚至於畏懼身邊的人，拒絕任何形式的與人接觸，都是因爲累積太多的身心傷害，在心理上自然形成防禦機制的影響。「人權」，是因爲身爲一個人才擁有，蘇友鵬他們這群所謂的「匪諜」、「共產黨」或是「叛亂份子」，在蔣介石父子與國民黨的眼裡，根本就沒有把他們當人對待，何來人權之有？

　　至於這一群特務違法任意逮捕、嚴刑逼供的原動力在哪裡呢？可以想像，上級長官設定並要求達成「業績」；另一方面，設計獎勵制度，利用獎金獎賞來刺激業績達成。在這樣子的制度之下，特務爲了滿足業績壓力，取得獎金，當然想盡辦法無所不用其極。因此，許多的冤案假案，就在這種情形下產生。踩著人的骨頭往上爬，犧牲別人的生命來滿足自己個人的利益，這是自稱爲萬物之靈的人類應該有的行爲嗎？

　　蘇友鵬在被移送到北所之後也被訊問數次，但蘇友鵬是極少數沒有被刑求的受難者？或者是不願回憶那段不堪的痛苦經驗？這個答案，將永遠跟隨他進入另一個世界。不過，蘇友鵬在被逮捕當天從身上搜出的那一本禁書——魯迅的《狂人日記》，由於魯迅被國民黨視爲共產黨，所有的著作都被視爲「爲匪宣傳」的書籍，因此都被列爲「禁書」。蘇友鵬手上握有一本《狂人日記》，自然被視爲大逆不道之事。對於蘇友鵬的偵訊，也就一直環繞在這本《狂人日記》之上。書籍之來源？誰介紹閱讀？曾經與

誰分享過？……所有的訊問，都以這本《狂人日記》做文章。可以清楚地感受到，他們這一群偵訊人員，主要的偵訊目的只是想要從蘇醫師口中取得更多的人名。

但是有一點值得思考的是，蘇友鵬會買這本書，理由只是單純地想要學習華語，何況書籍是在書店公開販賣的。只是因為國民黨討厭魯迅，把書列為禁書，蘇友鵬就必須因為擁有這本書來付出代價？再者，對蘇友鵬來說，書籍內容早在以前就嫻熟，目的只是為學習中文，完全與其他人無關，自然根本問不出什麼東西；也或許偵訊人員一開始就非常清楚蘇友鵬底細，也早就已經決定要如何處置他，只是蘇友鵬運氣不好，被逮捕那一天剛好有這本書，讓特務人員見獵心喜認為有額外的機會，多問了一些也說不定。蘇友鵬一直到釋放回來，很久之後才知道，當他被逮捕時，有好幾個月的時間，當時任台大耳鼻喉科醫師的學長杜詩綿非常坐立不安，因為杜醫師也非常喜歡閱讀各式各樣的書籍，經常會去蘇友鵬的診間找書借來看。杜醫師習慣性地直接從蘇友鵬的書桌上拿走一本書，然後在閱讀完歸還時，在書籍中夾一張小紙條，上面寫著「閱畢感謝」。杜醫師非常擔心因為蘇友鵬被逮捕，他自身也非常可能會被牽連上身，因此他非常感謝蘇友鵬沒有在訊問時提及此事（不過這都是許多年後才知道的事情）。終於，訊問結束，蘇友鵬仍然繼續被囚禁在北所一段時間。

另外，蘇友鵬在北所時還有一個同房的劉明前輩（另名劉傳明）。劉明先生是嘉義縣番路鄉公田人，是台灣的礦業鉅子、也是眾所周知的慈善家，由於有人覬覦其龐大家產，被密告羅織罪名逮捕入獄，許多資產皆被沒收充公（其實應該是落入某些人的口袋）。劉明前輩也是被刑求非常嚴重的其中一個人，善良的蘇友鵬絕對不會坐視不管，總是協助無法自行走路的劉明在早上放風時間出牢房盥洗，因為這樣子，劉明前輩非常感激蘇友鵬的幫忙，後來蘇友鵬離開火燒島回到台北之後，他為蘇友鵬介紹津津

食品董事長莊泗川前輩（也是政治受難者）的女兒，成爲蘇友鵬的媒人。劉明前輩生性慷慨、樂善好施，原本就經常資助人，從他被羈押在台北的看守所，一直到火燒島服刑期間，也從不間斷地讓家人送來各式各樣的食物與生活用品。特別是羈押在看守所時，劉明前輩要家人準備大量的純白襯衫，提供給即將被槍決的受難者穿著。劉明前輩強調，勇敢的台灣人純潔的鮮血，必須以純白襯衫來承接！1950 年 11 月 28 日，許強、郭琇琮以及其他 14 個受難者被槍斃前換穿上的白色襯衫，就是劉明前輩提供的，他們身著劉明前輩的善意，爲台灣犧牲寶貴的生命，因爲熱愛台灣這塊土地，流下鮮紅的血。

　　關於 1950 年代散布在台北各地的看守所，包括蘇友鵬曾經待過的牢房，以羈押犯人的牢房面積與收容之人數做比較，青島東路的軍法處看守所是空間最爲擁擠的牢房；青島東路 3 號的看守所，分成四個區段，樓下是一區和二區，各自隔成 16 間押房，樓上是三區和四區，中間有一個大廳。一間牢房約 6 坪，大約要關上三十幾個人（1 坪是 3.3058 平方米，6 坪不滿 20 平方米，關 30 人，一個人能夠被分配的面積平均只有 0.66 平方米）。如此的空間，其內部之擁擠狀況可想而知。在如此狹小的牢房中擠滿人，大家都是赤裸著上半身，穿著一條短褲。擁擠的空間裡面，其實在白天根本連移動都是問題，只有在早晨有一小段約五分鐘的放風時間，犯人才被允許在這短短的五分鐘內清理身體、洗滌衣物，然後馬上要再回到那個悶熱潮濕、混濁空氣不流通的狹窄擁擠牢房內。另外，可以暫時離開押房得到片刻的解脫，就是被帶出去問話，只是接受偵訊經常無法避免的是刑求，其他的時間則是終日必須待在這個擁擠不堪的狹小牢房裡面，大家只能緊鄰或坐或站。到了晚間的睡覺時間，空間的問題更嚴重，牢房根本沒有辦法讓所有人可以同時都躺下來，大家只好分批睡覺，一批人採取側臥縮著腳的方式睡（因爲完全無法平躺），這時候其他人則只能沿著牢

房四周站立著，過一段時間換站立的人睡，先睡的那些人則必須沿著牢房四周的柱子站立。有的時候人真的擁擠到必須分成三批睡覺。不管是分兩批或是分三批睡覺，只要是睡到半夜起來小便，就沒得睡了。因為旁邊的人隨便動一下，原本睡覺的地方就不見。在盛夏那一段時間，高溫加上悶熱的空氣，還有沒洗澡產生的體臭和體溫，在擁擠不通風的牢房裡面，簡直就如蒸籠一般。這一群被羈押的「犯人」想到的辦法是：在牢房靠近中段的地方掛一張軍毯，毯子綁上繩子在兩邊拉，靠著微弱的熱風來循環悶熱污濁不堪的空氣。一間牢房想出這個點子，馬上傳到其他牢房，結果整個看守所所有的牢房焚風四起。

　　在擁擠的牢房角落，也放置了一個簡單的便尿桶，加上長期未沐浴人體累積的污垢散發出來的汗臭與油臭味，空氣在如此完全不流通的情況下，當然非常惡劣，連喘氣都困難，簡直比豬舍都不如。牢房裡不成文的

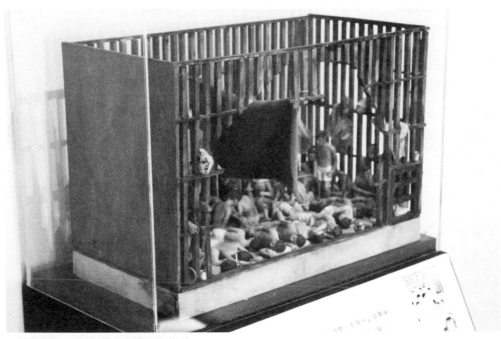

用軍毯扇風。（攝於景美人權園區展場）

牢房角落的尿桶。

規定是：新進被關入牢房的人，只能待在尿桶旁的位置，除了臭氣衝天的混濁空氣外，還會被別人小便時噴出的尿液弄到身體，整個牢房的環境只能用「人間煉獄」來形容！

至於看守所裡的食物，蘇友鵬他們每天的食物只有兩餐，早餐是稀到不能再稀，如洗米水一般的「粞飯」，配幾顆花生米；晚餐則是參雜著砂粒和許多米蟲的「白米飯」，配著上面飄浮的青菜爛葉子，或是豆芽菜的蔬菜湯，偶爾湯上面可能有幾片肥肉載浮載沉（怎麼看都比較像是洗碗水），唯一的蛋白質來源是夾雜在米飯中的米蟲！特務機關對待這一群「犯人」，根本就是不把人當人看待，僅提供維持生存的最低需求。後來經過時任台灣大學校長的傅斯年先生特別關照，這四個醫師的家人得以送些日常生活用品、罐頭及食物進來，胡鑫麟醫師的夫人曾經送來肉鬆、魚鬆之類的食品，也曾經有過炒米粉；胡鑫麟醫師會分給大家一起享用，這些成了蘇友鵬他們在監禁時期最美味的食物，也或許是真正的食物！蘇友鵬的父親蘇火種先生，曾數次前來台北探望自己的兒子，探望必須先申請，前後只被允許面會一次，其他都被駁回不准。當然，蘇友鵬的家人有寄了一些內衣褲、牙刷、牙膏、肥皂、草紙等生活基本必需品，只是勉強

維持看守所生活的最低需求，根本不足使用。家人能夠寄送物品這一件
事，應該要感謝台大校長傅斯年，傅斯年校長曾經因為眼疾接受胡鑫麟醫
師診治，對於胡鑫麟醫師的醫術與人品非常敬佩。因此當四個醫師被逮捕
之後，傅斯年校長一直想盡辦法關心請命，要求政府必須給予四個醫師妥
善的待遇，同時家人可以寄送日常用品，供四個醫師在拘留期間能夠維持
生活。可惜，傅校長在1950年11月於台灣省議會答詢時，突然發生腦溢血
逝世，享年55歲。

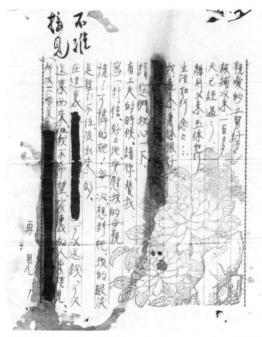 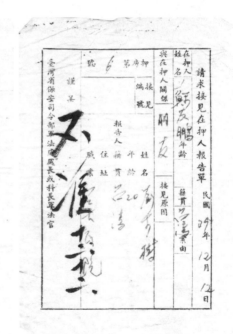

看守所面會申請單（不准），以及家人送來的物品清單
收據。

一個沒有起訴書的荒謬審判

又過了數個月，大約在 10 月中下旬左右，蘇友鵬他們被關在看守所裡面一段時間後，對於時間日期的感覺，早就已經變得非常麻木遲鈍。蘇友鵬等人再被移送回青島東路軍法處，緊接著就是判決。那一天，蘇友鵬他們一群所謂同案件的人，被帶出牢房來到一間看起來像法庭的房間，正前方有一個審判台，坐著一個看似法官的人。他們一個一個被呼叫到名字之後，接著就宣布判決。荒謬無稽的判決肥皂劇，就在沒有起訴書、沒有證人證物、沒有質詢、沒有辯護人、甚至於沒有開庭審理下，依照既定劇本進行判決，判決的依據是那一份偵訊筆錄，一份用欺騙強迫取得的筆錄當作證物，司法判決僅僅是一個形式上的樣板程序。審判這一齣荒唐的舞台劇，只是用來掩飾獨裁專制政權胡作非為的煙幕彈。包括蘇友鵬在內的所有人，根本不知道被起訴的內容罪行，沒有看過什麼起訴書，沒有任何的審理庭，當然也沒有律師辯護人存在、更沒有什麼證人與證物。判決之後，蘇友鵬等人又被帶回去牢房，回到牢房大家聽到判決十年，都一致地開口道賀，因為十年有期徒刑的意思，表示暫時僥倖地撿回一條性命。判決當日並沒有看到許強醫師，因為許強醫師已經在前一天，連同郭琇琮等合計 14 人，被帶往馬場町槍斃。

過了一段時間之後，這一份沒有經過任何審判的「判決書」交到蘇友鵬手中。根據紀錄，1950 年 5 月 13 日被逮捕，9 月 7 日軍法處審判官鄭有齡依台灣省保安司令部「（39）安潔字第 2204 號」判決令，裁定郭琇琮、許強、吳思漢、王耀勳等 14 名：「共同意圖破壞國體以非法之方法顛覆政府而著手實行各處死刑並褫奪公權終身」，「全部財產除酌留其家屬必需生活費外沒收」。9 月 21 日，台灣省保安司令部將這項「判決」報奉國防部審核；11 月 25 日，國防部以「（39）勁助字第 1039 號代電」核定軍法處

的判決，擬定 12 月 3 日為執行死刑日期。但是實際執行死刑槍決的日期，卻提前在 11 月 28 日執行，並於 11 月 29 日才宣判，12 月 28 日收到判決書。蘇友鵬這個剛自醫學院畢業不滿一年的年輕醫師，就這樣子被剝奪了寶貴的十年。在同一天被逮捕的許強醫師被判決死刑，胡鑫麟醫師與胡寶珍醫師也是十年徒刑。蘇友鵬在接到判決書之後，曾經嘗試撰寫了一份受裁判事實陳述書。只是在當時的時空背景與環境下，判決之後發生任何的更改，結果都是被加重刑罰，也就是說無期更改為死刑、十五年有期更判為無期徒刑……只有加重判決，沒有任何減輕判決的例子。最後，蘇友鵬沒有提出該陳述書，只能默默地接受獨裁政權操縱下的司法暴力。軍法處稱一切依法辦理，可是實際情形是根本完全非法、違法。利用非法欺騙及刑求方式來取得的「自白書」與「偵訊筆錄」，再用這個「自白書」與「偵訊筆錄」做為審判的證據，非法的秘密不公開審理，被告沒有起訴書，無辯護律師，不得上訴，甚至於在清晨宣判死刑後，直接帶往馬場町執行槍決；許多不服判決者則因為上訴而增加徒刑。這就發生在不久之前的台灣社會，如此荒謬的「司法」鬧劇，根本有辱司法之名。

在最近公開的檔案中，甚至可以見到蔣介石任意更改判決，將原判決為十五年者更改判死刑。這種視法律為無物的違法情事，個人意識高於國家法律的亂紀行為，在被稱為「民族救星」的蔣介石、蔣經國父子及其所領導的國民黨獨裁政權下的台灣，一而再、再而三的發生。獨裁者政權藉用司法的美麗虛偽外表，實施家天下的迫害與謀殺，肅清異己。蔣介石何止是蔣總統，他直接把自己當成皇帝，可以決定所有人的生殺大權。司法，只是滿足獨裁者個人私慾的工具。

「台北市工作委員會案件」，「（39）安潔字第 2204 號」判決書上，列名共同被告者總共有 50 人（男 48 人、女 2 人），其中 14 人被判處死刑，其餘的各判處一年到十五年不等的有期徒刑。蘇友鵬除了一起被逮捕的台

台灣省保安司令部判決

判決正本

（卯）寅潔字第二二○四號

被告郭琇琮（化名秦志光林逸俊）男年三十三（歲台北縣人住士林鎮

吳思漢（原名吳調和化名林志南）男二十七歲台南縣人住台南縣新營區白河鎮（五九號業要）譽

謝湧鏡（化姓翁）男三十歲高雄縣人住台北縣士林鎮福林里福林路二六三號業台灣大學熱帶醫學研究所衛生室主任

鄧火生（化名鄧束輝）男三十一歲台北縣人住台北市中山區聚業里第十一鄰業台灣旅行社發車管理所佐理員

王耀勳男十九歲台北市人住台北市康定路二十三號業台北市第六倉庫利用合作社總務主任

朱耀咖（化名陳光二）男三十歲台北縣人住台北縣板橋鎮公園路三十四號業板橋鎮朱内外科醫院醫師

許強男二十八歲台南縣人住台北市大同區斯文里十一鄰業台灣大學醫學院副教授兼附設醫院第三内科主任醫師

高添丁男年十一歲台北縣人住台北市城中區公館里第十六鄰第七戸業漁販

（39）安潔字第2204號判決。

受裁判事實陳述書

受裁判人 蘇友鵬

一、時間：民國三十九年五月十三日下午二點左右。

二、地點：台灣大學醫學院附設醫院台大醫院、院長室。

三、事實：保密局特務人員前來拘捕，謂係經校長傅斯年知情來院約談台大醫院幾位醫師。送進保密局，在押期間四個多月，僅提審一次。無對質，不許申辯，對於詢問的口供、記錄、內容一無所知，即解送至軍法處看守。當年十一月二十九日，接獲「台灣省保安司令部（39）安潔字號第 2204 號判決書」被判決為「有期徒刑拾年、褫奪公權伍年」在案。隨後送至國防部台灣軍人監獄執行。翌年送往綠島新生訓導處，服刑十年期滿，獲國防部台灣軍人監獄開釋證明書「監訓字第 0123 號」出獄。

四、原由：被補時，本人是台大醫院耳鼻喉科住院醫師。本人從小受日本殖民地統治教育長大。光復時，因而對祖國國文抱有極強烈學習熱情，幼時在家亦受過漢文教育，因此領悟較快。尤其對三十年代中國著名作家、老舍、巴金、魯迅、林語堂、胡適、郭沫若、郁達夫等人的作品更是熱中無比。台灣光復前後在台北的南縣同鄉人數甚少。王羅勳是善化鎮同鄉，愛好文學，從他那裡可以借到許多文學、哲學、歷史、經濟、政治、世界哲學思想史等書籍。我被補送進保密局時，全身檢查被查出一本魯迅「狂人日記」小冊〔用國語註音符號解說的〕。奈何被認定思想左傾，依裁亂時期「懲治叛亂條例」草率審判，被判為徒刑十年的莫須有冤獄，蒙受無法彌補的傷害，一生前途幾乎被摧毀。至今心中仍難以平復。

受裁判事實陳訴書。

大醫師 3 人，以及同為台灣大學附設醫院醫師的郭琇琮與謝湧鏡之外，唯一認識的只有王耀勳與吳思漢（兩人皆與蘇友鵬是台南同鄉），其他同案件的被告一個也不認識。而荒謬的是在台大上班，負責不同科別，平日也沒有互動，竟然可以說大家都聚集在一起商量叛亂！直到後來才知道，當時所謂同一案件，意思是說不論判決書寫的內容是如何洋洋灑灑，對於案件案情的敘述如何詳盡，筆走龍蛇，整個判決書根本就是司法編撰的推理小說，名偵探舌粲蓮花卜的故事書，就是玩假的！所謂的同一案件被告，因為特務機關與軍法部門偷懶、處理的方便，將許多互相沒有相關的人合併成同一案件。就這樣子，沒有任何牽連的人，竟然搖身一變成為「同案被告」。

　　在那個荒謬的白色恐怖年代早期，依據胡鑫麟醫師口述、胡慧玲撰文收錄於玉山社1995年出版之《島嶼愛戀》一書內容，節錄如下：

　　　當時在「肅清共匪」的首要目標下，保密局每捉一人，有兩萬元的獎金……我（胡鑫麟醫師）在台大當醫師的月薪才數百元。辦案人員為了獎金，拼老命的捉人……沒問案，怎麼判刑呢，簡單的很，一旦被捉進保密局，就是有罪，而量刑就看軍法處。軍法處的判決約略有個公式：不識字的判五年，識字確實沒有活動的判十年，略略有些活動的判十二至十五年，再上去就是無期徒刑。若有職銜的，比方說書記或什麼委員，一律死刑。所謂的職銜，不是你真正的職銜，而是他們想像的職銜。……他心情好時判你無期徒刑，心情不好，就大筆一勾，判你死刑。

　　台灣，在蔣介石「寧可錯殺一百個，也不放掉一個」的疑心暗鬼政策下，加上獎勵制度來鼓勵檢舉，在蔣經國領導的特務機關手中，利用司

法手段恣意逮捕，假借一個沒有正式公開的草率審判、在沒有舉證與反證
的審判過程中（通常，唯一的證據就是在被刑求下簽名蓋指印的自白書或
供述書），直接宣布一個事先就決定的「判決」。草草率率造成多少冤
獄，製造多少的破碎家庭，隨意剝奪一個人的寶貴生命、剝奪一個人的人
生中寶貴的數十年時間，抹殺一個人的自由與尊嚴，那豈是單純的「失去
理性」或是「必要之惡」一句話可以簡單帶過的？一切的行為只是為了滿
足獨裁者的個人慾望，加上一群身為獨裁者打手之特務的私利，棄社會公
平正義不顧，人的生命、尊嚴與自由，完全比草木更不值錢。這個偉大的
「祖國」的專制獨裁執政者，用如此荒謬殘暴的方式，對待其嘴裡的「國
民」！更可惡的是，中華民國的「偉大民族救星」蔣介石，在處理重要的
國務之外，每個案件都要親自審核，所有案件在判決後都必須呈報保安司
令、國防部長、參謀總長、參軍長一直到總統府給蔣介石，蔣介石對於判
決如果滿意就批「如擬」，但是如果對於判決不滿意，會批示嚴查，甚至
於直接批示應處以「死刑」。身為一國之「元首」，竟然可以私意違法操
縱司法、任意更改司法判決！完全視法律為私物！空有司法之名，實為獨
裁者的鞏固政權之工具！再者，一個偉大日理萬機的領袖，竟然必須事必
躬親地過目每一個判決，還加批眉註，那可不是單一的案件，而是龐大的
「叛亂」、「匪諜」案件，偉大領袖的「日理萬機」還真的是令人匪夷所
思。

在「台灣保安司令部判決（39）安潔字第2204號」判決書的主文上，
關於蘇友鵬部份之敘述為：「蘇友鵬參加叛亂之組織，處有期徒刑十年褫
奪公權五年。」這樣短短幾個字，就將一位剛接受完嚴謹醫學訓練的年輕
醫師的十年歲月剝奪掉。至於同一日被逮捕的其他三位醫師，許強醫師被
以共同意圖破壞國體以非法顛覆政府而著手實行，處死刑褫奪公權終身；
胡鑫麟醫師和胡寶珍醫師則是與蘇醫師一樣，處有期徒刑十年褫奪公權五

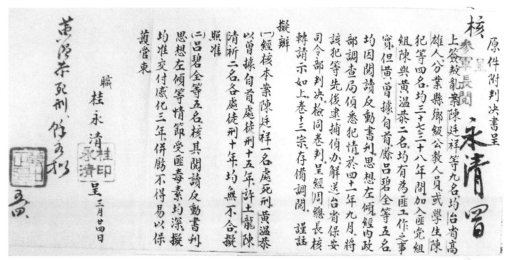

蔣介石任意更改判決。

年。另外同案尚有台灣大學醫學院助教郭琇琮醫師，以及台灣大學醫學院熱帶研究所血清室主任謝湧鏡醫師兩人，也是被判處死刑。唯一倖免於難的是第一內科主任翁廷俊醫師，他躲避了數月後，在台灣大學的傅斯年校長與醫學院的杜聰明院長之「勸說」協助下，透過所謂「自新」的方式躲過一劫，但條件是被限制工作範圍，不得繼續留在醫學院教書。翁廷俊醫師最後也在悶悶不樂下離開台大醫院，在中山北路開設私人診所。

　　判決之後，未被宣判死刑的這一群人被移送到新店的一個拘留所，那是由一間戲院改裝的監獄。被逮捕之後，輾轉於台北市各處拘留所，每天的生活沒有多少變化，牢房也永遠是擁擠不堪，每天兩餐食物的主食，還是一餐稀釋如洗米水的粥，以及一餐發霉夾雜米蟲與砂粒的飯，配上鹽水煮花生、豆芽菜湯或高麗菜湯，主要的蛋白質來源，就是參雜在米飯中的蟲！十年徒刑對蘇友鵬他們唯一的意義非常簡單，就是非常僥倖地撿回一條性命。時間也如沒有電池的鐘一般完全停止，整個監獄生活就如同超慢動作的默片般，生理時鐘幾近沒有反應，完全失去感覺。

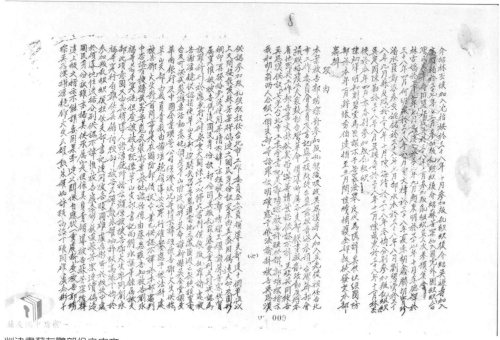

判決書蘇友鵬部份之內文。

破曉時的死亡點名

1950年11月28日清晨未明時分，同案被告的許強醫師、郭琇琮醫師、吳思漢、謝湧鏡醫師、鄧火生、王耀勳、朱耀珈醫師、高添丁、張國雄、盧志彬、劉永福、蘇炳、李東益、謝桂林醫師合計14人，被帶往馬場町刑場執行槍決，這一天是郭琇琮32歲生日。所有人都身穿劉明前輩特地準備的潔白襯衫赴刑，14人當中學醫的人共有五名。執行槍決的日期，比原訂計畫12月3日提早五天，原因不明，槍決也沒有通知家屬。在11月29日宣判當日，胡鑫麟醫師詢問法官許強醫師的下落時，法官直接述說：「這個人，國家不能讓他活下去了。」

在軍法處的看守所裡面，那是一個最不堪回首的記憶，「面對死亡、等待死亡」驚悚恐懼的生活。在清晨天未明時分，大約四點半，牢房最外側的大鐵門被打開，大門因為生鏽造成開啟時產生非常大的尖銳聲響，總是驚醒所有被關在牢房的人；看守所的衛兵走到各個牢房前開始唱名，被叫到名字的人離開牢房，接著在前庭用粗麻繩五花大綁、背上插上書寫著「叛亂犯　ＸＸＸ」的細長木板，押上軍用大卡車，載送到馬場町，驗明正身之後拍照然後執行槍決，槍決之後再拍照。因為英明的民族救星蔣介石要求提供生死的兩張相片，以做為確實執行槍決死亡的依據，前後兩張相片必須要上呈到總統府過目確認。至於槍決之後的屍體，由當時台北市「唯一」的極樂葬儀社處理，那是一個獨門生意。

當時，槍決執行除了在報紙上刊登消息，或是公告在台北車站的公布欄之外，另外就是要等到官方寄送的死亡通知。在那個通訊及交通不便的時代，許多人根本就沒有收到領取通知，即使家屬收到通知，可能也有嚴重的時間差。同時，領取屍體又必須付出龐大費用，費用的計算是以子彈計算，一顆子彈要價 100 元，但是依傷口計費，由於是近距離槍決，打一槍身體前後很可能會產生兩個傷口；平均開三槍，合計就是五、六個傷口，要價 500 或 600 元。依照當時的一般收入，基層公務人員月薪大約在 100 到 200 元之間，被槍決的人的家屬必須在規定的三天之內，籌措出相當於好幾個月薪水的 500、600 元，對於許多的家庭來說，絕對不是簡單的事情。同時，在那肅殺的年代，也有許多家屬即使接到領取屍體的通知，擔心節外生枝的麻煩發生，有所顧忌，而沒有前往領回屍體，因此有許多人在被槍決後，家屬都沒有領取屍體回去安葬。當然也有不少人根本就沒有接到通知，根本不知道要去領取屍體。還有許多單身前來台灣的「外省人」，根本沒有家屬親人在台灣，當然更不可能有人前來領取亡骸。

槍決後的屍體，如果親人家屬沒有前來繳費領取，屍體最後就被送到

五花大綁押赴刑場示意圖。（攝於景美人權園區展場）

國防醫學院做為解剖用教材，或是送到六張犁公墓草率掩埋，也因此後來在六張犁公墓發現了當年的亂葬崗。

　　關於領屍費用，實在是非常的惡劣，完全是無賴的敲詐行為，根本就是剝了皮再刮下肉；而且不要忘了，所有被判處死刑的人，其財產幾乎已經完全被政府全數沒收，竟然在被槍決死亡之後，還被要求付出高額的領屍費用，根本就是將受難者的一切搜刮殆盡。

　　被關在裡面的人，沒有人知道哪一天鐵門會被打開，也沒有人知道是哪一個人會被點到名字，有些人認為自己可能即將被槍決，總是每天清晨就潔身做好準備，等待被點名。因此，被關在軍法處的這些受難者，每

天面對的唯一事情是「吃飽等死」（其實吃飽根本就是不可能發生的事情）。死刑判決都是在執行的當日清晨才被宣判。軍法處的清晨，喀拉喀拉響起鐵門開啟的聲音，潮濕混濁空氣的牢房裡面，受難者沒有一個不被驚醒！所有的人都是心驚膽跳地想著今天誰要被點到名！被點到名就表示今天即將被槍決，離開人世間。每天的清晨時分，所有的受難者就是在等待著被點名面對死亡中度過。只是在當時，面對被點到名即將執行槍決處死的受難者，沒有人哭泣，頂多也只是臉色發青地與同房受難者打招呼致意，甚至於有許多人慷慨激昂、悲壯地高聲喊叫「祖國萬歲」，勇敢地面對死亡。這種慷慨就義的態度，真的令人欽佩，不論是為了理想，或者是冤屈，所有的人都毅然地面對死亡。他們用自己的寶貴性命，見證了台灣的哀史！

經過一段時間，當清晨看守所裡進行死亡點名之後，在受難者離開牢房，即將被帶往設在馬場町之槍決刑場時，所有在看守所押房裡面沒有被點名的倖存者，會唱一首《安息歌》為難友們送行：「安息吧死難的同志，別再為祖國擔憂。你流的血照亮著路，我們會繼續前走……」唱這首緩慢的《安息歌》，成為僥倖暫時逃過死劫之人，唯一能夠替即將被槍決的受難者做的事。

後來，因為《光明報》案件被逮捕的基隆中學校長鍾浩東，知道自己絕對逃不過國民黨的毒手，早就做好覺悟的他，也安排了自己的送別歌曲。日語的《幌馬車之歌》令鍾校長想起他南部故鄉的田園美景，也是鍾校長曾經教最愛的妻子唱的歌曲。鍾校長用這首歌來為自己的人生做訣別。在離開牢房之前，鍾校長還逐一與同房的難友告別！

當歌聲響起，受難者步出押房，悲壯的身影刻印在台灣苦難的歷史！勇敢的鬥士們，無懼死亡的威脅，沒有屈服在獨裁者暴力之下，顯現台灣的堅韌。

《安息歌》

安息吧死難的同志，別再為祖國擔憂；
你流的血照亮著路，我們會繼續前走。
你是民族的光榮，你為愛國而犧牲。
冬天有淒涼的風，卻是春天的搖籃。
安息吧死難的同志，別再為祖國擔憂；
你流的血照亮著路，我們會繼續前走。

《幌馬車の歌》

夕べに遠く　木の葉散る　並木の道を　ほろぼろと
君が幌馬車　見送りし　去年の別離が　とこしえよ

思い出多き　丘の上で　遥けき国の　空眺め
夢と煙れる　一と年の　心無き日に　涙湧く

轍の音も　懐かしく　並び木の道を　ほろぼろと
馬の嘶き　木魂して　遥か彼方　消えて行く

中文意譯：黃昏時分，在滿地落葉的馬路上，目送載著你的馬車搖搖
晃晃地消失在彼方。去年的離別，成為永別。在充滿回憶
的小山丘上，迢迢遙望著異國的天空，回憶起已經消逝在
夢境的一年，所有的思念全部化為幻夢。空虛的日子裡淚
水不斷地湧出。馬車車輪的聲音令人懷念，在那植滿樹木
的道路上離情依依。馬嘶鳴的聲音一直在迴盪揮之不去。
去年載走你的馬車，已經消失在那遙遠的彼方。

　　在那個天未明的清晨牢房，厚重的鐵門開啓，緊接著是呼叫人名。被點了名字，表示今天即將前往刑場結束生命；未被點到名，表示仍然有再繼續活一天的僥倖！所有被關在看守所的受難者，無一倖免，大家都經歷這個等待、面對死亡的清晨。其中有些即將前往刑場的受難者會在離開時高聲呼喊口號，有人因此嘴巴被塞滿布塊，也有人因此被槍托打碎下顎；還有如許強醫師一樣，在行刑之後屍體不准收殮，曝屍示眾！而未被呼叫到名字的人，一方面僥倖自己可以多活過這一天，同時又爲那些被叫到名字的難友感到悲傷，只有藉著歌聲來爲他（她）們送行。那種詭異的等待死亡、面對死亡的氣氛，就這樣子一天一天地進行，沒有經歷過的人無法想像，曾經經歷過的人又要如何去面對往事過去？

　　至於被槍決處死的人，除了前述剝奪本人的生命、搜刮其私人財產之外，政府更利用媒體大肆報導，使用絕對負面的詞句，極盡侮蔑受難者之能事！當然，藉由如此之宣傳，傳遞給台灣社會一個草木皆兵，肅殺的氣氛，達到其擴散恐怖控制之目的。

　　在此特別要談一下同一案件的幾個醫師：

許　強：生於 1913 年（大正 2 年），卒於 1950 年，出身台南佳里興（現佳里區），與中央研究院院士李鎮源皆爲台北帝國大學醫學部第一期的學生。許強醫師畢業後，進入第三內科，追隨澤田教授研究肝臟解毒的治療方法，他的同學李鎮源則選擇追隨當時唯一的台籍教授杜聰明，研究蛇毒藥理學。當年台北帝大醫學部第三內科的澤田藤一郎教授來台灣後發現，台灣每五個人就有一人罹患肝病，肝病的罹患比例偏高，因此便嘗試找出檢驗肝功能的新方法。1946 年，年僅 33 歲的許強醫師因爲研究焦性葡萄酸（pyruvic acid）研發許氏檢驗

法，被廣泛應用在肝病、腳氣病的鑑別診斷，因而獲得九州帝大醫學博士。次年，許醫師升任第三內科主任兼副教授，教授蘇友鵬「消化系統」的課程。當時醫學界對於許強醫師的研究非常讚賞，澤田藤一郎教授更公開地表示許強醫師將是「台灣，甚至全亞洲爭取諾貝爾獎的不二人選」。而如此稀世之才，在國民黨進入台灣的第五年，卻被獨裁政權以「共同意圖破壞國體，以非法之方法顛覆政府而著手進行，處死刑褫奪公權終身」的理由藉口予以逮捕槍殺。許強醫師被逮捕進軍法處保密局之後，特務千方百計要許強供出組織名單，他不為所動，他不寫「悔過書」、自認「思想無罪」，因此在訊問過程中，許強醫師受到了許多的拷打與酷刑。在 1950 年 11 月 28 日行刑當日清晨，據聞許強醫師在被帶往馬場町槍決的軍用卡車上，前往刑場途中帶領眾人高呼口號及唱《國際歌》，導致駕駛兵驚慌險些發生車禍，也因此許強醫師被槍決之後屍體被放置在刑場數日，不得收殮。許強醫師被槍決後留下兒子許達夫，才一歲多，正在牙牙學語。許達夫在成年之後也與父親一樣習醫，但是實習時曾遭到國防醫學院拒絕，理由竟然是因為父親的緣故。（許達夫醫師之相關詳情，請參閱藍博洲〈這個人，國家不能讓他活下去了！——許強醫師（1913-1950）〉一文）

郭琇琮：生於 1918 年（大正 7 年），卒於 1950 年。出生於台北士林望族的郭琇琮，高等學校時期即參加協志會的活動，1941 年 4 月進入台北帝國大學醫學部就讀。由於對於日本在台灣之殖民統治抱持相當程度的不滿，跟隨來台灣的北京大學徐征教授學習北京話，亦閱讀魯迅、巴金、老舍等人作品，成為

具有強烈中國意識的民族主義者。戰後成立台灣學生聯盟，教唱《中華民國國歌》，開班教授《國父遺囑》、《三民主義》。但是經歷中國接收官員之貪污腐敗，轉而傾向社會主義。在二二八事件時曾計畫率領學生攻擊國軍之軍火庫。醫學院畢業後在台大醫院擔任外科醫師及醫學院之講師，後因與中國船舶交通開始頻繁往來，在台灣已經絕跡的許多傳染病如霍亂、天花、鼠疫等流行疫病再度蔓延橫行，遂轉往衛生局防疫科工作，在公衛防疫方面有非常重大的貢獻。他於1950年5月被逮捕，旋即在11月27日凌晨與同案被告許強醫師等14人被押解至馬場町槍決。

謝湧鏡：生於1920年（大正9年），卒於1950年。出生於高雄湖內，東京慈惠醫科大學畢業，1945年與日籍妻子石川芳江返台，任台大熱帶醫學研究所血清室主任。與許強同時被捕，判死刑槍殺。其日籍妻子在台大醫院當藥劑師，隔年厭世自殺，兩個孩子下落不明。（以上節錄自《國立台灣大學醫學院雙甲子院慶特刊》）謝湧鏡醫師與蘇友鵬之間，除了醫學院中的授課外，沒有特別直接的接觸，但是謝湧鏡醫師的弟弟謝敏堅與蘇友鵬是台南二中的同學。

胡鑫麟：1919年（大正8年）出生於台南府城，小學畢業後進入台北高等學校的尋常科就讀，在二二八事件受害的林茂生博士的次子、世界著名的精神科醫師林宗義是少他一屆的學弟。經過高等科後再進入台北帝國大學醫科就讀，是醫科第四屆的學生。畢業後在台灣大學附設醫院眼科當醫師，與妻舅李鎮源前院士之間不但是家族故交，也是自高等學校以來的同學。大學畢業後成為附屬醫院眼科醫師，同時教授醫學生

「眼科臨床實習」。喜好音樂擅長大提琴，與喜愛小提琴的蘇友鵬曾一起練習演奏。曾經因為看診的插隊問題得罪警備總部的參謀長王民寧少將，以「侮辱軍人」之理由被拘押了數日。判刑十年，於 1951 年成為綠島新生訓導處第一批的「新生」。在新生訓導處除了統籌醫療所之運作，帶領一起被關的年輕醫師們為難友、官兵及綠島居民診療外，也製作了有名的「星座圖」。釋放後回台南開眼科診所，仍不時受到特務與警察的騷擾。最後只好遠走他鄉，離開台灣前往日本行醫，並編制《實用台語小字典》、《分類台語小辭典》兩本台灣語字典。其子胡乃元是國際知名的小提琴家。

胡寶珍：1924 年出生於台南，是蘇友鵬台南二中、台北帝國大學預科、帝大醫科的學長。改制後的國立台灣大學醫學院第二期畢業。在綠島新生訓導處也是醫療團隊成員。1960 年釋放後回台南故鄉，在新營開設診所，也是長期受到監控。

謝桂林：在台北市南昌路開謝外科醫院，夫人林素愛女士是藥劑師。夫妻兩人同時被逮捕，夫人感訓三年，出獄後才得知謝醫師已經被槍決。弟弟謝桂芳是台中農學院學生，依牽涉到台中地區工作委員案被判決無期徒刑，與蘇友鵬等人同一天被移送到火燒島。根據蔡焜霖前輩的回憶，5 月 17 日清晨抵達火燒島中寮附近，大家在登陸艇甲板上等候換乘舢舨時，謝桂芳非常和善地鼓勵大家不要失去希望，努力堅強地活下去。但是非常遺憾，謝桂芳在抵達新生訓導處不到兩個月就在 7 月初因肝病過世，當時雖然有包括蘇友鵬等幾位醫師也一起在新生訓導處，但是由於沒有醫療設備與藥品，無法協助救治，終於回天乏術，成為首位在新生訓導處去世的政治受難

者。

　　另外，雖然本身沒有牽涉到案件，卻與案件非常有關係的李鎮源先生，是許強醫師的同學，長久以來領導台灣藥理學研究，也是國際知名的蛇毒研究權威。李鎮源醫師的妹妹李碧珠女士嫁給胡鑫麟醫師，為世界知名小提琴家胡乃元先生的母親，因此李鎮源醫師為胡乃元之舅舅。1970 年，他獲選為中央研究院生物組的院士。1972 年起，他開始擔任台大醫學院的院長一職。1990 年 3 月，台灣爆發野百合學運，上萬名的學生以「解散國民大會、廢除臨時條款、召開國是會議、擬定政經改革表」四大訴求，在中正紀念堂絕食、靜坐抗議；近八十高齡的李鎮源院士走出研究室，陪著學生靜坐，為學生打氣。並於 1991 年 9 月領導成立「一○○行動聯盟」，主張廢除中華民國刑法第 100 條。他認為《懲治叛亂條例》與「中華民國刑法第一百條」一直是國民黨打壓政治異己、思想箝制的統治工具。李鎮源院士的至友許強醫師被獨裁政權殺害，妹婿胡鑫麟醫師則是坐了十年政治苦牢，釋放之後仍逃不了國民黨政權的持續性監視與迫害，最後選擇離開台灣。這些在身邊發生的不幸，相信也影響李鎮源院士一輩子。

　　蘇友鵬，一個剛自醫學院畢業不到一年的年輕醫師、醫學院講師，在經歷了莫名其妙被逮捕、羈押、偵訊及荒謬的「審判」之後，被剝奪了人生寶貴的十年光陰。他出生於日治，經過一次又一次嚴苛的考驗，克服無數的艱難，好不容易完成了最先進的醫學訓練，正準備在走入社會嶄露頭角，卻在 24 歲時陰錯陽差、莫名其妙被逮捕，移送到火燒島的勞動集中營，成為新生訓導處迷你教學醫院重要的一員，也共同為綠島寫下最輝煌而且空前絕後的醫療歷史紀錄。此事在後章詳述。

關於「台灣沒有人才」（國民黨長久以來的口頭禪）

　　1945 年 8 月 15 日，戰爭結束，國民政府受盟軍亞洲戰區總司令麥克阿瑟將軍之委任，前來台灣接受日本軍隊之投降。短短的一年半之後的 1947 年 2 月 28 日，爆發「二二八事件」，國民政府藉機殘殺台灣菁英。緊接著 1949 年頒布實施長達 38 年世界上空前絕後的戒嚴令，蔣介石與蔣經國父子在國共內戰失利，如雪崩般敗逃到台灣之後，不思失敗原因，反而更進一步開始了白色恐怖的年代，又再一次把二二八事件時未能夠肅清一空的台灣社會菁英，用莫須有的罪名將之判處死刑、無期、有期……台灣的人才就這樣子被抹殺殆盡。回顧這一段台灣悲慘的歷史，蔣介石與蔣經國父子對於台灣社會的所有作為，唯一的目的只是為了鞏固其在台灣的獨裁政權。由於一己之私，造成對台灣的傷害，數以萬計的人，加上背後家人所受的折磨，實在罄竹難書。

　　而今天國民黨宣稱，如果沒有國民黨台灣早就淪陷於共產黨手中，台灣的建設完全是國民黨的功勞……因為台灣「沒有人才」。但台灣真的沒有人才嗎？當然不是！台灣的人才幾乎全被國民黨剷除！而台灣今天的發展，從航空機場海港到鐵公路交通、水電及工業基礎、農林漁業、甚至於遍布全台的軍事設施，全部都是日本時代打下的基礎，國民黨只是在既有的基礎上進行擴展。國民黨不但將所有功勞往自己身上攬下，更抹滅所有日本時代遺留的一切。散布在台灣各地的許多古老建築物、橋樑，日本人在建設完成之後會刻印日期，結果所有的日本年代紀元全部被更改為「中華民國」年，更弔詭的是竟然會有「民國前」之標示！日本在 1895 年從清國正式取得台灣，中華民國在 1911 年建國，怎麼出現莫名其妙的民國前○○年建設？根本就是胡說八道的無稽世紀大謊言！

　　「那是一個荒唐的時代。」蘇醫師經常掛在嘴上的這句口頭禪道盡一

切。1950 年代延續了 1947 年之二二八事件，台灣社會的許多菁英、學者、知識份子及社會中堅等等，一個個寶貴的生命就喪失在蔣介石父子及國民黨政府手中。蘇友鵬經常回憶起恩師，也是學長的許強醫師，他們在同一天被逮捕，半年後許強醫師隨即被國民黨威權政府殘殺。蘇友鵬說道：「非常可惜，許強醫師是醫學界公認不可多得的人才，更被其指導教授視爲可以成爲台灣，甚至亞洲第一位取得諾貝爾獎醫學獎的明日之星。如此難得的人才，是日本經過五十年好不容易才培養出來的。可是蔣介石及中國國民黨獨裁政權，卻可以在短短的五年內就將他殺害，這不但是台灣的損失，更是國際醫學界最大的損失，眞的是非常可惜！非常可惡！」日本雖然以不公平的方式對待台灣人，但是同時也努力培育台灣人，可是蔣介石、蔣經國父子及中國國民黨卻根本不把台灣人當成一回事，光從這一點，可以看出這個獨裁政權的荒謬殘暴！

二二八事件發生後，台灣社會各界的菁英與賢達人士，到社會底層的販夫走卒，被國民政府殺害或逮捕，瞬時之間數萬人犧牲。這一群人當中有學者、司法界、財經專家、醫師、媒體、政治人物等，都是台灣社會一時之選的菁英份子。一夕之間，台灣社會頓失了重建的重要支柱，不但影響台灣的進步與協合，也造成許許多多的家庭破碎！台灣在二二八事件之後，一批被日本政府重點栽培的菁英份子，被國民政府刻意清除。

緊接著，在 1949 年頒布實施長達 38 年世界上空前絕後的戒嚴令，蔣介石父子逃竄到台灣之後開始的白色恐怖時期，再一次把二二八事件未能清掃一空的台灣社會菁英，用莫須有「通匪」、「叛亂」、「顚覆政府」等等罪名，處以死刑、無期、有期徒刑，就這樣，台灣的菁英、人才被蔣介石與國民黨刻意抹殺，然後宣稱台灣沒有人才。在第二次世界大戰結束時，由於德國希特勒納粹屠殺猶太人，因此英文產生了一個新的名詞「GENOCIDE」，蔣介石與國民黨在台灣的行爲，不正是對台灣人的

「GENOCIDE」？

　　台灣沒有人才！是的，因為台灣的人才全部被蔣介石與蔣經國父子、以及國民黨的獨裁威權政府屠殺殆盡！

第 3 章

火燒島的迷你教學醫院

荒謬的判決鬧劇

　　1950年入秋的11月，從被逮捕到經歷被羈押在保密局、北所、新店監獄，蘇友鵬在這一段監禁期間的偵訊過程雖然沒有受到特別嚴重的刑求，但是身旁卻有許多人被刑求得非常嚴重，刑求時發出的慘叫聲音也不時在牢房之間迴繞，因此看守所牢房裡面的氣氛非常凝重；另外，難友被刑求後的淒慘身影也一再地映入眼廉，有人被慘打到無法行走、也有人被拔掉指甲，這一段慘痛的連續劇，每天都在荒謬殘酷地進行。9月7日軍法處審判官鄭有齡「依法」製作完成台灣省保安司令部「（39）安潔字第2204號」判決書[1]。這份判決書剝奪了14名「被告」的寶貴性命，同時也剝奪了其他36名被告的人生歲月。

　　11月28日那一天下午，蘇友鵬等一大群人被叫到軍法官面前，一個一個被呼叫名字，然後直接宣布「判決」結果，結束後他們被送回到那擁擠不堪的牢房。在牢房的難友們一聽到有期徒刑十年，第一個反應是道賀恭喜！爲什麼要恭喜？因爲有期徒刑十年判決表示暫

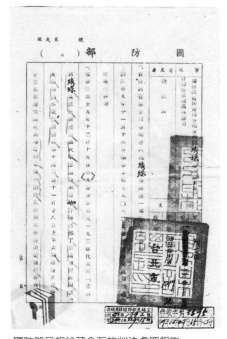

國防部呈報給蔣介石的判決處理報告。

1　台灣省保安司令部判決（39）安潔字第2204號：判決書上列名者總計是50人，有14人被判處死刑（其中11人財產被沒收，2人未被沒收財產，無法看出決定沒收與否的依據），判十五年4人，十四年2人，十二年9人，十年15人，五年5人，一年1人。死刑者主要罪名為「共同意圖破壞國體」、「以非法手段顛覆政府而著手進行」。其餘所有判處有期徒刑的人，皆為參加叛亂組織，但無法看出其徒刑長短之依據與差異性。至於唯一判處一年者，罪名是「明知為匪諜而不告密檢舉」。真的是欲哭無淚的判決書。

時躲過一劫，不是死刑，只要能留下生命，一定還有機會。同案被逮捕的台大醫院同事學長，眼科主任胡鑫麟醫師、皮膚科胡寶珍醫師以及蘇友鵬三個都被判決十年有期徒刑，判決後不久，蘇友鵬等一群人又被押解至新店監獄繼續羈押。

新店這個監獄是由戲院改裝而成。從 1950 年起，蔣介石、蔣經國父子以及國民黨獨裁政權，開始在整個台灣社會大肆逮捕人，各地方的監獄、看守所都人滿為患，沒收私人財產改建為監獄的情況相當普遍（保密局的北所原為辜嚴碧霞之高砂鐵工廠即為一例）。新店這個臨時監獄，也是其中一個沒收私人財產改建的。由於戲院本來前方就有一個舞台，空間更形狹窄，而且高度僅約一米五十，根本連直立都有問題。蘇友鵬在判決後也曾經在這裡待了一段時間。

沒有聽到死刑判決直接被送往馬場町槍決，至少表示暫時僥倖地撿回一條生命，也意味著遲早是有希望的。畢竟那是每天清晨都在經歷與死神擦身而過，生死之間的距離僅僅不到一張薄紙，生與死其實只是單純的一字之差。法官在宣告判決一事上，只是一個事務性的流程，對他們這些所謂的「司法官」來說，根本就不在乎判決書上的「生」與「死」兩個字，其實是決定一條寶貴的生命之去留。

同一天（5 月 13 日）在台灣大學附設醫院一起被逮捕的第三內科主任許強醫師，依 11 月 29 日《中央日報》及其他各報之報導：「許強等 14 名『潛臺匪諜』昨晨被執行槍決。」也就是 11 月 28 日清晨，這一群「匪諜」直接被帶往馬場町槍斃處決。14 條寶貴的生命，就如此簡單的當成事務被處理，這已經不是草菅人命，而是根本不把人命當一回事。另外根據胡鑫麟醫師的回憶敘述：「……忘記是哪一天，關太久了已經沒有時間觀念，有一天下午他們載我們回軍法處，叫我們排成一列，有一個軍法官模樣的人高高站在庭上，唸著，『某某人判幾年，你們還有什麼話要說？』我問

說；『許強現在怎麼樣了？』因為我們沒有關在一起，不知道他的現況。法官說，『這個人，國家不能讓他活下去了！』原來當天清晨，許強已經被槍斃了。」（引自胡鑫麟口述，胡慧玲撰文，〈醫者之路〉，收錄於《島嶼愛戀》一書）

關於蘇友鵬的判決事實，經王耀勳吸收於1949年9月參加叛亂組織。理由部份，供認參加叛亂組織，查無其他或活動之表現，自應依法處以較輕之刑。同時整份判決書中，所有的判決都是依據「供述」，沒有任何物證，也沒有人證，當然也看不到任何起訴書。根據當時偵訊方式，不出「嚴刑拷打、利誘欺騙」，強迫蓋手印簽名，完全是為達目的不擇手段。經歷如此荒謬慘痛的受難者，真的是情何以堪！

俗稱「台北市工作委員會案件」，亦即「台灣省保安司令部（39）安潔字第2204號判決」，共有14人被判決死刑，遭槍決者為郭琇琮醫師、吳思漢、謝湧鏡醫師、許強醫師、王耀勳、鄧火生、朱耀咖醫師、高添丁、張國雄、盧志彬、劉永福、蘇柄、李東益、謝桂林醫師等14人。也就是在1950年11月28日這天，五個醫師，其中有四人為台北帝國大學的醫學部出身，共14個寶貴的生命被剝奪，有14個家庭從此失去丈夫、父親、兄弟、兒子！造成14個破碎家庭！

必須認真地面對一個事實，當人的性命，只是判決書上的一個字，事務作業流程中的一個處理，對獨裁政權而言，被統治者的生命是完全不會被重視的，人權完全沒有任何意義存在。甚至更可惡的是，在許多案件上，當判決書被送到蔣介石手上時，這個獨裁者的朱筆一揮，可以恣意違法更改原始判決「賜死」，讓本來判決十五年的人被改判決死刑，一條寶貴的生命就因此被犧牲。當許多的家庭，就這樣子失去丈夫、妻子、父親、母親、兄弟姊妹、兒子女兒與親人，而唯一的理由只是為了鞏固其獨裁專制政權，滿足蔣介石父子的戰敗逃亡的恐懼心與個人虛榮心，甚至於

只是滿足了少許人的個人私慾。生命竟然是如此的沒有價值，根本沒有對生命最基本的尊重。那些被帶往刑場槍決的人，一個一個都是台灣社會的菁英呀！

《安息歌》

安息吧死難的同志，別再爲祖國擔憂；

你流的血照亮著路，我們會繼續前走。

你是民族的光榮，你爲愛國而犧牲。

冬天有淒涼的風，卻是春天的搖籃。

安息吧死難的同志，別再爲祖國擔憂；

你流的血照亮著路，我們會繼續前走。

　　——清晨死亡點名之後，送給即將執行槍決的受難者的送別曲

　　關在軍法處的日子裡，清晨破曉未明時分，當看守人員打開笨重鐵門發出嘎嘎聲響時，幾乎沒有一個受難者，不被那刺耳聲音從睡夢中驚醒。緊接著憲兵厚重皮鞋的腳步聲一步一步地接近牢房門，在牢房前開始呼叫名字，被叫到名字的受難者走出牢房，經過簡單的宣判後，憲兵隨即將受難者五花大綁，接著以軍用大卡車帶往馬場町執行槍決。沒有人事先知道誰會被叫到名字，剛開始也不知道離開牢房是即將被執行槍決。漸漸地，大家都知道那個破曉前的悲慘現實。雖然大家都因爲此事而心生不安，那是一個不知道還有沒有明天的恐懼，面對不可預知的死亡陰影，寂靜凝結的空氣，籠罩在每個被關在看守所的人身上。因此，當破曉時分笨重鐵門發出吱吱響聲，總會驚醒牢房中的全部的受難者，那有點類似集體性的神經衰弱，面對一個無法預料的恐懼。

　　漸漸的，經過一段時間之後，有一些自認爲無法避免被槍斃、難逃一

死的人，大多會先安排交代後事做好準備；有些人會在起來後先穿上準備好的衣服，等待被死亡點名，如果沒有被點到名，才脫下衣服折疊好，日復一日重複相同的動作。最令人驚嘆的是，沒有一個受難者因為即將面對死亡而屈服，每一個被點到名的人，都是以非常勇敢悲壯的態度，來面對即將被槍決身亡的事實。面對死亡，每個人也各有其不同的態度，但非常不可思議的是，沒有一個受難者表現出驚慌軟弱的態度。絕大多數的人在被呼叫到名字之後，會起身整理衣服，然後與同房的難友一一道別，昂首闊步地走出牢房，驕傲地面對即將到來的死刑。那個安然平靜面對死亡、從容赴義的態度，那種為了自己的理想、為了追求台灣擁有一個公平正義的社會的信念，絕對不會因為面對死亡而屈服。這些受難的義士，藉由從容地犧牲自己的性命，見證了蔣介石、蔣經國父子與國民黨專制獨裁政權的暴虐。

11月28日的清晨，許強醫師被五花大綁押上軍用大卡車，在前往馬場町的路上，他領頭高聲唱起《國際歌》，歌聲響亮慷慨激昂，導致駕駛軍用卡車的阿兵哥一時驚慌失措，差點出車禍。結果，當天在執行完槍決後，許強醫師的屍體被刻意地留置在刑場，任憑屍體被風吹日曬露水洗滌，不

1950年11月29日報紙報導。（取自網路）

允許收走以示懲罰，當作「示眾」的範例。如此將屍首示眾之行為，只是再次暴露其殘酷沒有人性的本質！或許，當事者們只是奉命行事，但是明知錯誤卻協助執行，難道不是共犯結構中的一份子？甚或是幫兇？或許這些人只是整個犯罪結構當中的一顆小螺絲釘，卻是不可或缺的一部份。當然，許強醫師槍決後屍體被遺留在刑場示眾這件事情，蘇友鵬是到後來才知道的。這一天的槍決行動，由憲兵第4團負責執行。

　　不久之後，每當清晨進行死亡點名，即將執行死刑的受難者被帶出牢房來到前庭宣判及進行五花大綁時，那些被關在二樓的女監牢房的女性受難者，會唱著《安息歌》為即將被執行槍決的人送行，一樓的男性也會聞聲附和齊唱，所有的人都共同唱著那哀悼的曲子。

死亡行軍

　　1951年5月13日，就在蘇友鵬等人被逮捕滿一年的那一天，當天晚餐

青島東路軍法處看守所。（陳孟和手繪，綠邦提供）

時間似乎比平常提早了一點，在熄燈時間後過半夜不久，大約是在 14 日的
凌晨一、二點，蘇友鵬他們被關在軍事看守所的所有人，全部被一陣急促
的哨音驚醒，看守的憲兵緊急呼叫所有羈押在牢房的受難者起床，憲兵們
喝斥道：「立即收拾身邊物品，十分鐘內集合。快！」那天不似一般平常
的日子，整個看守所四周都有荷槍實彈的憲兵在巡邏監視，整個看守所的
氣氛非常緊張，整個所內如同被捅了的蜂窩一般，一時之間騷動起來，所
有人都被要求在十分鐘內穿好衣服，同時整理打包好所有隨身物品，集合
在平常放風的空地。整個軍法處看守所，瞬時如熱鍋沸騰翻滾的水一般，
頓時開始騷動。緊接著兩個受難者排成兩列，一左一右，兩個人中間的手
被銬上手銬，前後手銬也拿繩索繫上，結實地串在一起，前後人與人之間

死亡行軍。（陳孟和手繪，綠邦提供）

再用繩索捆綁，腰部被繩索緊緊地綑綁住。每個隊伍 20 個人就這樣子串在一起，有如串珠一般，左、右邊未被銬住的手可以拿行李。說是行李，其實只是簡單的幾件換洗衣物。

接著，整個隊伍的人就這樣子踏出軍法處（今天的青島東路到喜來登飯店整個區段）的門口，出發走向未知的目的地。蘇友鵬與胡鑫麟醫師兩個人被銬在一起，默默地低頭往前走，完全不知道即將面臨什麼事。他們被要求行進的路線是由憲兵指示的，但是當然完全不可能知道即將前往的目的地是哪裡。大家心中充滿著對未來的完全不確定性，心中的惶恐非言語可以形容，大家只是拖著沉重的步伐往前進。行進中，銬在一起的胡鑫麟醫師與蘇友鵬兩個人，在口中以德語默默地說著：「Todes Märsche、Todes Märsche……」（德語意思是「死亡行軍」）在那深夜時分，一大群人在憲兵嚴密的押解下，背負著簡單行囊踩著沉重步伐，走在安靜無人的台北街頭，那是一趟不知道目的地的旅程。昏暗的台北市道路上，除了這一群受難者與護衛的憲兵之外，根本沒有其他行人，蘇友鵬他們只能服從押解的憲兵命令，一步一步地踩著沉重疲憊的步伐，往未知的目的地前行。身體無比疲憊，腳步無比沉重，心情更是無比驚慌恐懼，走在暗夜的台北街頭。「Todes Märsche、Todes Märsche……」死亡行軍！

距離軍事看守所不到一公里的路程，經過沉重的死亡行軍，蘇友鵬他們抵達第一個目的地——華山貨運車站！華山貨運車站設置於 1937 年（昭和 12 年）12 月 1 日，命名為「樺山貨物驛」，因為其位於樺山町而得名，而樺山町是為紀念日本在台灣的第一任總督樺山資紀命名而來。它在 1949 年（民國 38 年）改稱為「華山貨運站」。1986 年廢除「華山貨運站」後，原來功能改由南港貨運站接手負責。原址改稱「華山車場」，堆放台北專案建材，由台北站負責管理。台北專案完成後，華山車場隨之廢止，原有用地之所有權移交財政部國有財產局，並交由台北市政府管理。

　　蘇友鵬他們一行人，從華山車站搭上貨運火車直接被送到基隆碼頭，碼頭區四周也都是荷槍實彈的憲兵站崗監視著，整個碼頭區的空氣異常沉重。蘇友鵬看到碼頭上已經有另外一群身著制服的「犯人」，看起來應該是從別處移送過來的。這一群人和蘇友鵬他們不同，是穿著統一的制服，直到後來才知道，他們是從內湖新生總隊移送過來的。這個早晨的基隆碼頭景象，讓蘇友鵬不禁回想起四年半前的那一天——1945年10月17日，蘇友鵬與其他一大群年輕學生，前來基隆碼頭歡迎來台灣接收的「祖國」軍隊，那天的景象，從美軍艦艇下來的是一群完全沒有紀律的乞丐集團，那個景象是永遠難以忘懷的記憶。四年半後的今天，蘇友鵬他們自己成了那一群乞丐軍團，而且蘇友鵬他們是被緊緊地捆綁束縛著，正準備被送上船，載往一個未知的目的地，也可能是要被載往外海行刑。不久之

LST登陸艇。（同型艦艇模型翻拍）

後，蘇友鵬他們這一群受難者被送上美軍遺留給國民黨政府的兩棲登陸艦（LST）。死亡行軍尚未結束，只是在太平洋上飄泊中場休息。

LST 這一型的兩棲登陸艦，是美軍在第二次世界大戰末期大量製造的戰車登陸運輸艦艇，二戰結束後轉送給盟軍使用。由於原始設計之用途，就是運送車輛輸送設備到登陸海灘，長期使用後，船艙地板除了潮溼之外，還有許多車輛設備的殘留油漬，空氣中充斥著經年沉積的臭油味。所有犯人全部被帶到最底層的船艙，那裡原本是放置運送車輛設備物資的底艙。而且，由於用途是載運戰車登陸，不是遠洋使用的船艦，艦底部構造比較平坦，容易受波浪影響，在航行中比較搖晃，無法保持平穩。

在那個陰暗充斥柴機油惡臭味及骯髒油漬的船艙地板上，蘇友鵬他們的手銬並沒有被解開取下，仍舊是兩兩一組被緊緊銬在一起，他們只被鬆綁了原先捆綁在腰部的繩索。即使是開船後，大家要上廁所也必須要兩個人一起去。大家都拿到幾個分發下來已經發霉的饅頭，其實在那個潮溼陰暗、充斥著柴油機油臭味、空氣不流通的船艙底部，根本沒有人有胃口食慾。從被逮捕至今，經過了一年的時間，這一群人經歷了被刑求、被拷打、然後在沒有審判下就直接被判決。羈押在看守所的這一年時間，清晨四、五點未明時分，徘徊在一次又一次「生死之間」的死亡點名，似乎每天只是在等待那死亡的呼喚。眼看著一起被關在牢房裡的身邊其他受難者，被呼叫到名字，離開牢房後，隨即被五花大綁帶往馬場町槍斃，事先沒人知道接下來哪一個人會被呼叫到名字，對於前途未卜的驚恐不確定性，在「生」與「死」之間徘徊，原本在身旁的難友，下一刻即是生離死別。沒有經歷這種面對死亡、等待死亡的人，真的絕對無法想像那種淒慘無奈的狀況。

超過 365 個黑暗如夢魘一般的日子，被關在密不通風如沙丁魚罐的牢房，每天在生與死之間徘徊，有形無形的恐懼已經深植在內心，大家的心

情都充滿對未來命運的無奈與惶恐的不確定性，忐忑不安的心情怎麼也無法揮拭。更何況，從戰爭結束台灣「光復」以來到他們被逮捕前，所面對的是一個完全不講理的殘暴政權，誰能保證這次不是要在船開到外海時把大家丟下船餵魚？即便是天性樂觀的蘇友鵬，在被送入登陸艇底艙之後，心中一直存在這個揮之不去的念頭，許多受難者在回憶當時上船之後，都是共同的感受到，那是一個永遠無法遺忘、驚慌恐怖的記憶。

　　登陸艇駛離碼頭航向大海，從基隆一路沿著東北海岸往太平洋轉向南方航行，只是被關在陰暗潮濕，充斥著油氣底層船艙的這群人，他們完全不知道自己將被帶往何處。這型的登陸船艦，由於主要功能是使用於運送車輛設備到登陸地點的海灘，並不是用來進行長程航行，因此登陸艇底部的構造並不適合在深海區域航行，太平洋波濤洶湧的海浪，造成艦艇異常顛簸，底層船艙情形更加嚴重。蘇友鵬他們即使在船艙中，仍然是兩兩銬在一起，即使在開船航行之後，上廁所也必須兩個人一起去。船艙底層並沒有廁所，每次上廁所必須要兩個人一起上到後甲板，在那裡他們搭建了臨時的廁所，上廁所時還可以清楚看到底下船尾捲起的白色海浪。顛簸的海上航程令他們感到極度的不適，本來就空氣不流通的底層船艙，如今除了本來就沉積的臭油味，更加上大家暈船嘔吐後的惡臭異味，簡直如人間煉獄。整艘艦艇就像是漂浮在海上，隨波搖晃的鐵製棺材一般！

　　經過了在太平洋上兩天兩夜的搖晃顛簸的折騰，登陸艦終於靠近一個陌生的海岸。蘇友鵬記得那是第三天的清晨天明不久，頭上的艙門被打開，明亮的太陽光一時之間突然照射進昏暗的船艙，蘇友鵬他們被呼喚起身，所有的人都上到上層甲板。那是一個晴朗的好天氣，明亮耀眼的陽光、涼爽新鮮的空氣，站在甲板上可以看到不遠處是一個完全陌生但非常美麗的小島，一個看起來好像沒有開發、非常原始的荒涼島嶼，5 月中旬的綠島景色十分怡人。太陽高高地掛在藍天白雲之間，深綠清澈的海水反

射著陽光，清新的空氣充滿肺部。登陸艇停泊在一個島嶼的近海處，映入眼廉的是遠方綠油油的小山、平坦潔白的沙灘，還有岸邊附近高高聳立的燈塔，那是唯一令人感覺島嶼有人跡的景象。蘇友鵬在那一剎那的心情，是「重生」的念頭！感覺自己的生命重新回到人間。這個「重生」的心情，也是所有受難者共同的感受！經過一年沙丁魚般的擁擠牢房，充滿不確定性的洶湧波濤海上搖晃航行，在那個陰暗潮溼惡臭的船艙搖晃，能夠重新看到明亮的太陽、再次呼吸到新鮮甜美的空氣，那是一個經歷死亡、百感交集複雜的心情起伏。後來蘇友鵬等人才知道，原來他們被送到台灣東南方的「火燒島」這個小島。

　　火燒島（現已改名為綠島，本書沿用絕大多數政治受難者的習慣說法，使用火燒島），傳說在百餘年前，漁船在薄暮歸航時遠望那被夕陽染紅的島嶼，有如被熊熊野火簇燒一般，故取名為火燒島。火燒島位於台東之東南方外海約 33 公里，是由火山噴火、珊瑚礁及地形隆起所形成之島嶼。島嶼呈不等邊之四方形，由於長年受風化及海蝕作用影響，形成曲折多變的海岸線。島嶼的南北長約 4 公里，東西寬約 3 公里，面積不到 16 平方公里。島內山丘縱橫，西北方近海岸區地勢低緩。最高點為火燒山，高度 280 公尺，東南臨海處多為斷崖，西南角是長達 4 公里多的平坦沙灘，周圍有無數的珊瑚礁群。陡峭的台地海岸，一望無際的階層草原，造型奇特的巍峨岩柱；從遠處遙望，可以看到潔淨的白沙灘與連綿疊翠的山巒，景色相當怡人。

　　日治時代稱為「火燒島」，1949 年改稱為「綠島」。雖然地理位置離台灣本島台東很近，但是因為剛好有黑潮經過，流速甚快，因此即使到今天從台東搭船前往綠島，仍然需要繞道順著海潮航行，無法依最近距離直接橫越。綠島的周邊也有許多小島與岩礁，其中在新生訓導處旁海邊的東北方有一岩礁，距離相隔約一公里，新生們稱之為「鬼が島」，後來綠島

綠島燈塔。

鬼が島。（現改名為樓門岩）

居民稱爲「樓門岩」。

蘇友鵬他們一行人被分批以舢舨送上沙灘，一次大概是 20 個人左右，從登陸艦艇到沙灘約要花二十分鐘，沙灘附近聚集許多臉色驚恐、眼神好奇的火燒島當地居民。他們早就被告知今天這一群上岸的「犯人」，是比殺人兇手更可怕兇惡的「犯人」，綠島當地居民也從來沒有看過如此龐大的集團，不但有荷槍實彈的軍人，還有被綁在一起全部戴著手銬的兇惡犯人。蘇友鵬他們在中寮的沙灘上重新集合整隊之後，再次走上未知的目的地。「Todes märsche、Todes märsche……死亡行軍！」這次是死亡行軍的最後一段路程，走向他們將在火燒島待上許多年歲月的目的地——新生訓導處。

蘇友鵬他們繼續拖著沉重、疲憊不堪的腳步走在「砂石路」上（稱爲砂石路，其實只是牛車壓過，比田地稍微平坦而沒有鋪裝的地面，火燒島要有眞正的道路，還要等日後由這群新生鋪設）。從中寮的沙灘到新生訓導處約有 3 公里，不難想像蘇友鵬他們這一群人，經過波濤的搖晃，完全沒有進食，已經身心都疲憊不堪，腳步也非常沉重。他們雖然被禁止與島上居民說話，但是如果需要仍然可以要水喝，只是火燒島的井水都有程度不同的鹹味。「道路」兩旁是一群眼神帶著驚恐又好奇的民眾（後來才知道當時居住在綠島的民眾被告知，蘇友鵬他們這些人是「比殺人犯更兇惡的犯人」），綠島突然在一天湧入一千多名這樣子的「犯人」，當然也難怪居民會驚慌又好奇，但是善良的居民仍然好心善意地幫忙打水給大家喝。在經過一段時間之後，當蘇友鵬他們開始接觸綠島居民，跟他們採買物品，甚至爲他們診療疾病之後，綠島居民終於發現這一群「比殺人犯還兇狠的犯人」，其實是一群善良和氣的老實人。

1951 年 5 月 17 日當天的傍晚，蘇友鵬等第一批「新生」千餘人，終於抵達目的地。走進刻著斗大「新生之家」四個字的營區大門，裡面的營舍

1950年代的新生訓導處大門。（翻攝自綠島人權園區展場）

今日重現新生訓導處大門。

新生訓導處鳥瞰圖，由美國人狄卜賽於 1956 年隨蔣經國訪綠島新生訓導處拍攝。（翻攝自綠島人權園區展場）

尚未完全完工，圍牆也尚未砌好。處本部靠近西邊，依東、南、西分為第一大隊、第二大隊與第三大隊（蘇友鵬他們抵達時，第三大隊的營舍尚未完工）。大隊部在前面，每一個大隊再分為四個中隊，每個中隊各有其獨立之營舍。

　　每一個中隊的營房構造是：進入營舍前方是軍官房間寢室兼辦公室，緊接著有一道厚重鐵門，門後方是新生的寢室，左右上下鋪間隔成 10 格，每格為 135 公分，寢室長度為 13.5 米；營舍最後方則是新生的廁所。營舍的建築看起來比較類似軍營而非監獄，實際上，整個「新生訓導處」就是設計做為一個勞動集中營。蘇友鵬當時絕對沒有想到，未來九年的光陰將會一直待在這裡。那天晚上，蘇友鵬他們在經過顛簸的航程之後，吃了自 5 月 14 日早上以來的第一餐。米飯配蘿蔔絲、梅乾菜，加上如洗鍋水一

營舍內隔絕新生的厚重鐵門。

營舍內寢室床位仍然擁擠,有些新生到浴室
睡覺。

營舍內廁所。

克難房。

般的湯，湯的上面飄浮著一些菜片。晚餐雖然非常貧乏不豐盛，但絕對是
「重生」之後最美好的一餐。這一餐是由早兩個月前來的「先遣部隊」派
人協助烹煮的。

　　比蘇友鵬他們早兩個月進駐的先遣部隊（同樣是政治受難者），是在
1951 年 3 月 1 日，從台北被帶至高雄，改搭美軍遺留的艦艇前往火燒島。
先遣部隊到新生訓導處報到之後，開始在山坡割茅草、在沙灘敲開咾咕
石、用油毛氈搭建囚禁自己的營舍與克難房，他們為新生訓導處的正式啟
用做準備工作。

　　1951 年 5 月 17 日那天晚上，應該是蘇友鵬在被逮捕之後，一年來最
好睡的一夜。在清新帶鹹味的微風催眠，以及海水波浪拍打海岸的交響
曲中，蘇友鵬終於可以伸直雙腳，享受了自從被逮捕後最舒適美好的一

眠。當初從被逮捕到保密局南所、後來輾轉羈押在保密局北所、新店軍事監獄、軍法處，每個地方都是不見天日的狹窄擁擠、空氣混濁不流通的炎熱牢房，裡面總是如沙丁魚罐頭一般地擠著一堆人，還必須輪流睡覺；同時，身邊的難友被嚴刑拷問，因為傷痛而難以入眠，旁邊隨時有人在清晨被呼叫名字帶出槍決，那種如驚弓之鳥的生活持續了一年。終於在經過顛簸翻騰的航行之後，抵達一個藍天碧海景色美麗的島嶼，雖然新生訓導處營舍還是擁擠，但至少不需要輪流睡覺，終於可以完全躺平身體了，雙腳也可以伸直地躺下來。在星空底下聽著波浪的拍打聲，5 月中旬怡然海風的陪伴下，蘇友鵬疲憊地倒頭，在不知不覺中進入了夢鄉。與蘇友鵬同期的難友蔡焜霖前輩（因為參加學校讀書會被依台北電信支案判十年徒刑）也在1951 年5 月17 日登陸火燒島，成為新生訓導處第一期「新生」。蔡老前輩被逮捕時年僅 19 歲，他曾經苦笑地戲稱，自己 20 歲的「生日趴」是在五星級飯店（青島東路軍法處看守所，今喜來登飯店）舉辦，有超過千人的同伴參加一起慶生。回憶抵達火燒島的第一個夜晚，蔡前輩說：「一輩子直到那一天晚上，從來沒有想到，能夠伸直雙腿睡覺，竟然是一件如此美好幸福的事情！」

火燒島新生訓導處

轟立在營舍大門斗大的四個字「新生之家」，從外表看起來很像是一個普通的軍隊營區，但是實際上，新生訓導處是名不符其實的勞動集中營，屬於台灣省保安司令部（台灣警備總司令部前身）管轄。日治時期（1911-1919），總督府在新生訓導處原址附近的鱸鰻溝（後改名為流麻溝）設立了「火燒島浮浪者收容所」，專門收容監禁台灣各地區居無定所的流氓。1945 年日本戰敗，中國的國民黨政府代理盟軍前來台灣接受日本

軍隊之投降，鳩佔鵲巢將台灣據爲己有，並在 1949 年開始實施了長達 38年的戒嚴，同時沿用了日本的政策，在火燒島成立了政治犯監獄，首先啓用的是新生訓導處（使用期間1951-1965）；在台東泰源監獄發生暴動事件之後，又在原新生訓導處旁建造了國防部綠島感訓監獄（稱爲綠洲山莊，使用期間 1972-1987）。後來又加設立了「職能訓練所」（使用期間 1993-2002）。另外，後來警總徵收流麻溝東側土地，成立第三職訓總隊，專門用來管訓台灣各地的黑道幫派角頭流氓，以及一直到今天仍然繼續使用中的「法務部矯正署綠島監獄」，「火燒島」彷彿成爲監獄島的代名詞。

其中，第一期的新生訓導處與第二期的綠洲山莊，主要以收容監禁政治犯爲對象，其他則以禁錮重大刑事犯、接受感訓的黑道份子爲主。火燒島會成爲重要的監獄，最主要的理由當然是其地理環境，火燒島距離台灣本島有一段距離（約33公里）的離島，面積也不大（不到16平方公里），交通相當不便，根本就不擔心犯人有逃亡之可能性，早期在管理上也相對寬鬆一些。因此，在台灣實施戒嚴的白色恐怖時期，火燒島成爲名符其實、惡名昭彰的「監獄島」。

「新生訓導處」之命名是要求在這裡接受「管訓」的政治犯，能夠改變，重新出發，全力支持國民政府的領導。因此，所有的「新生」必須接受思想教育，藉由重新的再教育，導正其思想，一切從「新」開始。蘇友鵬他們這一千多個「新生」，表面上，不論在其判決書上使用什麼樣的罪名，刑期有多久，都是被蔣介石、蔣經國父子及國民黨獨裁政權認定他（她）們是思想不純正，是有問題的犯罪份子，或是潛在的危險份子，只是罪行沒有嚴重到必須要立即槍斃。因此，藉由監禁在火燒島這個勞動集中營，透過重度勞動及思想教育來進行改造。新生訓導處的管理人員組織從上而下是：新生訓導處處長、大隊長、中隊長、中隊副到分隊長，這些人負責管理新生日常生活。對於新生的思想方面，還有所謂的政治幹事，

他們負責新生的思想監控。另外，管理當局也在新生當中安排「抓耙仔」（眼線），這些「抓耙仔」都是從新生當中挑選出來，平日與其他新生一起生活工作，但是他們主要的工作，是負責監視其他新生的言行舉止。如此一來，不但可以監控新生，更進一步透過相互的監視，製造新生之間的矛盾與互相猜疑不信任，使新生之間無法組織小團體，達到容易管理控制的效果。因為這個非常惡毒的手段，新生為求自保，當然不敢相信任何人，誰都不知道哪一個人會是告密者，會和上級說什麼話。如此的互相監視制度，造成人與人之間互信、互動的關係破裂崩潰。如此對人之不信任感，在被釋放之後仍舊會持續許多年，這種心理創傷，需要很久的時間才可能恢復。（當然，也有一些人終身無法擺脫這種對人的不信任感，一直到去世。）

除了思想改造教育之外，新生訓導處要求新生從事重度體力勞動。早期新生剛抵達火燒島時，島上幾乎沒有什麼開發建設，只有散居在島上的居民，主要從事捕魚與非常有限的農耕，沒有鋪裝的真正道路，也沒有什麼公共建設。新生訓導處營區本身的建設，也是在倉促中做了最基本的架構。因此，新生在進入新生訓導處之後的第一份工作，其實相當諷刺——新生被要求砌一道又高又長的圍牆，把自己封閉在營區裡。「萬里長城」這道圍牆環繞新生訓導處，牆體結構高度約為3公尺（1丈，約10台尺），底部寬度 2.5 公尺，牆頂寬度 1 公尺，總長度約有 1,300 公尺，使用新生自海邊敲下的咾咕石做為主要材料，水泥則是由台灣本島運送來。築牆工程由具備土木工程經驗的新生設計，估算需要的土方，再分配由各中隊承擔，各中隊需自行製作工具，前往海岸打石運回工地。從山坡地順著流麻溝方向，延續到整個營區，剛好將營區完全圈起來，新生們在苦中作樂地戲稱，這一道禁錮自己的圍牆是「萬里長城」。新生們被要求到訓導處旁邊的海岸敲打珊瑚礁形成的咾咕石，再搬運石頭回來營區做為砌圍牆的材

萬里長城。

料。新生無一人倖免,幾乎每一個人都是手腳血淋淋地從事重度勞力的工作,砌高牆把自己禁錮起來的工作。

另外,修繕新生居住的營舍、搭建存放物品的倉庫(稱為克難房)、司令台、運動場等,所有營區內部的建設工程都由新生自己完成。新生在後來甚至挖掘建造了游泳池。新生訓導處營區內部工程完工之後,開始島上道路的開拓鋪設,以及其他基礎公共建設。

另一方面,火燒島在早期,當地居民有自己挖掘的水井,但是每一口井都或多或少含有鹽分,水都有鹹味。在新生訓導處附近有一條溪流,稱為鱸鰻溝,新生就在此建造一個水壩。有了水壩之後,新生可以取得完全的淡水,供應所有日常生活之需要,同時用來灌溉農田。在農耕方面,新生當中的農業專家設法利用原生林投樹、茅草搭建防風林,解決了火燒島

運動場。（翻攝自綠島人權園區展場）

游泳池。（翻攝自綠島人權園區展場）

克難房。

司令台。（翻攝自綠島人權園區展場）

流麻溝，舊名鱸鰻溝，目前由自來水公司列為水利地，並建造水庫。

生產班菜圃的防風圍籬

為防止菜菜受鹽霜風害,在菜畦的風頭(東北),用茅草做擋風的圍籬。
但其存在,卻是正常的農耕操作造成妨害,所以其裝置並非固定,是可以隨時移動
架裝或拆除的裝置。

立柱樹枝

葉菜類作物

含鹽分的季節風向(東北)

不

高約50cm

茅葉

茅桿

約2m～3m

茅草平罷,上下二層,
各用茅桿双面夾緊,成高
50cm,長2～3m的一小段屏風,
平時一小段,一小段連接,並掛桿在畦邊的立柱上,
要耕作,施肥,灌水,或收割時,隨時解除平放陳。

陳孟和前輩手繪生產班菜圃防風離笆示意圖。（綠邦提供）

防風離笆與菜園。
（翻攝自綠島人權
園區展場）

因為季風無法生產農業的問題，開創了火燒島的蔬菜種植。最後新生還自己飼養家禽與家畜，供給新生們自己食用。

　　除了各項基礎公共設施，管理的官兵還讓新生在營區邊緣挖掘坑洞建造碉堡。這個碉堡是用來關新生禁閉的地方。官兵查獲新生有什麼違規的行為，或是持有什麼違禁品，就會將這個違規的新生單獨關進碉堡，吃喝拉撒都在裡面。而且，隨著海水漲潮，海水淹入碉堡內，大小便排泄物隨著水位上升，就這樣子浸泡在污水中，長了蟲也沒有人理會，新生被關在碉堡裡面，完全是遭到非人的待遇。一般在裡面被關個幾天下來，大概已經都不成人形，半生不死，然後被送回台灣做進一步處分。

　　新生們到海灘敲下咾咕石，然後搬回營區供建築使用，手邊只有自製的最原始工具，咾咕石非常堅硬銳利，總是令新生們手腳破裂受傷。何況當時只有牛車壓過的小路，走在散落碎石的地面上，即使穿著鞋子也非

碉堡。

常容易就磨損，幾乎所有人的雙腳都血淋淋。特別是到了夏季，由於天氣熱，大家都僅穿著一條麵粉袋做成的短內褲，赤裸著上半身，沒有任何的保護，全身也都傷痕累累。敲下尖銳的石頭再運搬運回營舍，是一個非常嚴苛的粗重勞動，沒有任何新生可以倖免。沒有做過粗活的蘇友鵬，當然也不例外，吃足了苦頭。

新生訓導處的管理單位，有訓導處處本部處長及數名軍官，每個大隊各有隊本部大隊長，各中隊編制有中隊長、副中隊長、三位分隊長及數位官兵，另外還有政治指導員，其下還有數名政治幹事。這些政治指導員和政治幹事是最令大家感覺不愉快的管理人員，他們負責監督管理新生們的思想，許多都是皮笑肉不笑，成天只是想盡辦法要探索新生內心深處的思想，絕對是最惹人嫌的管理人員。

第一任新生訓導處的處長叫做姚盛齋[2]，這個處長是最離譜的一個，吹牛根本不打草稿，經常臉不紅氣不喘地說謊話。在第一天對新生的訓話時，就吹牛說：「你們來訓導處，過去的判刑一概歸零，就看今後的表現，表現好的隨時可以結訓回家。」事實上徒刑可能減少嗎？完全是胡說八道！也因為姚盛齋處長喜歡吹牛，新生給他取了兩個綽號：「唬爛」（台語）以及「吹士」（SUI-SI，是以日語中稱吹牛者為吹法螺 HORA-FUKI 來改稱之）。

第五中隊

1951 年 5 月 17 日傍晚，蘇友鵬他們全部超過千人的「新生」抵達新

2　新生訓導處從 1951 年開始運作，到 1965 年結束，總共經歷五任的處長。第一任處長姚盛齋（1951-1955），第二任處長唐湯銘（1955-1957）、第三任處長周文彬（1957-1959）、第四任處長唐湯銘（1959-1963）、第五任處長劉鳴閣（1963-1965）。

生訓導處之後，立即進行人員編隊作業。第一期進入的「新生」，被編入第一大隊與第二大隊。新生訓導處共有三個大隊，大隊之編制其實就是類似軍隊之編制，每個大隊轄下各有四個中隊，因此總共有十二個中隊。不過，第一中隊主要收容沒有被正式判刑，屬於管訓的受難者；蘇友鵬他們被正式判刑的「新生」，是從第一大隊的第二中隊開始編組，依次三、四中隊，接到第二大隊的五、六、七、八中隊，其中第八中隊為女生分隊，在第八中隊的女生分隊與第七中隊之間，使用竹籬笆予以隔離。依照人員之編制，一個中隊的人數是120人，但是實際上收容的人數在130人到160人左右。營舍的空間依照標準人數規劃建造，由於人員超編，因此空間仍然是狹窄擁擠，不過和台北各地的看守所和監獄做比較，已經是天壤之別的寬敞無比。

蘇友鵬被編入的第五中隊，屬於第二大隊，第五中隊以台北案、學委案、麻豆案、玉里案等案件之受難者為主，絕大部份都是專業人士或知識份子。另外，女性新生被編入第八中隊，稱為女生分隊（女生分隊在1954年裁撤，所有女性受難者全數被送回台北縣土城生教所），知名的現代舞舞蹈家蔡瑞月也曾經被關在女生分隊。女生分隊居住之房舍與其他營舍隔離，營舍是屬於第八中隊，在第七中隊的隔壁。女生分隊除了每天的政治課之外，完全被隔離在籬笆之內，行動相對比較不自由。各中隊新生自行負責日常之生活取水、飲食炊事。至於女生分隊的食物則由第六中隊負責。一個中隊每天需要使用的水，都是各中隊的新生自行前往訓導處附近的鱸鰻溝取用，從營舍到鱸鰻溝的距離，一天的需求水量大概都要挑上好幾趟，女生分隊的新生也必須自行前往。當時使用的水桶是木製的，沒有裝水就相當沉重，挑水的工作對女生分隊的女性新生而言，是相當辛苦的繁重工作。鱸鰻溝後來改稱為流麻溝，是綠島一條不會斷水的溪流，雖然各隊都有開鑿自己的井，但是因為每個井都有差異，有的井水還不錯，大

鱸鰻溝今天的出口。

多數的井水則鹹味太重，因此日常生活用水，主要仍舊以鱸鰻溝做為主要的供給水源。從新生訓導處到鱸鰻溝來回約有兩公里，廚房伙食用水必須每天挑水。另外新生們也必須每天從營舍將糞便挑往菜園。

　　初期，第三大隊尚未開始建築，營舍要到一年後的 1952 年才完工，並於同年晚秋使用自南日島（位於今福建省莆田市秀嶼區）擄獲的漁民，這群靠捕魚為生的俘虜，是被當時國民政府的一個特殊部隊──反共救國軍所擄獲，直接送來新生訓導處，以匪諜身份被監禁。後來這群俘虜在 1954 年與「再叛亂案」的受難者一起被送回到高雄左營之後，就完全下落不明。

　　另外，除了正式編制的三個大隊所屬的第一到第十二中隊之外，在新生訓導處服刑期間有發生意外、事故、生病死亡、甚至自殺者，還有一些是在台灣舉目無親，從中國前來台灣的「外省人」，在遺體無人領取的情形下，就葬在出了新生訓導處大門右側一處山坡地公墓亂葬崗，該處墓地被稱為是「第十三中隊」。但原本成立這個公墓主要是以埋葬官兵為主，因此目前可以看到的墓碑都是當年在新生訓導處的管理官兵。至於犧牲的

◆↑十三中隊，台灣省保安司令部公墓。

新生，一般都只是隨便挖掘一個洞草草埋葬。「第十三中隊」正式的名稱是台灣省保安司令部公墓。

　　新生除了築圍牆關閉自己，搭建自己的克難房營舍倉庫等建築工作之外，後來也開始開墾土地種植農作物。新生初到新生訓導處時，米與麵粉等主食部份自台灣本島運送來，其他的食物則就地取材，以現地供應為原則，

因此初期的食物非常匱乏。綠島由於地緣關係，種植農作物不容易，當地綠島居民主要是以捕魚養鹿，以及種植蕃薯、落花生、芥菜等極少數種類的植物維持生計。新生被移送至綠島之後，加上管理的官兵與眷屬，人數最多時約有三千人，需求量相當龐大，光依賴由台灣運送的物資，根本無法充分滿足需求，而最先發出抱怨的，不是新生們，反而是管理新生的官兵，他們無法忍受如此艱困貧乏的生活。

新生們不乏農業專家和博士，他們思考如何解決綠島自然環境之限制，研究出使用茅杆草以及稻草製作防風籬笆，隔絕冬季綠島的鹽霧，農產品之種植才不再因此受天候影響，新生的菜園也開始在綠島發展。每個中隊大約開墾一甲左右的土地來做為菜園，種植各式各樣的青菜，同時開始養殖豬、羊、火雞等動物家畜。當時新生當中有農業方面的專才，從一般農民到農業博士也都被關在這裡，這些農業專門人士發揮了其長才，不但克服綠島之氣候，開墾良田，建築水壩導水灌溉，順利種植各式各樣的蔬菜供應自己食用，甚至還可以販賣自己生產的農產品及家畜給綠島當地的居民。

至於生產所需要的所有工具，都是新生自己以非常克難的方式製作，舉凡敲打咾咕石的工具、農業生產工具，以及蘇友鵬他們所使用的醫療器具、照相館裡的底片印相機等，全部都是新生們自行製作，其中至今仍令火燒島居民念念不忘的是石臼。新生當中有一位黃石貴前輩，他是石匠，前輩發揮他的功力製作了許多的石臼，供應給各中隊使用——每天新生的早餐，除了稀飯之外，另外一個主要的食物是豆漿，黃豆是由台灣本島供應，要製作豆漿需要將黃豆磨碎後再熬煮，石臼於是派上很大用場。黃石貴前輩後來也製作石臼給當地的居民，目前仍居住在火燒島的田亦生先生（1952 年 12 月 22 日生），他們田姓家族中仍然保留當時黃石貴前輩贈送的石臼，只是非常可惜，經年累月沒有使用，上頭部份已經遭竊遺失。

▲新生向綠島居民買魚貨。

◀田姓家族留藏的石臼。

　　老實說，新生中眞的是臥虎藏龍、人才濟濟，有著各式各樣的專業人才，這一群新生還開設補習班，爲綠島居民的子弟補習功課，分科目分班級爲學生加強課業輔導，編製了台灣非常有名的英文文法書《新英文法》的柯旗化先生也是新生之一。據聞，火燒島學生的入學考試錄取率，最高

峰時曾經是二十幾個小學畢業生參加初中（目前的國中。當年義務教育只有小學，初中必須經過入學測驗）入學考試，有19人金榜題名。

　　「新生訓導處」除了是一個勞動集中營，更重要的是它同時也是一個思想改造營。新生除了重度勞動之外，每天都必須要參加「政治教育」課程。新生每天的生活是清晨六點起床，經過簡單的盥洗後早點名，然後做一些搬運石頭的工作代替運動；早餐之後，緊接著是上政治課；政治課除了集體上課之外，課後還要再分組（十人為一個單位）討論，每一個人都必須發言，然後寫心得報告。結束上午的課程之後是午餐時間，接著有短暫約三、四十分鐘的休息。午休之後到傍晚就是勞動，各人依照被分配指定的工作，種菜、養豬、搬運石頭、砌牆築房等等。此時是「台大醫院新生訓導處分院」的門診治療時間，也是蘇友鵬他們這一群醫師們為大家服務的時刻（這一部份後文詳述）。傍晚返回隊部，洗滌後晚餐，接下來會有康樂活動，起初是一些京劇，但是這些只滿足管理官兵，絕大部份的新生都看不懂，也感覺無聊。

　　後來才有其他新生自己的康樂活動，首先組成了一個合唱團，但是沒有樂器伴奏，新生當中有一位林義旭（1923 年出生，畢業於台北第二師範，在台灣師範學院擔任音樂老師，1950 年被捕，與蘇友鵬同案件被判刑十二年）負責指揮，他就以舒伯特的小夜曲來編輯，利用人聲來做和聲的「A-CAPPELLA」方式，解決沒有樂器的困境，結果竟然也可以唱得有聲有色。後來組織了康樂隊，成員有十幾人。樂器方面，除了一部份新生請家人自台灣寄來外，新生更利用綠島現地取得的材料，自行製造小提琴等樂器，開始康樂隊的表演活動。蘇友鵬的小提琴也差不多在這個時候加入新生訓導處，是比蘇友鵬早一屆的學長林本仁醫師，把他遺留在醫院宿舍的小提琴寄到綠島新生訓導處。康樂隊在林義旭老師的指揮帶領下，不僅是對內表演，有外賓前來參觀時，也負責最重要的接待演出。1954 年美國

康樂隊在歡迎晚會表演。（前排左一為蘇友鵬）

駐中華民國（台灣）大使
關心台灣人權問題，蔣經
國特別安排藍欽大使前往
綠島參觀新生訓導處，康
樂隊在這個參訪行程中，
擔負了歡迎晚會的重頭戲
表演，在晚會之前還密集
訓練了兩個月。後來新生
們在訓導處附近臨海岸處

蘇友鵬在歡迎晚會表演獨奏。

的燕子洞搭建一個臨時舞台，做為練習表演之用。燕子洞是天然鐘乳石的
一個洞窟，曾經在難友之間有一個傳言，內容是當共產黨攻擊台灣時，新
生訓導處的管理單位，會把所有的新生帶到燕子洞處決。這種慘絕人寰的
惡行，國民黨政府在中國時就一再發生，會在新生之間產生如此的傳言當

燕子洞。

燕子洞臨時舞台。

然也不爲過。不過能夠在這個美麗的洞窟裡面，在海浪的伴奏下練習表演，還真是極富「詩情畫意」。

另外，新生也組成演劇社、舞蹈社以及歌仔戲班、舞獅舞龍進行表演。在每次過年期間及重要節慶，會到訓導處外進行表演，與火燒島居民同樂。其中歌仔戲最受當地居民熱愛，原本只是爲了給新生的娛樂，結果在當地居民熱烈的要求下，成爲當年火燒島節慶中不可或缺的交流活

新生表演自娛娛人。（翻攝自綠島人權園區展場）

動。

　　與蘇友鵬一樣編制在第五中隊，也都屬於康樂隊的楊國宇，到火燒島後跟隨蘇友鵬學習小提琴，從霍曼（HOHMANN）《小提琴的實用方法》第一冊開始，到蘇友鵬離開火燒島時已經學習到第四冊（練習樂譜共四冊）。因為蘇友鵬的熱心教導，楊國宇對於小提琴也非常有興趣，從此愛上小提琴，甚至後來有機會去歐洲出差時，特地從歐洲購買了名牌的小提琴。蘇友鵬總是利用傍晚晚餐前的休息時間，帶楊國宇前往豬舍練習，蘇友鵬對於練琴的要求非常嚴格，因此楊國宇對於自己的小提琴琴藝相當有自信。晚年，楊國宇曾邀蘇友鵬一起演奏，就如當年蘇友鵬與林烈臣在新生訓導處演奏蘇佩（SUPPE）的《農夫與詩人》雙重奏一般，但是由於蘇友鵬手邊沒有樂譜，暫時作罷。可惜楊國宇前輩還沒有找到樂譜，蘇友鵬

不自由中的自由時間。（晚點名熄燈前的自由時間）

就已經先離開，楊國宇前輩對於這一件事感到非常遺憾，唏噓不已！

　　同時，處本部也企劃舉辦各式各樣的活動，譬如說運動會之類的康樂活動，藉由舉辦活動來轉移新生長期被監禁的苦悶緊張。畢竟被關在一個荒涼島嶼上，身體心理失去自由，精神上不可能不煩躁，壓力很可能隨時會爆發。另一方面，官方長久以來一直向國際宣示台灣沒有政治犯，只有需要「管訓」的頑劣份子，藉由帶領國際人士、媒體在這個地方舉辦各種活動樣板，來宣示被管訓的「新生」也有「人權」。

　　結束康樂活動之後，所有新生必須返回營舍內，晚點名後到熄燈這短暫的時間，才是真正屬於自己的時間。新生可以自行決定做非常有限的屬於自己的私事。今天綠島人權文化園區的蠟像，展示著當年晚上熄燈前不自由的自由，有人寫家書、閱讀、下棋、聊天、拉小提琴、玩吉他……有

些新生則因爲白天的重勞動，早已經累到呼呼大睡、夢遊天境。新生們都
戲稱，熄燈就寢之前的這段時間爲「不自由中的自由時間」。

政治課

新生訓導處如其
名，是以重度勞動加
上思想改造的集中營。
新生在此，除了上述的
重勞動之外，另外一個
最重要的課程當然就是
政治課。政治課在每天
的上午舉行，除了負責
伙食炊事之部份人員之
外，無一新生能倖免，
都必須要參加「政治
課」接受教育；美其名
爲政治課，實際上就是
內容荒謬的思想改造洗
腦課程。

每天上午，所有
新生都必須參加「政
治課」，內容有「我們
的國父」、「偉大的領
袖」、「光榮歷史」、

政治課。

「開國名人」、「國家常識」、「匪黨理論批判」、「消滅漢奸復興中華」、「國父遺教」、「領袖言行」、「蘇俄在中國」、「錦繡河山」、「日帝侵華史」等等。課程進行的方式是：首先由教官針對課程進行講授，說明內容，結束後接著進行分組討論（每個小組約由十個人組成），最後每一個新生都必須要寫一篇當天上課與小組討論的心得報告。有一些新生根本聽不懂教官在敘述什麼，也有一些人不識字（中文字），但是所

◆ 政治課授課教科書。（翻攝自綠島人權園區展場）

➡ 政治課小組討論。
（翻攝自綠島人權園區展場）

有人都必須要參與，沒有任何例外，因此大家都會互相協助。非常荒謬的是，在最後的心得報告的結論，一定要寫下「服從偉大領袖民族救星，反共抗俄解救大陸同胞必成」之類歌功頌德的結語，只要寫下如此的結語心得報告即可過關。而政治課除了上課、分組討論、寫心得報告，還有考試，成績不理想還要進行補考，一直到成績及格爲止。開始時，安排半天上課半天勞動，也曾經改爲一天上政治課，一天勞動；不過實際的結果並不理想，畢竟除了沒有意義的課程內容，再多也只是漫罵共產黨與對蔣介石及國民黨的歌功頌德。對於蘇友鵬他們這一群受過高等教育，經歷過思想自由的教育環境，早已經遍讀各式各樣思想書籍的知識份子，上這種教條式政治課根本就是對牛談琴，起不了作用，大家都只是表面工作（其實表面工作不是新生的專利，包括整個體制，本身就是完全只重視表面工作）。但每天上政治課程的時間，依舊是相當難熬，唯一的好處，可能只是可以暫時讓疲憊的身體得到一些休息。

　　內容千篇一律的政治洗腦思想課程，教官只會照本宣科地唸著教條，對於他們這一群在中學時期就開始接觸外語原文書的知識份子來說，那些枯燥無聊的教條式內容，根本無法吸引人。何況，敘述內容雖然是共產黨的壞，不也恰好是影射國民黨前來台灣後的所作所爲？內容是如此荒唐無稽，只是徹底的精神折磨（生於 1958 年的筆者，在服兵役期間每週四的「莒光日」，也經歷過相同的政治課程，內容非常無聊且荒謬無稽，經常不知道要如何度過那段時間。相信在 1950 到 1980 年代出生的男性，有在軍隊服役時上莒光日政治課經驗者，都有那一段痛苦的回憶）。而如此空洞荒謬的教條式「思想教育」，對於一個有思考能力的人而言，到底能發揮多少效果，實在令人質疑。不過，除了表面上的洗腦之外，或許以如此的「精神折磨」做爲懲罰新生的方式，才正是刻意安排如此課程的目的？

　　內容環繞在不斷地敘述共產黨的惡劣，描述國民黨的好；教導毛澤

東的邪惡，宣揚蔣介石的偉大；要求大家追隨偉大的「民族救星」蔣介石的領導，反共抗俄；如此的教條式思想教育，到底產生多少的效果？別忘記，首先蔣介石是被打敗失去江山的敗軍之將，其次是這一群思想犯、政治犯新生，除了部份於 1945 年戰爭結束之後踏上台灣的「外省人」，新生訓導處裡大多數的「本省人」都經歷過日本統治，更有二二八事件的劫後餘生者，他們看到自戰爭結束「台灣光復」以來，國民政府在台灣的所有惡行惡狀，親身的痛苦經歷，豈是如此教條式的洗腦教育可以改變？再多的教條也抵不上深深印記在腦裡的事實影像！如魔音傳腦，一成不變的反共教條，讓蘇友鵬厭惡不已。但是為了繼續生存，新生們卻又不得不虛與委蛇，學習表面功夫應付，或許這是關在新生訓導處最大的修行，畢竟蘇友鵬在成長過程，接受的日本教育是腳踏實地、誠實坦然。在這裡，完全看出中國的虛偽本性。

　　政治課最為荒謬的是，用空泛的教條方式來強力推銷「完全正義」以及「絕對邪惡」。利用稱讚與批判來解釋一切，完全兩極化國共兩黨，只是在現實世界裡所謂的邪惡一方，打敗了正義的一方（蔣介石與國民黨），至於正義一方的失敗，最主要的理由其實是由於政府貪污腐敗，被中國人民唾棄相背。「完全正義」指的是蔣介石、三民主義、國民黨、中華民國；「絕對邪惡」當然是述說著毛匪澤東、共產主義、共產黨、朱毛匪幫以及偽中華人民共和國。提到「完全正義」在歌頌蔣介石的時候，什麼雞皮疙瘩噁心的字眼都可以被使用，「英明領袖」、「民族救星」、「偉大舵手」……把一個殘兵敗將失去國土，不得不逃難到台灣的人，吹捧粉飾成如偶像一般的「神」。至於三民主義則被稱為世界最好的主義；國民黨是唯一可以領導台灣的不二政黨，中華民國是正統合法的唯一中國代表。反之，形容「絕對邪惡」就是極盡貶抑、辱罵的功夫，所以一定要在姓與名之間加上「匪」字，毛澤東稱為「毛匪澤東」，共產黨要稱

爲「共匪」，政權必須稱爲「僞政權」，國名要稱爲「僞中華人民共和
國」。同時在所有的授課、小組討論與心得報告中，最後一定要使用「服
從英明的領袖、民族救星蔣介石以及國民黨的領導，反攻、反攻大陸去，
殺朱拔毛，消滅萬惡共匪，解救水深火熱的同胞」之類來做爲結論。

　　每一次在結束小組討論，或是寫心得報告的結論時，「在『民族救
星』、『偉大舵手』蔣總統的領導下，『發揚三民主義』、『反攻大陸、
消滅萬惡共匪』、『反共抗俄必勝』、『復興中華文化必成』……」這些
教條式的口號，就如同一直不斷跳針的黑膠唱盤，重複著一段枯燥無味的
樂章一般，大家都還必須應聲附和，無法按下開關停止播放，只能期待它
迅速結束。國民黨專制政權在中國的國共內戰被打得落荒而逃，躲避到台
灣，然後使用這些自我感覺良好的美麗口號教條，欺騙麻痺自己，同時硬
推銷給台灣人，做爲鞏固自身獨裁專制政權的工具。

政治課程中的烏龍「反宣傳」小插曲

　　不過最爲諷刺的是，原本還有許多的新生，其實原來根本不了解何謂
馬克思主義，什麼社會主義，以及共產黨到底是什麼，結果經過綠島新生
訓導處大學的教導，反而接觸到相關的社會主義知識。這或許是統治當局
完全料想不到，弄巧成拙的結果吧！

　　在上午的政治課程結束之後，下午就是重度的勞動，每一新生按照被
指定的工作，有的人上山砍柴，有的人去海灘打石、種菜、養殖家畜……
每個新生都有自己被分配的工作。而在此時，在胡鑫麟醫師領導下，蘇友
鵬等醫師團隊的醫務室開始進行診療。他們診療的對象除了新生之外、也
包括管理他們的官兵與家眷，更擴及到綠島的居民。新生訓導處的醫療
所，可以稱得上是綠島醫療歷史上空前絕後，也最輝煌燦爛的時代。

迷你教學醫院（台大醫院火燒島新生訓導處分院）

　　1950 年 5 月 13 日星期六，當天下午在台灣大學醫院附設醫院，有四個醫師被保密局幹員逮捕，包括第三內科主任許強醫師、眼科主任胡鑫麟醫師、皮膚科胡寶珍醫師以及耳鼻喉科蘇友鵬醫師。半年之後的 11 月下旬，許強醫師被判處死刑帶往馬場町槍斃，其他三人被判處十年有期徒刑；1951 年 5 月 17 日，胡鑫麟、胡寶珍及蘇友鵬三個醫師，連同其他一千多名「政治犯」被移送至火燒島的新生訓導處，成為第一期的「新生」。初到綠島新生訓導處，管理人員當中有「軍醫」與「衛生兵」的編制，也設置了醫療所，但是卻沒有任何醫療器材與藥品，軍醫也只是名義上的編制，並非受過正式醫療訓練的專業醫護人員，空有「軍醫」之名。如此情況下，新生當中有人生病、受傷（由於重度的勞動與工作環境之惡劣，受傷情形相當普遍）根本無法處理[3]。幸虧新生當中的這一批醫師，在艱困的環境下，從收集新生個人由家中寄來的藥品集中管理開始，到設法請家人及同事由台灣寄來簡易醫療器材，然後成立真正的醫療所，醫療團隊真正發揮功能。從無到有，不但造福受刑人，「新生」診療對象更擴及管理之官兵、官兵的眷屬，甚至於綠島當地的居民，為大家看病治療，解決醫療需求問題。

　　初抵綠島時，新生訓導處空有「軍醫」及「醫務所」的編制，但是完全沒有發揮任何功能，不但「軍醫」非醫師，更荒謬的是「醫務所」竟然沒有任何醫療器具和藥品。蘇友鵬他們這幾個政治犯醫師們，在如此惡劣之環境下，只好自力救濟挑起醫療重擔，由新生醫師當中最資深的

3　與蘇友鵬等一起登陸火燒島，同為第一期新生的謝桂芳（與蘇友鵬同案，台北市工作委員會案，被槍斃的謝桂林醫師的胞弟），在 5 月 17 日進入新生訓導處，旋即於 7 月初因肝病去世，成為第一位在新生訓導處失去性命的受難者。

胡鑫麟醫師領軍，召集蘇友鵬等所有醫師，首先集中所有受刑人家屬寄來
的藥品，加以統一保管與使用。緊接著，想辦法請家屬寄來簡單的醫療器
具與藥物，譬如聽診器、手電筒、消炎片、止痛藥、紗布、紅藥水等醫療
用品，總算可以治療、處理一些基本的小病，然後再逐步擴大，增加其他
的醫療設備，部份器具是由他們幾個醫師畫出圖面，請其他的新生協助克
難製作。大約在他們進入綠島新生訓導處的第二年開始，克難的醫療所終
於開始正式運作，不但診療處理一般的疾病及外傷，更擴展到成立近二、
三十床的病房，可以動手術，也能夠為婦女接生，新生訓導處醫療所宛然
成為一家正式的綜合醫院。新生訓導處的醫療所，解決了在當地離島偏鄉
的醫療匱乏問題，在資源貧乏環境艱困的情況下，用最克難的方式發展醫
療系統，更創下火燒島醫療史上最輝煌的時代。

　　以台大眼科主任胡鑫麟醫師（台北市工作委員會案）主導的醫療團
隊，成員如下：外科林恩魁醫師（涉台灣學生工作委員會案）、婦產科王
荊樹醫師（涉基隆市工委會案）、內科呂水閣醫師（涉台灣省工委會台南
市工作委員會支會鄭海樹等人案）、小兒科陳神傳醫師（涉中部地區南投
區委會洪麟兒等案）、同案的皮膚科胡寶珍醫師、耳鼻喉科蘇友鵬醫師、
牙科林輝記醫師（涉省工委案），另外有兩位日治時代的限地內科醫師 *4*
。這一群受到最好訓練，在台灣社會服務，造福大眾的菁英醫師，也是醫

4　限地內科醫師：日治時期總督府制定「台灣醫術規則」，規定欲在台灣執行醫療業務
　　者，未來需要具備有「醫術開業准狀」或「醫師准許證」。但由於台灣情形特殊，遂於
　　附則中規定，在山間僻遠地區，倘無該規則所規定具備資格者，亦得審查其技術，限制
　　以地域、期間，而暫准其執行醫療行為，此即為山地及偏遠地區之所謂「限地開業醫規
　　則」。日治初期「限地開業醫」係補充偏遠地區醫師不足之特殊情況，故「放任」教會
　　醫院訓練學徒，但禁止學徒在都市開業，只准在沒有正式醫師執業之鄉村開業，且每三
　　年需重新申報，並隨時可由正式醫師取代。1922 年台北醫學專門學校附設三年制特科，
　　於特科畢業並經當地官公立病院或日本赤十字社台灣支部病院實習者，得免考試，准許
　　限地執業，同年廢止限定開業醫規則。

學院的教授與講師，不但具備最高超的醫療水準，更在最艱困、沒有任何資源的環境下，一切從無到有，萬事自零開始，克難地開設了綠島新生訓導處醫療所，舉凡一般疾病、外科開刀、接生新生胎兒、胎死腹中手術等等，在這一群具備精良醫術的醫師手上，都無一不克服解決。

　　曾經有人戲稱，在新生訓導處唯一缺少的是精神科權威林宗義博士（二二八事件受難者林茂生博士之次子，開創台灣精神醫學的先鋒，後被聯合國世界衛生組織延攬至瑞士擔任精神心理醫學部門主管，筆者母親的堂兄），如果再增加了精神科，新生訓導處的醫療所堪稱完整的教學醫院。但非常遺憾，在火燒島新生訓導處的這一群台灣頂尖菁英醫師，原來應該是帶領台灣醫學界發展的先行者，卻被國民黨政府以「匪諜」、「叛亂」、「顛覆政府」等莫須有的罪名禁錮在火燒島，反而造就成立了一個媲美台大教學醫院等級的醫療所！也因此，有人戲謔地稱火燒島新生訓導處醫療所是「台灣大學醫學院附屬醫院綠島分院」！當年這個新生訓導處醫療所，創下綠島有史以來最完備輝煌的醫療體系，當新生訓導處裁撤後，一直到今日，綠島除了公立的衛生所，配置兩名醫師（一般科及牙科），另外有一家私人診所，再也沒有一個各科齊全的綜合醫院。至今，當地居民如果有重大疾病，只能後送回台東接受治療，今天綠島的當地居民，仍然念念不忘當年新生訓導處的醫療團隊，對於綠島的醫療貢獻！

　　話說回到那一群編制內的「軍醫官」，他們空有醫官之名卻完全一事無成，根本沒有處理任何疾病的醫療學識及能力，甚至於在手術房觀看（監視）「新生醫師」動外科手術，袖手旁觀倒也無所謂，但就在手術刀劃下皮膚，鮮血自傷口流出的那一剎那，竟然直接昏倒在地，不醒人事，後來離開手術房受不了開始嘔吐。在火燒島的醫療所中，最常做的外科手術是盲腸炎，盲腸炎發作必須立即開刀切除，當蘇友鵬他們幾個醫師在為病患進行手術時，編制的「醫官」最多只能站在旁邊袖手旁觀，「成事不

新生訓導處醫師群像，長髮者為編制軍
醫。

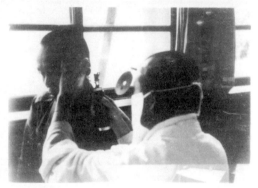

⬆⬇新生訓導處動手術。　　　　　　新生訓導處的門診。

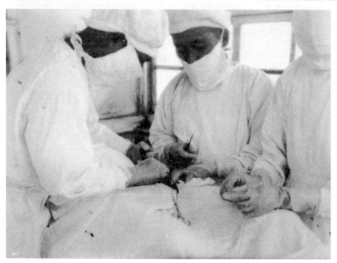

足、敗事有餘」是蘇友鵬對那些「醫官」的評語。

其實，沒有受過專業訓練的人，第一次在手術房突然看到傷口與大量出血，確實非常可能會有一些不適的反應，這絕對是無可厚非的；許多醫學院的學生在第一次上解剖課之後，也常因此產生不適感，總是經過一段時間習慣後就可以適應。但問題在於，怎麼可以把一個完全沒有受過訓練的「醫療素人」編制在如此專業的工作上，這可是不能開玩笑、人命關天的嚴肅工作呀！

火燒島因為地緣關係交通不便，醫療後送系統本來就是一個大問題，遇到重大疾病需要後送台灣台東處理，特別在冬季經常因為天候海象的影響，導致船隻無法航行，幸好有這一群醫師在新生訓導處，克服離島偏鄉的交通問題，可以直接在火燒島進行緊急醫療處理，避免因為交通問題延誤，化解了許多病患的危機。在 1950 年代新生訓導處的新生，最多的時候曾經有兩、三千人，加上管理的官兵與眷屬、綠島當地的居民，數千人的醫療照顧，完全落在新生訓導處的這一群原本是在台灣醫學領域救世濟人的醫師政治受難者身上，他們用雙手造福綠島需要醫療的病患的故事，至今仍然在綠島被懷念傳頌著。這　群新生醫師，請家人寄來簡單的醫療器材，請難友們協助製作醫療工具，成立了簡易的手術室，甚至於設置了約三十床的病房。在如此克難的方式下，造福了新生難友、管理之官兵，以及綠島當地的居民。甚至於官兵眷屬與綠島當地婦女之分娩，皆由這批新生醫師負責接生。

一般外科手術的執行，都是由最資深的胡鑫麟醫師領頭，實際負責執刀的是外科的林恩魁醫師，以及耳鼻喉科的蘇友鵬醫師等人。另外婦產科的王荊樹醫師、皮膚科的胡寶珍醫師也都在其專業領域進行診療處理。蘇友鵬回憶到，手術的後勤準備都由胡鑫麟醫師親自負責，胡鑫麟醫師就如同手術房護士長一般，在每一次的手術前後，負責將所有器械材料紗布的

消毒工作做好，雖然是一個克難醫療手術室，但負責執刀醫療的醫師絕對是當時台灣醫界一時之選。火燒島新生訓導處由於這一群身懷絕技的白袍人，眞的是創造了綠島空前絕後的奇蹟醫療紀錄。

　　一直到新生們被釋出離開綠島之後，綠島的許多居民都還懷念這一群曾經治療過他們的醫師。這一群醫師也確實在最艱難的環境之下，創造了一個醫療歷史的紀錄，絕對是完全空前絕後的偉大紀錄。稱呼火燒島新生訓導處的醫療所，爲台灣大學綠島新生訓導處迷你教學分院，絕對不爲過。此空前絕後的輝煌的歷史，至今仍然讓許多年長的綠島居民津津樂道！

新生訓導處大學、研究所

　　新生訓導處的新生，來自台灣社會的四面八方，不但人才濟濟，也多才多藝。蘇友鵬他們這一群新生，在日治時代接受日本人教育，對他們來說，除了台灣話之外，最爲熟悉的是日語。但來到火燒島新生訓導處，他們也有機會開始學習「國語」（北京話），因爲新生中還有一部份從中國各地方來台灣的中國人。因此，蘇友鵬他們在這裡有機會接觸「國語」，也開始被強迫使用國語。只是由於在新生訓導處裡面，蘇友鵬他們接觸到的國語是中國各地方口音的國語，因此這個「國語」自然就參雜著中國各地的口音。同是政治受難者的蔡焜霖先生（因爲在高中應老師之邀參加讀書會，莫名其妙被逮捕，以牽涉台北電信支部案判刑十年，與蘇友鵬同一天登陸火燒島，也是第一期新生）就曾經苦笑地說：「現在的環境讓我不得不使用『國語』和孫女交談，我的孫女常笑我說，阿公的『國語』不標準，她不知道我的『國語』是在綠島新生訓導處大學學習的，自然『國語』中就夾帶著許多中國各地方不同的口音……」

蔡焜霖前輩接受筆者訪問。

　　蘇友鵬就在這樣子的環境下，也學習了摻雜著中國不同地方口音的「國語」。這仍舊是時代的悲劇！台灣在經歷不同的時代改變，每一次面對不同的殖民者，總是被迫學習使用新殖民者的語言。蘇友鵬在日治時期，被強迫學習日語，換了一個「祖國」，再次被強迫學習另外一個「國語」；這一次，在祖國偉大的國民黨中華文化中，台灣話被認定是「方言」，使用台語的人，被認爲是不入流的賤民。

　　除了「國語」的故事，新生訓導處確實是人才濟濟。新生剛抵達綠島的年代，綠島的居民主要以捕魚養鹿爲生，由於帶鹽海風的影響，田地只能種植花生與蕃薯，一下子湧入千人以上的新生，一切糧食都要靠從台灣運送，天候影響又決定了船隻的航行，新生在不得已的狀況下，只能努力克服綠島大自然的環境，開墾了農田種植蔬菜、養殖家畜，不但可

以供應新生自己的需求，還可以與綠島居民交換漁獲。因爲有建築專家與
工人，可以引水蓋水壩，供應新生的生活用水，也灌漑滋潤了農田；更可
以蓋營舍、築「萬里長城」圍牆來禁錮自己，建造游泳池、操場方便舉辦
運動會，搭建司令台做爲集會用，甚至還協助綠島進行道路整建鋪設。新
生裡有許多學校的教師與學者，指導協助綠島居民的子弟課業，曾經在初
中（現在的國中，當時國民基本教育只有小學，初中必須經過考試錄取才
能就讀）的入學考試中，取得非常好的成績。因爲有音樂人，可以改編樂
曲、組織康樂隊，不但可以娛樂新生，也爲火燒島的居民演出，更成爲在
各界長官、美國大使訪問新生訓導處時，國民黨獨裁政權的宣傳樣板。女
生分隊組成的戲劇班、蔡瑞月老師的舞蹈班，在男性爲多的新生訓導處裡
面，可謂「萬綠叢中一點紅」，她們提供的娛樂性表演活動，一直是大家

女生分隊。（翻攝自綠島人權園區展場）

新生訓導處與當地居民互動交流。（翻攝自綠島人權園區展場）

當年綠島隨處可見的反共標語。

注目的焦點。不過女生分隊在 1954 年裁撤，所有女生被遣返回台北之後，新生訓導處成爲純男性的天地。歌仔戲班則是綠島居民最念念不忘的，每逢新年及重要節慶，這一群歌仔戲班一定成爲火燒島街頭，居民最期盼的野台表演，新生訓導處與當地居民的互動後來相當頻繁。還有，目前在綠島仍隨處可以看到醒目亮眼的反共標語，都是新生中的美術老師、學生在豔陽下揮汗，一筆一劃的傑作。

在此想要分享幾個難友同學（在監獄中新生們彼此之間以同學相稱）的故事。

首先，想要回憶兩個人，分別是陳孟和前輩與歐陽文前輩，透過他們兩個人手上的相機，記錄了新生訓導處的活動與生活點滴。一開始會有照相記錄的唯一原因是：管理當局（應該是更高層屬意）希望藉由記錄新生的生活點滴來做爲政治宣傳。陳孟和前輩被羅織「參加左傾學術研討會」的罪名，成爲新訓導處的新生。由於陳孟和前輩原來就是專攻美術的學生，家庭又開設照相館，不但具備攝影器材也精通攝影技巧。在管理當局計畫拍攝新生的生活點滴做爲政治宣傳時，就指派陳孟和前輩負責此工作。沒想到這些原本要做爲政治宣傳的照片，到今天反而成爲當初蔣介石國民黨獨裁政權的證據，也讓沒有經歷白色恐怖的年輕世代，看到了台灣過去可怕的白色恐怖歷史的一頁。

多才多藝的陳孟和前輩，除了用相機記錄了新生的生活點滴以外，還利用手邊可以取得的廢棄材料製作小提琴，小提琴的製作是依照蘇友鵬的琴做範本，使用廢棄漁船的楓木甲板削薄做上下響板；側部取用倒塌營舍之檜木窗板以沸水煮軟入模成型；琴頸與琴弓則是利用鋤頭之硬木柄製作；其他板件請營區木工部之難友製作提供。E 弦與 A 弦從廢棄的鋼纜當中抽取；D 弦和 G 弦則自製器具從纏繞收音機線圈之銅線取得。弓毛則是使用林投樹的樹根來製作。琴身最後再油漆層層塗抹上去。至於蘇友鵬這

支小提琴，則是高他一屆的學長——
林本仁醫師將他遺留在宿舍的小提琴
寄到綠島新生訓導處而來。後來克難
地製造出數十把小提琴，也製作了上
百支吉他，提供給康樂隊使用。

　　晚年的陳孟和前輩全力協助綠島
人權園區的場景製作，2002 年以顫抖
的手，靠著記憶用油彩畫出當年綠島
新生訓導處的營區全景。綠島人權園
區也遺留著當年陳孟和前輩開設的照
相館，雖然已經破舊不堪，但是可以
感受到當年新生訓導處的點點滴滴。
照相館還裝置了陳孟和前輩手繪設計

陳孟和前輩親手為外甥女製作的小提琴。

陳孟和前輩手繪綠島新生訓導處油畫。

新生福利社，照相館在內部。

攝影機木架。

日光燈光兩用底片印相器。

圖，由木工專長的新生製作的照相機架，以及日光燈光兩用底片印相器。

　　同時，陳孟和前輩憑藉驚異的記憶力，親手繪製許多的素描與畫作，留下讓未曾經歷的人得以一窺那個悲慘時代的景象[5]。陳孟和前輩晚年非

5　本書封裡的圖片「死亡行軍」（陳孟和前輩稱為「起解」），也是陳孟和前輩親手繪製的素描，特別感謝陳孟和前輩以及陳孟和前輩的公子陳柏均先生的鼎力相助，國家人權博物館提供圖片電子檔案授權本書使用。

常關注人權發展，長期協助人權博物館製作當年的相關設備，復原當年的相關情景，全力協助人權文化園區各展場的規劃展示。

　　歐陽文前輩曾經師事二二八事件受難者陳澄波先生學習繪畫。當初在被捕未移送綠島之前，曾無緣無故被押解到國防醫學院當醫學解剖實驗對象，在沒有麻醉的情形下被抓上手術台，直接被劃破肚皮割除盲腸，手術之後也沒有施以任何止痛劑，幸虧運氣好才得以保住珍貴的性命。在綠島新生訓導處的歐陽文前輩，被要求用相機負責拍攝長官和國外貴賓訪視綠島。有一次，時任國防部總政戰主任的蔣經國巡視新生訓導處，歐陽文前輩被指派為專任攝影師，以讓總政戰主任離島時就能拿到照片的理由說服某政治處人員，准許建立簡易暗房。事後，歐陽文被稱讚為「克難英雄」，而該名政治處人員第二年竟獲選「國軍克難英雄」。歐陽文前輩利用攝影長官之時，藉機拍攝許多島上的人文風情，為 1940、1950 年代的火燒島留下許多珍貴的歷史鏡頭；同時更為研究歷史的學者提供研究佐證的影像。日後，歐陽文前輩在受訪時曾經提到：「剛到綠島時看到當地的男女民眾幾乎都是赤裸上身……，留下的相片或許在一百年、兩百年後可以成為人類學家、歷史學家研究的參考。」

　　胡鑫麟醫師是台灣眼科醫學權威專家，曾經為台大傅斯年校長治療眼疾，令傅斯年校長非常驚訝他的醫學判斷，也深感其人格崇高。胡鑫麟醫師在 1946 年就曾因為看診病患插隊問題，得罪當時警備總部的參謀長王民寧少將，與另一位台大眼科的王姓醫師被以「侮辱軍人」的理由逮捕入黑獄數日，當時傅校長即極力協助脫困。在綠島新生訓導處，胡醫師一肩扛起帶領新生醫療所的重任，除了造福許多人之外，還利用時間設計製作吉他提供康樂隊使用。他甚至在綠島的星空下觀察星象，親手繪製星象圖，此星象圖之精密程度令人讚嘆。胡乃元先生（國際知名小提琴家，胡鑫麟醫師的兒子）曾經回憶那張星象圖說到：「家父在我很小的時候，送給我

胡鑫麟醫師手繪星象圖。（胡乃元提供，台灣
游藝數位複製）

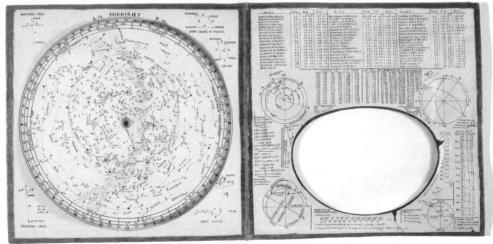

一張『星象圖』，那是他在綠島時自己親筆繪製的，那時候我年紀太小，
很好奇父親怎麼可以把它做得那麼細密。我把它珍藏起來。記得，家父送
我的當時半開玩笑地說，做這個星象圖是為了萬一能划船逃離綠島的話，
至少不會在太平洋裡迷失。有星象圖，就能找到台灣的方向。」本次承蒙
胡乃元先生快諾，取得星象圖。

胡鑫麟醫師編輯出版的台灣話字典。

　　胡鑫麟醫師在被釋放後回家鄉台南開診所，仍然不斷受到警察和特務的騷擾。後來有機會逃離台灣，旅居日本的時候，在醫治病患的閒暇中，用卡片一張一張地編輯成兩本台灣話的字典──《實用台語小字典》與《分類台語小辭典》。胡鑫麟醫師認為必須用母語來復興台灣文化，完成台灣獨立的終極目標。兩本字典中，優美的母語拼音及精準的漢字，成為研究台灣話的重要教材。這兩本已經絕版的字典一直到今天，仍擺放在蘇友鵬私人診間的書桌上，已經略微破損的表皮，可以看出經常使用的痕跡。

　　蔡焜霖前輩，1930 年出生於台中清水，就讀於台中一中時經老師介紹參加讀書會，後無端被牽連逮捕，偵訊期間被電擊刑求，後被依「台北電信支案」判處有期徒刑十年，與蘇友鵬同一天登陸火燒島，也是第一期

「新生」。出獄返回台灣後考上台北師範，卻因其叛亂前科而無法就讀。後來創辦《王子》雜誌，鼎力資助台東紅葉少棒取得全國冠軍，並擊敗來訪的世界冠軍日本隊，開啓台灣棒球之輝煌時代。於任國華廣告副董事長後退休。目前積極協助人權博物館之外語導覽，全心投入關懷台灣人權發展。有紳士氣質的蔡焜霖前輩，對於目前台灣轉型正義的執行非常不滿！數次在與筆者談話時，對於歷史事實眞相沒有公布，責任歸屬無法釐清，只有受害者，沒有加害者的情況，激動地全身發抖，甚至於流淚控訴！

這些年事已高的受難者共同的心願，一個卑微的盼望，就是期待台灣早日完成轉型正義，還原歷史事實眞相，釐清責任歸屬！

一人一事良心救國運動（獄中再叛亂案）

1953 年春，一個在中國被選出的國大代表齊維誠（在一中隊，屬於未被判刑僅需接受感訓的新生），不知道是爲求表現或是其他原因，藉著呼應在韓戰期間被聯軍擄獲大約有一萬四千餘名中共士兵戰俘，在手臂上刺青「殺朱拔毛，誓死滅共」的活動（稱爲「一萬四千名反共義士」之事），而在新生訓導處發起「一人一事良心救國運動」，要新生們「自發」地學習模仿韓戰戰俘在身體刺青「反共抗俄」、「殺朱拔毛」等宣傳標語文字，並要求新生寫血書來表示全力擁戴政府。但這個活動本身無法受到新生支持，因爲對於蘇友鵬等新生來說，韓戰距離實在太遙遠，多數人根本沒有意願在自己的身體皮膚上刺青；另外一群「外省人」新生則擔心參與此宣傳活動，極有可能會讓留在中國大陸的親人遭到迫害。想當然的，針對這個荒唐的活動，絕大多數的新生都抱持著非常消極的態度，結果並沒有達到預期踴躍的成果，最後整個活動以失敗告終。

但是，一人一事良心救國運動之失敗，也同時埋下另一個整肅行動的

導火線，亦即在次年發生的「綠島再叛亂案」。有超過十數位新生後來被槍決，另外也有許多人因為此事，在刑期結束後被延長感化教育時間。

　　當局以政治犯「消極方式阻礙該處業務」為由，構陷綠島在訓再叛亂案。根據1955年7月10日吳聲達等判決書檔案所記載：「四十二年春在本部新生訓導處共謀，以消極方法阻礙該處執行業務，當該處舉行一人一事良心救國運動時，一致拒絕參加。嗣於解押保安處看守所時，又團結研究匪幫謬論，意圖發展禍國方法，並於四十二年十月一日『匪幫國慶日』舉行加菜，及互相檢討批評暨研究匪幫理論，為紀念禮物等情。既訊據該被告等一致否認，且據新生訓導處查明：『一人一事良心救國運動係新生發起，經該處宣布可自由參加，並非強行規定及本部保安處並未查獲』。」該案於1955年7月26日第一個槍決陳華；1956年1月7日槍決楊慕容；1956年1月13日槍決吳聲達、張樹旺、楊俊隆、宋盛淼、許學進、崔乃彬、蔡柄紅、傅如芝、游飛、陳南昌、高木榮、吳作樞。（以上節錄自《流麻溝十五號：綠島女生分隊及其他》一書）

　　從這個運動可以看出，管理當局為了自身利益，以及為求巴結上級取得個人仕途的榮華富貴，刻意拍上級馬屁，假借「自發」名義要求新生在自己的身體上刺青。從整個事情的最後發展，不能排除管理當局想利用這個活動來彰顯思想感化教育之成功，同時用來摧殘這一群政治犯的心志及身體。如此蠻橫自私的行為，只有在蔣介石父子及國民黨的獨裁專制威權下，才會發生如此荒謬的事情。也可能是因為上級要求訂定「業務目標」，為了達成此目標，就藉所謂的「志願」、「自發」的方式來執行。猶記得當年兵役中有所謂的義務役「第一特種兵」，一般服兵役是兩年，抽籤抽到「第一特種兵」的籤，則必須「志願」增加一年，服三年的兵役，完全如出一轍的手法，就是以強迫「志願」的方式，達到政策。

生活點滴：康樂隊

　　蘇友鵬在綠島新生訓導處待了九年的時間，除了政治課程之外，當然最重要的是在醫療所看診，每天都有病患必須診療，甚至於需要動手術來解決問題。除此之外，活潑的蘇友鵬也參加了康樂隊。從中學時代開始接觸了古典音樂的蘇友鵬，經過大學預科、到大學畢業就業，差不多學習了七年的小提琴，除了本身的熱愛，也曾經被台灣聲樂家呂赫若先生稱讚應該棄醫學音樂。蘇友鵬抵達綠島新生訓導處之後，拜託早他一屆的學長，同樣在台大醫院服務的林本仁醫師把他遺留在醫院宿舍的小提琴寄過來，重新開始享受小提琴優美的琴音。同時，陳孟和則利用蘇友鵬的小提琴做為樣本，運用在火燒島當地取得的材料，克難複製了小提琴，供給康樂隊使用。

　　一開始，音樂老師林義旭先組成「合唱團」，在沒有任何伴奏的情形下，設法改編舒伯特的小夜曲，利用人聲和聲「A-CAPPELLA」來伴奏演唱，結果合唱團真的就在這樣子的情況下成立。緊接著在取得一些樂器之後，再成立康樂隊。熱愛音樂，可以拉一手好小提琴，又具備美麗歌喉的蘇友鵬，自然成為康樂隊主要成員之一。管理當局會組織這樣的團體，當然是為了舒緩新生們被禁錮在荒島上的苦悶心情，藉由這樣子的表演及團體活動，轉移新生們思鄉之情，降低發生問題的機率。另外一個非常重要的目的，則是對外界宣傳台灣的「注重人權」，在外賓（政府高官、外國使節、媒體）來參觀時，可以藉機宣傳新生訓導處的人權，以及政府關心新生的「德政」。不要忘記，蔣介石、蔣經國父子以及國民黨專制政權，一再對國際宣稱「中華民國」是沒有政治犯，只有需要管訓的頑劣份子，而且政府非常重視這群人的「人權」。就在如此情況下，蘇友鵬成為康樂隊重要活躍的成員之一，不但在康樂隊擔任小提琴手，也是表演獨唱的男

蘇友鵬在新生訓導處的晚會上獨唱。

高音。

1957 年，美國駐「華」大使藍欽訪問綠島新生訓導處，新生康樂隊還為了此事，在幾個月前開始費心準備，蘇友鵬不但在樂團拉小提琴，也演出了獨唱。當時蔣介石、蔣經國父子以及這些刻意安排的活動，主要都是為了要向全世界做宣傳。宣傳「中華民國」在台灣沒有迫害人權、沒有「政治犯」、沒有「思想犯」，只有「叛亂份子」、「匪諜」以及「共產黨」！

問題是，「人權」的定義，是因為被視為人，如果沒有被認定是「人」，何來「人權」？

荒島上的小確幸

火燒島（現稱為綠島），曾經是惡名昭彰的監獄島。新生訓導處位於島嶼的西北側，依山靠海，不談它的功能是一座重勞動集中營，地理環境確實是非常美麗。

火燒島與台東最近距離相隔 18 海里，是一個珊瑚礁形成的島嶼，也由

於其特殊的地理環境，新生訓導
處這個思想改造勞動集中營，除
了清晨的早點名及晚間熄燈前之
營舍關閉前晚點名外，白天對於
新生的管理相對不是非常嚴格。
當然一個非常重要的理由是，位
處於四面環海的孤島，在交通非
常不便的 1950 年代，管理當局並
不擔心新生有逃亡之虞。

海邊游泳戲水。

　　新生每天上午在結束政治課
之後，吃完午餐到下午的勞動開
始前，有一段午休時間。這段時
間成為喜愛游泳的蘇友鵬在新生
訓導處的小確幸。蘇友鵬經常利
用這短暫的時間，前往新生訓導處旁邊的海灘游泳戲水。蘇友鵬從小就喜
愛游泳，台南二中時代在暑假期間與好友經常去嘉南大圳游泳，同時在好
友林耿清家裡接觸了古典音樂。在火燒島這個四面環海的孤島集中營，終
於可以利用午休時間去海邊游泳，是一個抒解釋放身心壓力的機會，畢竟
長期被監禁在這個與世隔絕的荒島上，心情的鬱悶是無法避免的。游泳也
成為蘇友鵬終身的習慣，直到他晚年依然固定每週三次的游泳，成為生活
中的日課，從未間斷。

　　「鬼が島」（現改稱為樓門島）是在牛頭山東北角海面約三百多公尺
處的一個珊瑚礁岩。蘇友鵬與幾個也喜愛游泳的難友曾利用午休時間跨海
游泳過去，他們幾個人花了近一個小時游過去探險，但礁岩上只有許多的
海鳥糞便，蘇友鵬他們稍事休息後立即再折返。這在當時可是一件非常冒

新生利用于邊材
料自製蛙鏡。

險的事情，如果被管理人員發現，硬要扣上逃亡的大帽子，蘇友鵬他們眞
的是百口難辯。但也因爲這個小確幸，讓蘇友鵬在火燒島這裡發洩情緒，
減輕些許隱藏在心裡的鬱悶。

　　另外，與蘇友鵬同隊的楊國宇前輩也回憶到，在火燒島新生訓導處
時，蘇友鵬偶爾會帶他到海邊，利用自製的蛙鏡與橡皮筋箭，潛入沿岸附
近的海底尋找魚和海膽，可惜魚都太小，倒是經常可以捕獲到海膽。他們
會先用咾咕石敲斷刺鬚，然後再敲開海膽，對於長期飲食條件不足的他們
來說，混著鹹海水的生海膽，眞的是人間美味！一直到今天，楊國宇前輩
仍然非常懷念那取自蔚藍大海的鮮美味道。至於蛙鏡的製作是取火燒島當
地一種非常柔軟的白水木，依每個人的臉型打造鏡框，鏡片則是到海邊撿
拾玻璃回來慢慢研磨而成。

第 **4** 章
返回台灣社會

釋放

　　自從被逮捕後歷經十年，第一年輾轉監禁在台北各處的看守所，然後在火燒島的新生訓導處這個集中營待了九年的歲月，1960 年 5 月 13 日，蘇友鵬終於服完刑期被釋放，他和同案件的胡鑫麟醫師、胡寶珍醫師一起搭上綠島返回台灣的船隻，再次踏上台灣的土地。

　　在蘇友鵬被釋放之前，新生訓導處已經針對他發了許多公文，除了往上呈報刑期即將結束，更提供在訓導處九年間的所有思想考核表，確定已經感訓成功可以釋放。其中一份新生訓導處的調查表當中，關於蘇友鵬在新生訓導處的感訓成果，內容抄錄如下：「教化心得：深信，唯有徹底實行三民主義，國家，民族，個人才有光明的前途。並信，唯有服從最高領袖，三民主義才能實現，反攻復國才有光明的保證。」從此份文件，不也可以看出整個所謂的感化教育內容是如何空洞與荒謬？九年的感化教育，竟然是在做個人崇拜的洗腦教育。

　　如此大費周章的釋放手續，是表示政府重視受刑人？亦或是政府機關必須證明自己的工作繁複？離開火燒島新生訓導處之前，蘇友鵬還獲頒一張獎

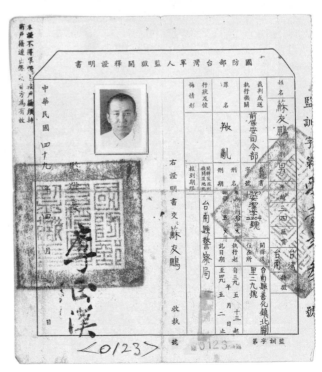

釋放證明書。

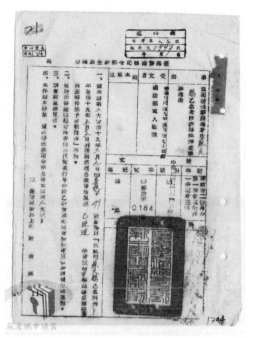

新生訓導處呈報刑期結束，准予釋放之公文。

參謀總長彭孟緝簽核准予開立釋放文件。

新生訓導處的獎狀。

狀，這張獎狀是由新生訓導處唐湯銘處長頒發，內容是感謝蘇友鵬在新生訓導處「受訓」期間，協助醫療工作。

胡鑫麟醫師的夫人李碧珠女士來台東迎接他們，大家一起在台東吃飯，共享自由的第一餐。接著，蘇友鵬搭上台東往高雄的公車，前往探視在高雄市鹽埕區衛生所擔任助產士的母親蘇陳蕊女士。經過漫長的十年時間，終於母子得以再次見面。蘇友鵬曾經說，能夠在滿十年徒刑之後準時被釋放，其實非常「幸運」！在那個荒謬的時代，有許多政治受難者在服完徒刑之後，會被管理當局找理由延遲釋放，甚至還以「思想教育未完成」之類的無稽理由再延長徒刑，增加數年不等的再感訓。

不過，雖然可以順利被釋放，但在辦理釋放手續的過程當中，所有的受難者都必須再次面對國民黨政權的刁難違法規定，就是每個即將被釋放的受難者在刑期結束時，都必須自行尋找兩個連帶保證人，其中之一還必須是店保，也就是必須有財務保證。取得保證人簽名蓋章的保證書之後，才能申請被釋放──也就是說，如果找不到保證人，就無法辦理申請釋放的手續。所以，也有許多的受難者因為找不到連帶保證人來作保，而被延誤釋放的時間。不要忘記，對於許多家破人亡或單身的受難者，甚至於隻身前來台灣的中國出身受難者而言，要找到兩個連帶保證人簡直比登天還難，這也就表示釋放的時間就被如此惡意延誤，甚至無法被釋放。這種釋放手續上的連帶保證人制度真的是非常可惡！由於台灣社會已經是籠罩在恐怖肅殺氣氛下，除非是非常特別的關係，一般人皆擔心自己被政府盯上，誰願意找自己麻煩惹來一身腥？因此，為政治犯做連帶保證這種事情，一般人一定是避之唯恐不及，結果是政治犯因為找不到保證人，導致被延誤釋放的時間，此連帶保證人制度，完全只是政府刁難服滿刑期的政治犯的手段。當然，藉由此連帶保證人之實施，可以了解更多政治犯的人際關係，不但增加更多的管控對象，更進一步製造社會對於專制政府之恐

懼，無奈地服從，達到恐怖統治的目的。

　　蘇友鵬當然也沒有例外，在結束新生訓導處之刑期時，首先必須先尋找兩個保證人來做擔保，同時其中之一必須是店鋪保人，也就是具備財產證明，取得保證書之後蘇友鵬才順利完成申請釋放的手續。關於這一點，蘇友鵬非常幸運，他父親的弟弟，亦即蘇友鵬的十叔蘇坤輝願意成為連帶保證人中的店保人。蘇友鵬終於得以在服滿十年苦牢後被釋放，順利地離開被監禁了近九年的火燒島新生訓導處這個思想改造集中營。

　　在釋放的前一天，蘇友鵬被叫到政治指導員的房間，在指導員的監督下，他被要求另外進行宣誓。宣誓的內容主要是兩個項目，第一，從被逮捕到羈押在保密局及其他看守所，在火燒島新生訓導處的所有生活與情形，絕對不可以對任何人洩漏。第二，釋放之後不可以參與任何不法集會，或任何叛亂組織。如有違反宣誓內容，願意接受最嚴屬罪行（換言之就是死刑）的處罰，口頭宣誓完，還要簽署宣誓書。這個宣誓動作由負責監控新生的政治指導員親自監督執行，所有即將被釋放的新生都必須進行這個宣誓儀式，無人可以僥倖避免。可以看出，即使是結束刑期，政府仍舊不忘以恐嚇的方式，給予這一群新生壓力。

　　高雄，對於蘇友鵬而言，是幾乎比故鄉善化更熟悉的地方，他在大學時代的寒暑假，就幾乎都在這裡度過。自從蘇友鵬離開家鄉北上至台北帝大預科求學後，每逢寒暑假，蘇友鵬都會返回高雄探望五舅陳水鏡醫師，五舅在蘇友鵬到台北就讀時，不間斷地在經濟上協助蘇友鵬。蘇友鵬從火燒島新生訓導處被釋放時，他的母親蘇陳蕊女士，在高雄市的鹽埕區衛生所擔任助產師。父親蘇火種則是離開凡世，在台南市的法華寺吃齋唸佛帶髮修行。高雄往南的屏東市則住著表姨龔鄭梅及表姨丈龔奇楠醫師兩夫妻及家庭。蘇友鵬大學時代寒暑假返鄉期間，跟隨他一起頑皮搗蛋的表弟龔伯文，現在也已經順利從台灣大學畢業，回到屏東工作，也結婚生子。

最寵愛蘇友鵬的姑婆鄭陳鑾女士，以前就經常往返於台南與屏東之間，探視她剛出生不久、白胖可愛的小曾孫。如今鄭陳鑾女士看到蘇友鵬能夠回來，當然是非常高興，三番兩次親手煮好吃的東西給蘇友鵬吃。只是非常遺憾的是，鄭陳鑾女士在蘇友鵬回來的隔年一月過世，當時蘇友鵬又剛進入台北鐵路醫院上班，沒有能送親愛的姑婆最後一程，此事令感情豐富的蘇友鵬終身遺憾不已。從高雄到母親的家鄉台南，以及自己的家鄉善化也都只是一個多小時的車程。蘇友鵬的父親蘇火種先生，一直就待在台南市的法華寺裡，蘇友鵬當然也前去探視父親，報告自己已經從火燒島被釋放返回台灣。蘇友鵬被逮捕羈押在軍法處看守所時，蘇火種先生曾經去探視過他。後來蘇友鵬被判決十年並移送到火燒島後，蘇火種先生隨即進入法華寺，那漫長的九年歲月，只能心繫未再見面。親屬之間對於蘇友鵬的遭遇，當然是感到遺憾。對於能夠被釋放回來，也以最溫暖的方式來歡迎。只是，恐怖的陰影並未隨釋放解消，大家都非常清楚蔣介石父子與國民黨專制獨裁政權之邪惡，台灣社會各處都充斥著「抓耙仔」，無時無刻伸出隱藏的天線，隨時隨地都在監視偷聽大家的一舉一動。親友之間只能低調地為蘇友鵬洗塵，歡迎他能夠撿回一命返回社會。

在高雄，蘇友鵬與母親蘇陳蕊女士共同享受了一段母子溫馨親情的時間。畢竟，蘇友鵬自公學校畢業後，前往台南市的第二中學就讀，接著又北上求學，母子相聚的時間實在不多。緊接著醫學院畢業不到一年就被逮捕，後又移送綠島新生訓導處。對蘇友鵬母子兩人來說，被關的十年光陰絕對是非常漫長而且難熬的時間。除了享受親情外，同時蘇友鵬也必須要重新整理思緒，考慮接下來要如何返回社會。就業工作是非常現實的問題，畢竟，返回台大醫院上班是已經絕對不可能再實現的夢想。想要到一般的醫院或是診所上班，則要面臨一個人家願不願意雇用一個政治犯的現實問題，軍戒嚴令在台灣實施已經超過十年，整個社會可以說是風聲鶴

唉，一般人都怕惹禍上身，不願意雇用。至於要自己開業，則必須籌措一筆資金，對於剛從火燒島回來的蘇友鵬而言，為了自己創業開設診所，還要向親人開口告借，實在不是自尊心可以接受的。

就在此時，蘇友鵬的學長兼指導老師杜詩綿醫師 *1* 捎來信息，杜醫師當時已經繼林天賜主任之後，接任台大醫院耳鼻喉科的主任。十年前蘇友鵬被逮捕時，杜醫師曾經非常擔心他經常跟蘇友鵬借書閱讀的事情被知曉而發生麻煩。可是蘇友鵬並未將此事公開。如今蘇友鵬已經服完徒刑返回社會，杜醫師認為蘇友鵬被關了十年，醫療的新知趨勢已經斷層，社會也起了相當人的變化，應該再次到台北了解醫療新知的演進，並且重新熟悉這十年的空白期間在耳鼻喉科醫療方面的進化。杜醫師非常積極地鼓勵蘇友鵬再次前往台大做一些研習磨練。

再次踏上傷心地台北

1960 年夏天，蘇友鵬經過深思熟慮後，接受了學長與指導老師，台大醫院耳鼻喉科主任杜詩綿醫師的建議，搭上前往台北的列車，再度踏入傷心地——台大醫院。杜主任在蘇友鵬返回台灣社會之後，一直鼓勵蘇友鵬應該回到台北，回到台大醫院，重新研習熟悉已經間斷十年的醫學新知及趨勢演化。台大醫院那一棟蘇友鵬非常熟悉的建築物（1921 年完工的一棟文藝復興風格之熱帶式美麗雄偉的歐式建築物，現台大總院西址大樓），

---

1 杜詩綿（1920-1989）出生於台北大稻埕，進入台北帝大醫學部就讀。醫學院畢業前選科別時，杜詩綿本來要投入內科的行列，但是卻受到耳鼻喉科上村親一郎教授青睞。上村教授跟杜詩綿說：「像你這麼優秀，應該做開創性的工作。內科雖然很熱門，但是我認為，耳鼻喉科才是未來的主流。」求才若渴的上村教授不只找杜詩綿會談，他還親自到杜詩綿家中拜訪，向家中的長輩表達希望能夠讓杜詩綿來耳鼻喉科。上村教授是台大耳鼻喉科的創科主任，他的熱情讓杜詩綿決定選擇耳鼻喉科做為一生執業的科別。（節錄自《民報》「仁醫心路」專欄）

這裡也是他與其他三個醫師，一起慘遭特務逮捕入獄的地方。

　　回到熟悉又陌生的耳鼻喉科診間，呼吸著相同的藥水味，適應曾經熟悉的醫療器械，也重新藉由觀察對病患的診療過程，了解整體醫療的進化演變。只是，那個年代台灣的醫療制度下，許多大型教學醫院裡的年輕醫師，在大醫院服務都只是研習醫術，除非是能夠佔有編制內員額，否則是沒有支領薪水的無給職。現實上，沒有薪水是無法生活。時值金門的八二三砲戰剛結束不久，台灣的兵役制度做了變動，所有的醫學院畢業生都必須先服兵役，許多醫院都有醫師荒的現實問題，因此蘇友鵬晚上有許多機會可以去各地的診所幫忙，成為打工的代診醫師，就這樣暫時解決了生活上的經濟困境。這在當年白色恐怖時期的台灣社會，可以說是非常幸運的例外情形，因為一般政治犯即使服完刑期釋放，回到社會之後，仍然會持續受到情治單位的特務及警察的監視，與不定期的騷擾。幾乎所有

台大總院西址大樓。

服完徒刑的政治受難者，在被釋放返回社會後尋找工作時，都因爲這些騷擾與監視，導致雇主感受到恐懼或不快，最後造成政治受難者失業。但由於蘇友鵬是專業醫師，以及現實社會對於醫師的需求，因此沒有受到太多的影響。也或許由於只是代診，所以相對沒有被特別嚴重「關心」與「騷擾」，才能夠暫時保有飯碗吧。

政治犯變成公務員

　　1960 年的冬天，幸運女神終於開始眷顧蘇友鵬。那一大，蘇友鵬去參加了追思懷念前台大耳鼻喉科主任兼台大醫學院教授林天賜醫師的同門會飯局。林大賜醫師生前是台大耳鼻喉科的主任醫師兼副院長，多年來培育了許多優秀的耳鼻喉科專科醫師，蘇友鵬過去也是林天賜教授的得意門生。晚宴席間，蘇友鵬巧遇台南二中的學長——台北帝大醫專畢業的楊蓮生 [2] 醫師。當時楊醫師服務於台北鐵路醫院（日治時期的台北鐵道醫院，成立於 1939 年，在戰後被接收改制爲台北鐵路醫院，後來併入署立台北醫院，改爲城中院區分院，現在已經廢院），擔任耳鼻喉科的主任，楊蓮生醫師從台南二中時代就熟識蘇友鵬，對於他求學時期的優異表現印象非常深刻，也清楚發生在蘇友鵬身上的悲慘苦難遭遇。楊醫師基於正義感與惜才的心情，遂邀請蘇友鵬前往台北鐵路醫院工作。但一開始事情並不順利，畢竟從一個「政治犯」到公務員實在不是簡單容易的事情。根據

2　楊蓮生（1924-2017）出生於高雄阿蓮，父親是橋仔頭製糖廠的員工。先進入阿蓮公學校就讀，三年級時插班轉入台南有名的末廣公學校，經州立台南二中後，進入台北帝國大學醫學專門部。畢業後進入台大第二附屬醫院（日本時代的日本赤十字病院，戰後改爲台大第二附屬醫院，再改爲省立台北醫院、台北市中興醫院，現爲台北市立醫院中興院區）。1950 年 5 月進入台北鐵路醫院。被譽爲台灣平衡神經學領航者、台灣暈眩之父。2017 年辭世。

楊蓮生醫師的《診療秘話六十年》自傳敍述：「……可是人事主任當場
拒絕，說政治犯進入公家機關後，每個月都要提報安全查核，簡直自找麻
煩……。這件事看起來簡單，但是在戒嚴時期則需要極大勇氣，否則一旦
出事可能受到連坐處分……」不過由於楊蓮生醫師義氣相挺，堅持努力不
懈，在他的用心協助下，蘇友鵬終於進入台北鐵路醫院的耳鼻喉科服務，
從中華民國的「叛亂犯」身份，正式成為「中華民國公務員」。

　　不過在蘇友鵬正式進入台灣鐵路管理局轄下的台北鐵路醫院服務，成
為公務員之前，其聘用過程還是面臨困難的小插曲，手續也非常繁複。首
先是台北鐵路醫院的人事單位極力反對，經過楊蓮生醫師的努力說服後，
終於不再堅持，但是辦理聘用人事手續時，蘇友鵬必須提供保證書，又要
有連帶保證人，而且需要三個。面對這個又要麻煩別人的困境，令蘇友鵬
感到非常困擾，幸好他一直以來開朗善良、正直、努力不懈的個性，都受

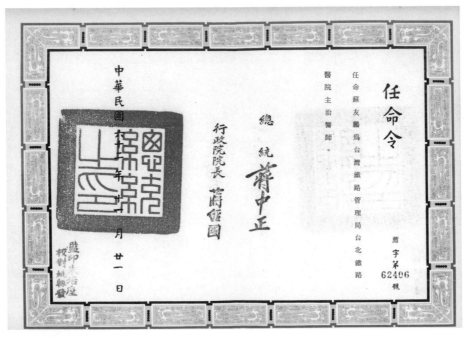

台北鐵路醫院醫師任命令。

到周遭人的讚賞，大家知道他需要協助，都義不容辭地願意全力幫忙。首先，在蘇友鵬被逮捕前，經常向蘇友鵬借書閱讀的學長，已經接任台大醫院耳鼻喉科主任的杜詩綿醫師，在這個關鍵的時刻立即伸出援手，成為第一個簽名蓋章的連帶保證人。同時，醫學院的學長，同樣身為難友的胡鑫麟醫師之妻舅李鎮源醫師 [3] 也伸出援手，為蘇友鵬作保證人。第三個連帶保證人則非常特別，是法務部調查局的法醫蕭道應醫師 [4]。蕭醫師為台灣屏東縣佳冬鄉客家人，是佳冬蕭家的後代，與許強醫師、李鎮源醫師同為日治時代台北帝國大學醫學部第一屆畢業生。畢業後曾前往中國參加對日戰爭，後來回到台灣，於戰後 1946 年進入出任台大醫學院法醫學科主任，二二八事件發生後對國民政府徹底失望，轉向追求社會主義路線。1951 年遭政府逮捕，1953 年申請自新獲准，出任台灣法務部調查局法醫。蕭醫師在醫學院時曾經指導過蘇友鵬，本身也經歷過被逮捕拘留兩年的慘痛經驗，因此非常樂意協助蘇友鵬重新返回社會。當時，蕭道應醫師已經成為調查局法醫部門的處長，蕭醫師同時也聘請楊蓮生醫師擔任調查局犯罪防治中心的顧問。有了如此強大陣容的連帶保證人，終於讓蘇友鵬順利完成手續，進入台北鐵路醫院的耳鼻喉科服務。也讓一個沒有經過「自新」的「叛亂犯」，服完徒刑之後成為「中華民國的公務員」。除了上述的連帶保證書，台北鐵路醫院的楊蓮生主任與耳鼻喉科周天一醫師，也以關係人

3　李鎮源（1915-2001），出生於台南廳楠梓坑支廳橋仔頭庄。1941 年從台北帝大醫學部畢業，與許強醫師同為第一屆畢業生。追隨杜聰明醫師從事藥理學研究。1970 年當選中央研究院院士，1972 年擔任台大醫學院院長。1990 年參加三月學運，1991 年擔任「一〇〇行動聯盟」反閱兵、廢惡法運動發起人。妹妹李碧珠女士為胡鑫麟醫師夫人。

4　蕭道應（1916-2002），台灣屏東縣佳冬鄉客家人，為佳冬蕭宅後人。台北高校、台北帝大醫學部畢業，年輕時富有反日思想，1940 年與有志青年鍾和鳴與蔣渭水女兒蔣碧玉等人前往中國參與抗日活動，1945 年返台。二二八之後受台大醫院同事影響加入省工委，1949 年《光明報》事件後開始逃亡，最後與陳福星一起躲藏於苗栗三義地區的魚藤坪基地。1952 年，與陳福星等人「自新」，自新後任職調查局，為台灣建立法醫體系先驅。1978 年從調查局退休，轉任法醫顧問直到 2002 年去世。

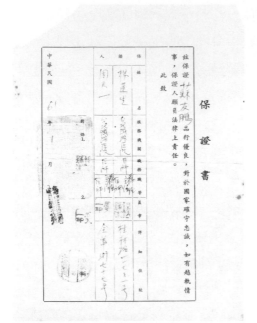

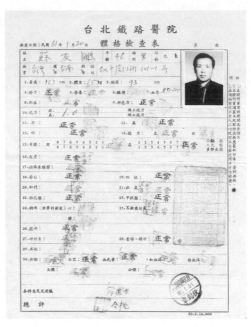

楊蓮生醫師與周天一醫師填具的連帶保證書。　　　台北鐵路醫院身體檢查表。

的方式填寫一份保證書，保證蘇友鵬絕不發生任何越軌情事。

台北鐵路醫院

　　台北鐵路醫院成立於 1939 年，在日治時代是台北鐵道病院，戰後改制為台北鐵路醫院，被規劃隸屬於台灣鐵路管理局，是台灣鐵路管理局總務課組織下的一個單位。1987年3月1日被移轉管轄，歸台灣省政府衛生處，合併到台灣省立醫院台北醫院（新莊），變成省立台北醫院的城中分院；1998 年台灣省凍省虛級化後，跟隨台灣省立台北醫院更改隸屬於衛生署台北醫院，更名為衛生署立台北醫院城中分院；最後又於 2013 年完全併入衛生福利部台北醫院，原城中分院廢除。從台北鐵路醫院在戰後的整體演變，可以看到台灣社會在醫療衛生方面的畸形走向：醫院捨棄特色化，朝

追求超大型化發展，導致一個曾經獨領風騷、在台灣耳鼻喉科醫療領域的先鋒，因為政治操作而一再被更換管理「殖民主」，在被利用殆盡之後，院區竟然變成一片荒蕪的建築物，甚至成為遊民聚集的廢墟！這對於從1960 年代致力於發展鐵路醫院耳鼻喉科的楊蓮生院長、蘇友鵬等開拓者來說，真的是情何以堪！

　　蘇友鵬進入醫院服務時，耳鼻喉科只有三、四個醫師，但是在大家同心協力之下，台北鐵路醫院成為台灣研究治療耳鼻喉科，特別是醫治耳疾症狀非常重要的醫院，成為公立醫院中首屈一指的耳鼻喉科權威重鎮與醫療先鋒。楊蓮生醫師在《診療秘話六十年》一書當中對於拓展鐵路醫院的耳鼻喉科醫療一事，有如下之敘述：「……周天一醫師、蘇友鵬醫師和我三人開啟了台北鐵路醫院發展的里程碑，我們先從鐵路員工噪音性職業傷害為主題進行研究，再參考日本醫學文獻，發表國內首篇論文，之後再衍

台北鐵路醫院舊址，目前變成廢墟。

生至重聽、耳鳴、眩暈等研究，終於成為台灣首屈一指的耳科重鎮，不但門庭若市，無給職住院醫師更多達十數人，創造鐵路醫院耳鼻喉科的輝煌時代長達三十年。」早期的台灣住院醫師是無給職，但是下班後晚上可以開設診所，因此維持基本生活並沒有什麼特別問題。台灣的社會在那個年代，住院醫師一般都是白天在大醫院繼續鑽研磨練醫術，晚上下班後在自家開業門診，這是台灣社會一個非常特殊的醫療體制現象。

台灣在 1980 年代南北高速公路完成之前，鐵路運輸一直是台灣重要的交通工具，台北鐵路醫院隸屬於台灣省鐵路局，並不是一個大型醫院，因此鐵路醫院也思考要如何發展自己的特色，在醫療領域中與其他大型醫院抗衡求生存。鐵路醫院長久以來服務的對象是鐵路局的員工，由於特殊的工作環境，鐵路局員工的職業傷害以耳朵問題較為普遍，因此耳鼻喉科成為鐵路醫院發展的重要科別。蘇友鵬等幾個耳鼻喉科醫師，也在楊蓮生主任的帶領下，逐步將鐵路醫院的耳鼻喉科發展成為領先台灣耳鼻喉科醫療的重鎮。

另外，由於鐵路醫院隸屬於鐵路局管轄，鐵路醫院在添購新的醫療設備上也比其他的公家醫院有利。一般的公立醫院必須撰寫計畫、編列預算，取得許可之後才能進行採購作業。但是鐵路醫院卻因為其特殊身份，透過鐵路局在車輛器材設備之採購中進行夾帶，少了許多礙手礙腳的繁瑣手續。雖然少了監督程序並不是非常好的方式，但卻成就了鐵路醫院的發展。由於台灣的鐵路本來就與日本國鐵（後分割民營化成為今日日本各區域的 JR）之間關係密切，許多的列車、相關設備器材、維修零組件，都是向日本國鐵採購進口，鐵路醫院本身也與日本的鐵道醫院緊密互動，經常同步分享許多最新醫療資訊。在這種情況下，鐵路醫院於是可以藉機利用台鐵進口相關鐵路設備的管道，夾帶許多最新的醫療儀器設備進來台灣。例如手術用顯微鏡、電氣手術刀、精密自動聽力檢查儀等醫療儀器，許多

在當時的台大或榮總都不容易取得的儀器設備，鐵路醫院就因爲其特殊的角色，早就捷足先登率先引進，成爲台灣獨一無二的特殊現象。台北鐵路醫院擁有最先進的醫療設備，完善的工作環境，以及楊蓮生醫師的帶領，在蘇友鵬等全體耳鼻喉科醫護及相關工作人員的共同努力之下，台北鐵路醫院發展成爲領導台灣醫界耳鼻喉科的重鎮。當然，在這個任務上，蘇友鵬是醫療團隊中非常重要的成員之一，更是楊蓮生醫師最信賴的左右手。

組織家庭

淒涼悲慘的愛情

　　蘇友鵬在醫學院就讀期間，曾經和一位賢淑的年輕女子交往數年，兩人已經論及婚嫁組織家庭，雙方家長也認同這段良緣，期望早日完成這件喜事。豈知，蘇友鵬 1949 年 6 月從醫學院畢業，進入台大醫院工作，隨即在不到一年的 1950 年 5 月 13 日被秘密逮捕拘留，不但行蹤成謎，音訊也全無。1950 年代的台灣，交通雖然已經有南北縱貫鐵路，各地之間的連結公路網也已經逐漸成型，但在通信方面，電話仍然是非常少數的高級品，一切只能依靠書信電報往來，報紙媒體也完全被政府操控。蘇友鵬被逮捕後，根本就如人間蒸發一般，他突然從日常生活中消失，周圍的人根本無法知道發生什麼事。如果不是當時就讀於台大醫學院的七舅陳海國寫信回家，根本沒有人知道發生這件事情。雖然被捕的半年後接獲十年徒刑的判決，可以開始寫信，但是蘇友鵬自己處在生死之間的不確定感，對於未來根本無法預測，要如何來和深愛的女友說明事情經過、討論未來？兩個已經論及婚嫁的男女朋友，心愛的男友如此突然音訊全無，女方簡直是每天以淚洗面，痛不欲生。

　　翌年 5 月，蘇友鵬被移送到火燒島的勞動集中營「新生訓導處」接受

管訓，面對漫長的十年的歲月，光陰被如此剝奪。善良的蘇友鵬在抵達火燒島之後，爲了不要讓心愛女友承受漫長且沒有目標的等待，寫信給女孩要求分手，堅決地請求女孩絕對不要等待！一定要把握青春，爲自己重新尋覓一個眞正幸福美滿的對象！兩個深愛對方的年輕情侶，原本已經要建立一個幸福美滿的家庭，一段美好的愛情，就這樣子被硬生生地拆散破壞！

蔣介石、蔣經國父子，以及國民黨這個專制獨裁政權，不只摧毀一個年輕有爲的青年醫師大好前途，也同時拆散一對恩愛的年輕情侶，惡劣地撕毀兩個年輕人的美夢。

政治犯的現實

蘇友鵬從 1950 年被捕，在火燒島關了九年，歷經十年的光陰終於返回社會，也成爲鐵路醫院的醫師、公務員，可以說是「單身貴族」。只是在那個年代，曾經被判處爲叛亂份子的受難者，不但返回社會之後不易尋找工作，也由於社會普遍性的擔憂與恐懼，非常容易受到排斥，想要結婚成家更是困難重重。首先，居住就是一個非常大的問題。當時戶籍管制非常嚴格，管區警員三天兩頭就可以來清查戶口，房東即使在不知情的狀況下將房子租給「政治犯」，管區警員三天兩頭前來「關心了解一下」，不但讓房客不勝其擾，更令房東心生恐懼，爲了避免麻煩，房東絕對不願意繼續出租房屋給叛亂犯。結果出了監獄後，政治犯反而面臨租不到房子、無處可居的困境，除非是家庭早有房產；新婚夫婦需要租房屋住宿，但是租屋何其容易呀！

政治犯在尋求工作時也會碰到相同的「關心」情況，許多的前輩難友好不容易找到工作，卻還是因爲管區員警、警總及調查局等情治單位特務之持續性的「關心」，而導致失去工作去職；即使自己開業，也是必須不

斷地面對這些如嗜血蒼蠅般的特務、管區員警的騷擾（蘇友鵬同案之學長胡鑫麟醫師返回台南開業，即不斷受到警總、調查局、管區警員的惡意騷擾，最後不得不選擇遠走日本）。幾乎所有的政治犯在釋放後返回社會都面臨相同的騷擾。如此的做法，根本就是斷人生路！幸好，蘇友鵬相對幸運，又是專業醫師，才得以在台北市各地的診所代診，最後並非常幸運能夠進入台北鐵路醫院服務。

政治犯想要成家則更是困難萬分，畢竟沒有一個好人家（普通正常的家庭）的女孩會願意和一個曾經被判處為叛亂犯的有前科人結婚。這是當時社會的氛圍，沒有對錯的問題。正常的家庭，正常的人，總是不會想要惹麻煩，白色恐怖最大的效果，就是讓人生活在恐懼之中！

政治犯與政治犯之女的婚姻

1961 年，蘇友鵬 35 歲。那一天，蘇友鵬的難友，曾經也是政治犯的劉明 [5] 前輩來鐵路醫院探訪蘇友鵬。劉明前輩本名為劉傳明，曾經是台灣的礦業鉅子，縱橫商場，個性急公好義、樂善好施、熱心公益，被羈押在看守所內看到一次又一次的清晨死亡點名，總是要求家人協助準備大量的純白襯衫到看守所，送給即將被槍斃的難友穿。劉明前輩一直強調，從台灣人身體流出來的純潔鮮血，一定要配上純白的襯衫承接才可以。劉明前輩與蘇友鵬同在軍法處看守所和北所，後來也在火燒島的新生訓導處接受思想改造管訓，因此劉明前輩與蘇友鵬兩個人幾乎是同時期成為看守所到火燒島的難友。在看守所時，劉明前輩被殘酷地刑求，雙腳被打到發黑幾

5　劉明先生在日治時代就開始經營金礦、煤礦而致富，事業有成之後更努力贊助文化、教育事業。出錢出力，協助朱朝陽先生等人創辦延平學院、開南中學。長期以來都非常熱心地贊助台灣文教事業的發展。戰後中國國民政府來台之後，有人覬覦劉明先生的財富，遂於1950年捏造「資匪」罪名判處十年有期徒刑。

乎無法行走，善良的蘇友鵬經常幫忙被刑求的劉明前輩，協助他在早晨能
夠離開牢房，外出放風盥洗，令劉明前輩難以忘懷。心存感激又急公好義
的劉明前輩，釋放返回台灣之後，非常熱心地希望能夠協助蘇友鵬早日成
家，一次又一次奔波，不厭其煩地爲蘇友鵬牽紅線，積極程度眞的可以用
三顧茅廬形容，劉明前輩的熱情眞正是善良典型的台灣人。

那些日子，劉明前輩三番兩次地前來找蘇友鵬，敦促鼓勵蘇友鵬早日
成家。後來劉明前輩介紹了同樣因爲冤獄，也曾經被關在綠島新生訓導處
的企業家——莊泗川先生[6]的女兒，莊娓英女士給蘇友鵬。

蘇友鵬接受了劉明先生的安排，前往相親。雙方在一家咖啡廳初次見
面，莊娓英女士是一個好人家的大家閨秀，受過很好的教育，赴約當天穿
戴非常得體；反之蘇友鵬則是非常隨性，只是身著樸素的休閒衣物。這個
初次的見面，令莊女士非常失望，雖然眼前這個好青年聽說是個受過非常
好教育，善良、努力上進的醫師，應該是社會的中堅份子，但是不重視服
裝外表的樣子，令莊女士對蘇友鵬沒有留下什麼特別好的印象，甚至有一
點失望。

不久之後，劉明先生又來找莊女士的父母親，表達蘇友鵬想要再邀
約莊女士見面的意思。莊女士經過初次的相親見面，其實內心有一點掙
扎，並沒有特別再與蘇友鵬見面的意願，但是由於父母親皆非常贊同，也

---

6 莊泗川先生（1905/1/17-2004/2/15），父親是馳名遐邇的漢醫。16歲遠赴中國留學，1937
年受日本軍方徵用派往漢口，接辦漢文《武漢報》總編輯。戰爭結束後，在期待返鄉的
喜悅中，被蔣介石政權以「第一號大漢奸」的污名扣留，因他在戰爭期間被日本國徵召
任命爲「武漢日報總編輯」，是國民黨政府「叛國親敵」黑名單上的榜首，所幸遇到一
位公允的法官，閱讀莊泗川的自訴狀後，無罪開釋返回台灣。戰後成爲首任第一屆對日
貿易代表，促進開拓台灣香蕉出口商機，還代理包辦外匯業務，甚至以民間身份代表台
糖參加國際投標，眞的是史無前例的事蹟。於1950年成立台灣首家味精公司（太平洋化
學公司，即津津味素公司的前身），遏止了日本壟斷台灣味精市場的行動。1952年被依
資助「叛徒」（林清海、簡吉）的罪名判決有期徒刑五年，同爲火燒島新生訓導處的新
生。

積極鼓勵她們見面。在不想違背父母親的情形下，莊女士只好答應，硬著頭皮前往第二次的約會。接下來，經過幾次心不甘情不願的約會之後，漸漸地，莊女士慢慢了解，蘇友鵬沒有任何不良嗜好，每天除了努力工作門診治療病患之外，空閒時間就是運動游泳健身、玩小提琴、喜歡唱莫札特的歌曲，年輕時代來台北唸書就參加教會的活動，是一個生活單純、非常踏實簡樸的年輕醫師。同時莊女士也知道蘇友鵬從小就很會唸書，求知慾強，喜歡閱讀，也遍讀許多書籍，是個成績一直名列前茅的才子。這個時候，莊女士已經開始不再特別在意蘇友鵬的樸實的外表打扮，反而被蘇友鵬的故事及才華所吸引。

莊女士當然也知道蘇友鵬在火燒島待過，如何經歷了十年苦牢的故事，如何熬過在偏遠火燒島新生訓導處這個勞動思想改造集中營的九年光陰。蘇友鵬非常正經地和莊女士敘述他的遭遇：「1950 年被國民政府指控參加叛亂組織，判決十年有期徒刑，第二年被移送到火燒島，有機會在新生訓導處成立克難醫務所，我與其他幾個醫師輪班照顧『新生』以及官兵的健康，醫治他們的傷痛，後來也有機會為火燒島當地的居民服務。很多病患在治癒恢復健康之後，都會心懷感激心情，甚至於會來跟我們道謝。『助人為快樂之本』，感謝上天給我機會在火燒島，能夠竭盡自己的能力與所學，照顧兩三千名官兵與新生的健康，治癒大家的病痛。那是我最大的收穫，光陰似箭，十年好像一轉眼就過了，很短暫，好像只花了一天的時間，能夠幫助那麼多需要幫助的人，真的是『十年如一日』，那是一段很愉快的回憶！」蘇友鵬的敘述令莊女士訝異，他的正向思考，徹底打動了她的心。原來，蘇友鵬不但聰明善良，更有著一顆在逆境卻能抱持開朗態度，積極面對的心。

不過，每一次兩個人的約會，還是透過介紹人劉明先生告訴莊女的父母親，再轉告莊女士。一段時間之後，蘇友鵬曾經詢問莊女士，兩個人是

否可以自行約會見面，不再透過介紹人和她父母親，繞一大圈的程序，但
是莊女士堅持依照原來的方式，仍舊透過熱心的劉明先生，穿梭連絡安排
下，進行每一次的約會。她從內心深處讚嘆蘇友鵬的善良與努力，更逐漸
了解他的才氣。終於，蘇友鵬與莊娓英女士兩個人，經過近一年的交往，
迸出愛情火花，決定終身。

1961 年 11 月 29 日，蘇友鵬結婚，終於走向人生新的一頁，組織了屬
於自己的家庭。他與莊娓英女士結婚那天，除了撮合者劉明先生之外，另
一位介紹人，由同樣也是政治受難者的辜顏碧霞女士擔任，在只有雙方至
親參加的情形下，喜宴簡單隆重地舉行，蘇友鵬的學長、指導老師、台大
醫師耳鼻喉科主任杜詩綿醫師，獻上衷心的祝福。莊泗川夫婦對於這個半
子女婿的滿意，當然是不在話下。就這樣子，蘇友鵬終於得以成家，兩個
政治受難者家庭結為親家。婚後不久，蘇友鵬在廈門街買下房屋，白天在
鐵路醫院服務，晚上可以在住家診所為病患看診。（1960 年代的台灣社
會，允許醫師白天在醫院上班，下班之後在自家開設診所）

婚後不久，蘇友鵬喜獲麟兒，自己的家庭增加新的成員，可以享受
自己身為父親的喜悅，也加添了新的責任。神讓蘇友鵬經歷了許多痛苦磨
練之後，終於恩賜給他一個幸福美滿的家庭生活。蘇友鵬在年輕求學時代
因為家庭經濟因素，一直是在艱辛的情況下生活，長期接受家族長輩的經
濟支援。如今，蘇友鵬對自己許下諾言，絕對不讓自己的兒女發生相同的
事。蘇友鵬不但更加努力為得來不易的家庭努力奮鬥，也設法讓自己的三
個兒子接受最好的教育，提供一個完全無憂無慮，沒有任何匱乏的教育環
境。

在繁忙的工作之餘，蘇友鵬除了享受遲來的幸福家庭生活，仍沒有
忘情於小提琴的美妙旋律，也一定去游泳運動。這兩個從小培養的興趣嗜
好，陪伴蘇友鵬經歷了最痛苦的十年，是他永遠不會背叛的至友，也是抒

天倫之樂。

◀在家享受小提琴。

➡游泳。

解壓力最好的方式。然而，蘇友鵬儘管服完徒刑返回社會，順利進入鐵路醫院上班，也完成婚姻大事，可以說成家立業，但陰影並沒有完全消失。「政治犯」是一個無法擺脫的沉重包袱，就如同身上的烙印，一個無法抹掉的刺青。鐵路醫院的人事單位、調查局幹員、警備總部特務、管區員警，仍然不定時會出現在蘇友鵬面前，持續性地「關心」。即使出了監獄返回社會，威權政府就是要繼續騷擾人，讓人感受恐怖！

支援公保中心醫療門診

在 1995 年台灣開始實施全民健康保險之前，台灣的醫療保險制度相當貧乏混亂。公務人員（含公立學校教師）參加公保，勞工參加勞保，其餘的民眾沒有任何醫療保險，而一般保險公司對於醫療保險這個項目也尚未成熟。

公保中心（位於台北市公園路，今天的健保局辦公室）是以參加公保的公務員及教師為對象的醫療服務中心。台北鐵路醫院的醫師除了原來醫院的醫療之外，也負責支援公保中心的門診服務醫療工作，所以蘇友鵬從 1964 年開始，有機會支援公保中心耳鼻喉科的醫療工作。鐵路醫院有許多職業傷害的病患，由於工作關係，多數是耳疾問題。反之公保中心亦有許多教師的職業傷害，但主要以喉部問題為多。不論耳疾或喉嚨問題，都是屬於耳鼻喉科的範圍，剛好就是蘇友鵬專門的科別。因此，蘇友鵬為許多的病患，解決了難過的疾病。甚至在蘇友鵬退休之後，仍然有許多老病患前來蘇友鵬的私人診所，即使蘇友鵬的診所並沒有提供健保的診療服務，但是病患與醫師之間的長期感情，已經超越單純的醫病關係，更像是多年老朋友再見面。蘇友鵬在廈門街的診所，也一直為這群老病患開門。蘇友鵬這一代受過日本教育的醫師，接受了非常高的道德教育，將醫療行為當成回饋社會的方式，因此醫師與病患之間的關係，已經不再僅限於醫病治療，雙方的關係更像朋友與家人。

不過，蘇友鵬在支援公保中心的醫療服務時，曾經再次遭遇非常嚴重不愉快的事件。事情的經過是這樣子：1971 年，聯合國大會通過阿爾巴尼亞第 2758 號提案，由中華人民共和國正式取代蔣介石的中華民國，成為聯合國代表。美國的《時代》雜誌（Time Magazine）以非常大的篇幅針對此事做了詳細的相關專題報導。有一天，一個主張台獨的政治犯黃紀男先

生,拿著這一本刊載此專題報導的《時代》雜誌來公保中心,硬要留給蘇友鵬看。三個月後的某一天上午,幾個特務突然找上門來到鐵路醫院,把正在爲病患看診的蘇友鵬強行帶到調查局的安坑招待所,進行秘密審問。偵訊內容不外乎蘇友鵬與黃紀男的關係、黃紀男另外又提供了什麼書籍、黃紀男對蘇友鵬說了什麼、兩個人在計畫什麼等等之類的問題,這個秘密疲勞偵訊延續了兩天,一直到第二天深夜才結束。蘇友鵬在凌晨拖著疲憊的身體回到住處,飽受打擊心也如驚弓之鳥一般,心情恐懼不堪,所以將手邊所有與國外的連絡書信、非醫學相關的外文雜誌與書籍全數燒毀。事隔多年之後,蘇友鵬談到此事仍舊心有餘悸,畢竟在那個恐怖時代,那個無所不在的監視網,獨裁政府的特務機關之鷹犬、抓耙仔(密告者),眞的是遍布在各個角落,滴水不漏如鯊魚嗜血一般,隨時想盡辦法在尋找機會入人於罪,好不容易才得到遲來十年之幸福的蘇友鵬,絕對不會想要再面臨災難,更不願意讓自己的家庭遭受撕裂!

由於曾經面對莫名其妙的秘密逮捕與牢獄之災,那個永遠無法忘懷的陰影,當天蘇友鵬在離開鐵路醫院前,先請同爲耳鼻喉科的楊蓮生主任打電話給太太,要她連絡在調查局服務的法醫蕭道應學長,或許是因爲蕭道應醫師的幫忙,最後才得以全身而退!蘇友鵬也再次體認到「隔牆有耳」,隨時隨地都有耳目在監視著自己,想要平安,自己必須要更加小心,絕對要謹言愼行!

關於這件事情,醫學院畢業後進入鐵路醫院當住院醫師,後來就一直在鐵路醫院服務,同時在蘇友鵬退休之後接任鐵路醫院耳鼻喉科主任的李汝隆醫師回憶說:「那時我剛進鐵路醫院不久,還只是一個住院醫師。有一天醫院診間突然來了幾個陌生人,後來才知道是調查局的特務。他們告訴蘇醫師有朋友來訪,然後直接從耳鼻喉科診間把蘇醫師帶走。不久之後,楊蓮生主任叫我過去,交待我在下午下班返家時,順路前往廈門街蘇

醫師的住家，告訴蘇醫師的夫人蘇醫師被帶走，可能幾天無法回家。楊主任為什麼不用電話連絡，要我親自過去蘇醫師家，去告訴蘇醫師的夫人這件事？因為楊主任認為電話都有監聽，非常『不方便』。所以那天下班我回家前先到廈門街蘇醫師的家，依照楊主任的交代，轉告給蘇醫師的太太。」

　　李汝隆醫師繼續述說這件事情的後續發展：「蘇醫師被帶走之後，楊主任馬上去找在調查局當法醫主任的蕭道應醫師，蕭醫師是蘇醫師在鐵路醫院工作的保證人。可是蕭醫師告訴楊主任說，這件事情暫時沒有辦法處理，先觀察一下情形，再看看。結果蘇醫師在被帶走的兩天後回來醫院，又恢復正常上班，繼續相同的日復一日的工作，為病患診療。」

　　李汝隆醫師對於蘇友鵬的印象是：「平時看診非常用心，醫術精湛，非常熱心地教導我們這些住院醫師。可是非常沉默，不太喜歡說什麼話，雖然我們略聽過風聲，稍微知道蘇醫師過去的遭遇，但是沒有人會敢在他面前提起。蘇醫師也從來不談那些事，根本沒有對我們說過任何東西。就像那次被帶走好幾天，蘇醫師回來上班後也絕口不提。倒是多年後，有一次和我們這一群年輕醫師聚餐，在酒酣耳熱之後，突然脫口而出說了一句話：『你們知道等待死亡，面對死亡的感覺嗎？』當時喝得茫茫的，我也沒有多想什麼，但是事後仔細回想起來，想到蘇主任說的那一句話，想到那個情境，真的從心裡感覺到毛骨悚然，實在是令人不寒而慄。我實在無法想像，蘇主任在那種絕望無助的日子，是如何撐過來！」

　　在國家檔案局找到的一份切結書上，蘇友鵬不但被調查局請去安坑招待所好好「招待」，在離開該處時還被要求簽署了一份切結書，保證離開之後絕不對外說在其間的任何詳情。因此蘇友鵬不敢對於這件事多做著墨。果然「政治犯」是一個終身職！一個永遠無法掙脫的枷鎖！

政治犯是終身職

調查局特務、管區警員，對於已經回到社會的這些「政治犯」的不定期「關心」（約談），其實是經常性不斷發生。蘇友鵬也經常必須面對這樣子的關心。調查局三不五時就會前來醫院找蘇友鵬。前述的李汝隆醫師說：「不定期就有人來找蘇醫師，然後可能一天、兩天會看不到蘇醫師在醫院，接著又突然現身上班，在醫院的診間爲病患看診，這種

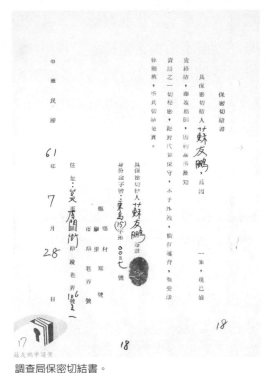

調查局保密切結書。

情形我記憶中就有好幾次。」蘇友鵬自家診所雇用的助手陳麗玉女士也提到：「醫師偶爾在早上去上班後就沒有回家，有的時候是一個晚上，有的時候是兩個晚上，通常醫院都會打電話來給太太說，醫師在醫院照顧病人。其實我想醫院那邊應該是怕先生娘擔心。我一直到後來大概『民國七十幾年』解嚴時才知道，蘇醫師是被調查局人找去約談，但是醫師絕對不說被約談什麼，只是有特別交代我，只要他晚上沒有回家，一定要早一點把門窗關好，不管是誰來按電鈴敲門，都不准開門！」

一個政治犯被判刑，也服完刑期返回社會，從事正當醫人救世的工作，卻仍必須面臨這樣子的不定期騷擾，如果不是意志堅強的人，可能早已放棄，但是蘇友鵬卻默默地獨自忍受這個無形壓力，在工作上努力醫治來看診的病患。蘇友鵬喜歡游泳，住家附近的青年公園的游泳池是他經常

前往的地方，蘇友鵬藉著游泳來舒緩精神壓力；另外也沒有停止拉小提琴，這兩個嗜好是幫助蘇友鵬排除生活以及心理壓力的最佳良伴！一輩子都不會背叛自己的夥伴！

　　與蘇友鵬同一天被逮捕，在同案件判決，一起被送到火燒島，也一起在新生訓導處的醫療所——綠島迷你教學醫院「執業」的胡鑫麟醫師、胡寶珍醫師，在釋放返回社會後，都面臨相同的處境：情治人員與管區警員不定期的關心（騷擾）。專業醫師尚且如此，不難想像眾多的受難者前輩，在返回社會後的求學就業過程，經歷了多少的不愉快。

　　他（她）們（政治犯）先被不當逮捕，經過欺瞞與嚴刑逼供、秘密審判，服完長期黑牢返回社會之後，竟然還不能好好生活，專制政權的鷹犬，仍然不願給予一條生路，無止盡的迫害，讓這些終身職政治犯一輩子無法喘氣！政治犯這個包袱，有如身上的刺青一般，終其一生無法解脫！

出差日本

　　到了 1980 年，由於台北鐵路醫院在耳鼻喉科醫療之成就，以及鐵路醫院與日本國鐵醫院姊妹醫院的緊密合作互動關係，蘇友鵬應邀與楊蓮生院長一起參加在日本東京日本國鐵醫院舉辦的學術研討會及交流活動。可是在那個戒嚴管制人民出國的年代，出國除了需要護照之外，也必須另外申請出入境許可，一個曾經被判刑且服過刑的政治犯，想要申請出入境許可出國，根本就是比登天還困難。首先，鐵路醫院的人事單位，對於參加活動目的、時間日程、相關活動內容等先要做詳盡的審查以及嚴格的評估，蘇友鵬為此數次被人事單位要求接受面談及提出相關文件，當然也少不了自傳。經過繁瑣的手續後，終於取得了出入境許可證。緊接著在出國前，再接受行前教育。教育內容不外乎：不得談及曾經被判處叛亂受過刑、不

得討論政治，遇到大陸（中國）方面的代表如何應對等等。其實從這些要求的細節內容，可以看出國民黨政權內部非常心虛的一面。

　　當蘇友鵬返國之後，人事單位又立即約談，要求必須說明詳細出國期間的所有言行，並提出詳細的出差書面報告，必須鉅細靡遺地記載所有行程，見了些什麼人，說了些什麼話……，整個出差過程的所有言行細節，都不可以遺漏。出差報告最後彙整好，呈給上級單位（應該是調查局或警備總部）審查。

　　後來蘇友鵬應邀欲前往韓國參加醫學國際年會，相同的情形再次發生，從申請出國到返國，相同的方式，所有的流程重新再來一次，真的不知道到底人事單位或上級管理單位想要了解什麼。當年公立醫院的人事單位，有負責考核所有員工思想的人員，他們每天的業務就是監視員工。如此情況在其他所有的公家機關、學校也相同，負責考核與監控所有人的思想言行，非常徹底，完全滴水不漏。當然，如果發現任何問題，這些監視考核的人員，立即搖身一變成為「抓耙仔」。在白色恐怖時期，這些「抓耙仔」真的就是遍布在台灣

蘇友鵬自傳。

【自傳】

民國15年1月12日，即日本人占據台灣而殖民地主義愚民政策普遍控制了台灣的第三十年，我出生亞台灣省台南縣善化鎮一個古老的大家族裡。曾祖文蘇登燕，祖文蘇源泉曾為清朝末期的學人秀才。祖文經營過規模相當的蘇油、土豆油、油高，店名為裕順。求文蘇火種、農業專家，畢業於當時的臺灣總督府農業試驗場附設農業學校。家母是教育家，曾執教於台南州立公學校。我自幼就受過祖文、求文、家母的倫理教育而在瘋狂地的儒家思想薰陶之下長大。當時正是日人瘋狂地施行所謂「皇民化運動」的時代。他們硬要我們

蘇友鵬 16. 8. 24.

社會的各階層，每一個角落，專職監視掌控其他人的言行。

　　即使無時無刻必須面對特務的騷擾、「抓耙仔」的監視，以及人事單位的刁難，蘇友鵬還是非常努力過著規律的生活。早上八點開始在自家看診，九點前往醫院上班（每週會前往台大醫院一次、公保醫療中心兩次、其餘則都留在鐵路醫院），中午返家繼續看診，兩點再前往鐵路醫院上班，晚上返家後六點再繼續看診到十點。日復一日的規律生活，除了幾次出國參加國際醫學年會，以及數次被調查局帶去「關心」之外，幾乎全年無休，連星期六一整天都在自家診所看診，星期日則下午稍事休息，前往

←↓蘇友鵬於台大醫院留影。

住家附近的青年公園游泳、陪伴家人、拉小提琴，上午與晚上還是看診。
半夜有急診病患上門，不論幾點，蘇友鵬也一定起來為病患診療，蘇友鵬
將所有的時間都放在為病患服務上，賺錢是另外一件事，他把服務病患當
成自己的天職，盡心盡力將所學完全發揮來為社會大眾服務。

　　唯一蘇友鵬有真正的休診，也僅僅是在新春假期。這短短的幾天假
期，他會帶著家人出遊，偶爾會返回南部探親。

◀▼家族旅遊。

喪妻之痛

　　蘇友鵬的夫人莊娓英女士，身體長期以來都不健康，這也是蘇友鵬的診所會另外雇用幫手的主要原因之一，蘇友鵬不希望讓夫人太勞累。1984年 10 月，蘇夫人不幸過世，當時長子峰儀剛升上醫學院二年級，老二冠勳剛滿 20 歲在大學二年級，小兒子彥吉也才升上高中一年級。夫人的早逝，令蘇友鵬心痛不已。他也立下決心，要身兼母職，好好扶養三個兒子，更努力地照顧這個沒有女主人的家庭。夫人過世前，由於身體的不適影響精神不佳，蘇友鵬除了上班、看診之外，把所有的時間都放在照顧夫人上，打針、服藥、餵食……全部不假他人之手，但是夫人還是回天乏術、永別人世，留下三個尚需照顧的兒子，這一年蘇友鵬 58 歲。中壯年喪偶的蘇友鵬從此父兼母職，日常的生活沒有變，依舊是維持規律的作息，每天到鐵路醫院上班，返家繼續在自家診所看診，同時還要照顧小孩子的生活起居，過著蠟燭兩頭燒忙碌的每一天。有許多人都勸蘇友鵬應該續弦，一方面有個伴，也多個幫手可以照顧小孩，以他的條件要找第二春其實非常容易。但是蘇友鵬堅定地拒絕所有的規勸，完全不考慮再婚。在蘇友鵬診所工作數十年的陳麗玉女士那時候還在診所上班，她回憶到，蘇友鵬曾經說過不願意續弦的理由，他說：「再婚非常簡單，我要再娶妻不困難。但是三個小孩的想法，他們要如何面對這個取代母親的女性？這樣子對小孩子來說，實在太可憐了。而且，有誰能保證後母一定會盡心照顧三個小孩，如己出一般，萬一雙方發生誤解，我又要怎麼面對小孩與後妻的雙方？最後的結果，一定是會讓雙方都造成遺憾！這樣子，我不但對不起孩子和後母雙方，更對不起亡妻。為了三個小孩，讓我一個人來盡心盡力好好照顧就夠了。」

　　善良的蘇友鵬，寧可自己忍受喪妻之孤寂，處處為身邊的人著想，

堅持不願意再續弦的決定，令助手陳女士非常感動。陳麗玉女士在小學畢業後不久就前來診所工作，幫忙蘇友鵬打理診所的瑣碎事情，善良的蘇友鵬待陳女士如己出，陳女士也一直視蘇友鵬如自己的長輩、父親一般。在1995 年時，陳女士因為照顧家庭的因素，不得不結束工作。卻仍然每週固定抽空，前來診所探視蘇友鵬，也順便幫忙打掃整理一下。陳女士提起幾件關於蘇友鵬的往事，「三個小孩都身體健康，是我一生最大的安慰與福氣」、「晚上如果我不在家，不管是誰來按門鈴，都絕對不要開門」、「做人一定要腳踏實地，絕對不可以違背良心」、「人的一生要賺多少錢是天註定的，絕對不可以有任何非分之想，更不可以傷天害理」、「買房屋頭期款不夠五十萬？明天先拿去處理」⋯⋯陳女士如數家珍一般，回憶起蘇友鵬就忘記時間，無法停下話匣子。

不過，外界還是有許多仰慕蘇友鵬的女性，在他喪偶之後，真的不乏愛慕他、期望能夠成為他的伴侶的女子。其中有一位中年女士，離婚，對於追求蘇友鵬真的是不遺餘力，三天兩頭就跑來醫院找蘇友鵬，她總是裝扮得花枝招展，每次來到醫院就一直待在蘇友鵬的診間，如果蘇友鵬沒有看診，就坐在蘇友鵬與楊蓮生院長共用的辦公室沙發椅上，想盡辦法邀約蘇友鵬去吃飯約會。由於她總是打扮得光鮮亮麗，蘇友鵬和楊院長兩個人都暱稱她是「黑貓」。不過，蘇友鵬並不為所動，最後當然是不了了之。後來在醫院耳鼻喉科裡面，大家也都知道這個人物，成為大家在繁忙工作之餘的輕鬆笑話。畢竟，當時的台灣社會已經接近解嚴前，整個的社會氣氛，漸漸沒有那麼緊張。其實，每個時代都相同，醫師永遠是屬於社會上經濟相對豐裕的職業，自然也容易成為被追求的對象。

在三個小孩都長大成家之後，蘇友鵬曾經有思考過是否要找一個老來伴。但是已經習慣一個人生活的蘇友鵬，對於要尋找的對象，要求條件也相當高，並非是飢不擇食，因此最後想歸想，沒有付出實際行動，還是選

擇一個人。

醫療趣事

　　接任蘇友鵬擔任台北鐵路醫院耳鼻喉科主任的李汝隆醫師，在醫學院畢業結束兵役之後，前往鐵路醫院向實習時的各科報告服完兵役，結果陰錯陽差進入耳鼻喉科，成為住院醫師，繼續接受耳鼻喉科的專業訓練。當時鐵路醫院的耳鼻喉科，正式編制只有一個主任、兩個主治醫師以及一個住院醫師的名額。李醫師可以說完全是由楊蓮生主任和蘇友鵬兩個人一手訓練出來的耳鼻喉科專業醫師，後來也接任蘇友鵬成為耳鼻喉科主任。李醫師提到在鐵路醫院服務時，經常會碰到病患主訴耳朵有問題、聽力不佳，要求他們開立診斷證明書。這些病患中，不乏有許多是真的有耳疾、聽力出問題的人。但也有一些是刻意誇大或謊稱病狀，只是為了取得診斷書。每次碰到這樣子的病患，在經過仔細的聽力檢查，懷疑病患可能是誇大病情時，蘇友鵬很喜歡利用一些小技巧來測試病患的聽力，譬如故意小聲地和護士說「這個病患的褲子拉鍊沒有拉起來」。一般人聽到這句話會立刻做出反應，而蘇友鵬就是要讓病患做出反應來拆穿他的謊言。有的時候碰到那種態度非常惡劣的病患，蘇友鵬也會故意說一些病患的惡言，激起病患做出反應發脾氣，結果也是當場拆穿。蘇友鵬非常堅持，一定要針對病患實際的病情開立正確的診斷書，而不是依照病患個人的要求來配合。蘇友鵬在執業過程，對於病患一定是和藹可親的態度，但是也絕對是一板一眼，不容病患說謊，他就是一個如此盡職的醫師。

　　蘇友鵬思考出一些小技巧來協助診療病患，也將這些技巧教授給耳鼻喉科的新手醫師，協助他們做出正確的醫療判斷。從這些醫療上的小技巧，其實可以看到蘇友鵬內心調皮搗蛋的頑童個性。

充滿矛盾諷刺性的獎勵

　　醫院是一個懸壺濟世的地方，病患前來醫院尋求醫療服務，醫院自有
其固定的收費標準。但卻有許多的病患期望主治醫師多一點的關懷，或額
外的醫療照顧，就想辦法塞紅包給主治醫師。反過來，也有一些惡質的醫
師缺乏職業道德，利用病患心急求醫，找藉口收取紅包。這種紅包文化是
中國自古以來的傳統，隨著戰爭結束，紅包惡習也被引進台灣。一個錯誤
的文化習慣變成常規，「不收紅包」反而變成一個值得表揚獎勵的行為。
1986年，蘇友鵬經評選台灣鐵路局的獎狀，表揚他工作勤奮拒收紅包。

　　蘇友鵬也熱心參加耳鼻喉科醫學會，活躍地參與學會的活動，不但發
表論文，更協助醫學刊物之編輯。1979 年，銓敘部頒獎榮譽狀，感謝他在
公保中心服務滿十五年。1985 年，時任中華民國耳鼻喉科理事長的杜詩綿
醫師也頒發感謝狀給蘇友鵬，感謝他協助推展學會事務。

　　1987 年 5 月 13 日，蘇友鵬接獲當選「中華民國第一屆十大傑出醫師」
金龍獎的通知，公文是透過中華民國十大傑出醫師選拔會發出。非常諷刺
的是，這一天是蘇友鵬被逮捕的 37 週年當日。

特別的忘年會

　　1970 年的年底，蘇友鵬與數位知心至友聚餐，他們是多年來的同窗好
友，彼此之間有著深厚的情誼，可以完全交心信任的老友。蘇友鵬興高采
烈地敘述那天晚上的餐會，說道：「那天晚上大家心情都非常愉快，席間
酒杯一再被高舉，乾杯聲不絕於耳。大家興奮地舉杯互道乾杯，充滿喜悅
的氣氛。」但是，到底大家是為了什麼事情慶祝呢？

　　蘇友鵬興奮地回憶那個晚宴的舉杯歡慶，大家掩不住興奮的理由有好

第　屆十大傑出醫師金龍獎公文。

幾個，那是在 1970 年發生的幾件事。首先是在年初，台灣獨立聯盟在美國紐約正式宣布成立。第二件是，被國民黨逮捕後雖釋放，但是一直遭國民黨的特務嚴重監視的台灣大學教授、國際知名的法學專家彭明敏先生，成功騙過監視的特務，易容拿假身份證件潛逃離開台灣輾轉抵達瑞典，令所有特務顏面全失，同時發表了《台灣人民自救運動宣言》，徹底戳破了蔣介石的反攻大陸這個天大謊言。第三件事情是，黃文雄、鄭自財、黃晴美三人在紐約刺殺特務頭子蔣經國。雖然四二四刺殺蔣經國的行動失敗，但是那聲槍響引起全世界對台灣獨立運動的注目，美國、日本、歐洲、加拿大各地的電台與各大報紙均以頭條新聞大幅報導。從那一刻起，掀起了海外台獨運動的高潮。參加晚宴的所有人，大家沒有清楚地說出緣由，只是用不斷地互相乾杯，藉此來表達心情的喜悅與興奮。而在 12 月 7 日，西德

總理威利‧勃蘭特（Willy Brandt, 1913-1992）訪問波蘭華沙，當他在華沙猶太人死難者紀念碑下獻花之後，突然雙腳跪下，低聲地祈禱說：「上帝請饒恕我們，願苦難的靈魂得到安息！」西德的勃蘭特總理，爲了第二次世界大戰中納粹德國在華沙所犯下的屠殺猶太人罪行，用實際的行動誠心地道歉謝罪。勃蘭特總理的下跪，不但讓波蘭人民深受感動、化解心結，更願意與德國重新建立關係。國際媒體也以「德國總理跪下去，德國人民站起來」，來形容德國面對歷史事實的反省與懺悔。歷史上稱西德勃蘭特總理的行動爲「華沙之跪」（Warschauer Kniefall）。蘇友鵬一再地提起西德之強大，不在於科技產業與工業的發達，而是在勇於面對過去的錯誤與反省檢討的能力。

　　不過那天的晚宴，在慶祝的同時，大家心裡也默默地爲同一年發生在台東泰源監獄的事件受害者禱告。泰源起義事件，是監禁在台東泰源監獄的鄭金河、陳良、詹天增、謝東榮、江炳興及鄭正成等人所發起的行動，他們以台灣獨立爲號召，同時聯合當地教會、原住民等百餘人發動山區游擊，並計畫攻佔廣播電台放送預錄好的「台灣獨立宣言書」，擴大號召各地響應反國民黨專制政權。泰源起義是一場組織完整的武裝革命抗爭，雖然最後失敗，但是造成蔣介石的專制獨裁政權相當大的震撼，可以說是自1947 年二二八事件以來，台灣社會最大的一次武裝革命抗爭。蘇友鵬等人，也藉由乾杯來紀念這一群爲追求台灣獨立而壯烈犧牲生命的烈士。

第 5 章
退休之後

結束公務員生活

　　蘇友鵬在 1991 年 2 月 1 日，正式自改制為台灣省立台北醫院城區分院退休。在台北鐵路醫院耳鼻喉科主任的任內，結束了正式的公務員生涯。距離 1961 年開始服務，總共貢獻給台灣鐵路醫院三十多個年頭。

　　正式退休之後，蘇友鵬被醫院繼續聘任為顧問，一直到 1995 年。「顧問」一職，最主要的工作其實沒有特別差異，唯一的不同是沒有正式的薪資，看門診的時間也相對減少，主要的病患都是老病患，算是比較輕鬆的工作，同時顧名思義，當然也必須指導資淺的醫師，分享看診經驗。

　　34 年的公職生涯，蘇友鵬服務了眾多的病患，也協助楊蓮生醫師將鐵路醫院建構成耳鼻喉科的重鎮。接續蘇友鵬退休後的耳鼻喉科主任缺的李汝隆醫師，回憶當年醫學院畢業服完兵役之後，進入鐵路醫院。鐵路醫院在日治時代曾經是台北地區非常重要的公立醫院之一，但是在大型醫院一

➡ 公務員退休證。

家接一家成立之後，鐵路醫院面臨非常嚴峻的轉型問題。耳鼻喉科在楊蓮生主任的帶領下，原來只有周天一及蘇友鵬兩位醫師。但是由於鐵路醫院本身屬於鐵路局，鐵路局員工耳朵的職業傷害相當嚴重，因此積極發展出鐵路醫院本身之特色。三個醫師一起胼手胝足努力，創造鐵路醫院的重要里程碑，成為耳鼻喉科醫界的歷史高峰，也一路領先其他各公立醫院，甚至於在引進最新的醫療設備儀器方面，領先台大醫院、榮民總醫院等教學醫院，在最盛時期曾經有多達二、三十名住院醫師，成為台灣醫界耳鼻喉科的先鋒。

蘇友鵬結束公職，廈門街住宅一樓的蘇耳鼻喉科仍然繼續開業，為病患服務，有許多以前的老病患前來就診，那已經不是單純的醫師與病患的關係，更像是老朋友相聚。蘇友鵬從來沒有提起過去的悲慘故事，但是在診治病患上，不但醫術精湛也待病患親切，頗得病患之敬重。蘇友鵬長久以來在自己的診所診治病患，完全是以服務回饋為主，一些經濟狀況不佳的患者前來就診，蘇友鵬一定減免醫療費用。如果是同樣曾經遭受迫害的政治受難者，蘇友鵬幾乎都是免費予以治療。善良的蘇友鵬，認為自己在人生的旅途中，受到許多協助，因此也抱持著回饋社會的心情來面對病患。

1992 年，在台灣解除戒嚴並取消刑法一百條之後，整個社會也逐步開放，大家開始慢慢敢開口談論、關心二二八事件及戒嚴時期的白色恐怖案件。退休後的蘇友鵬，也就此踏上人生的另外一個階段，積極投入白色恐怖受難者的關懷行動。本身就是受難者的蘇友鵬，非常積極參與各項關懷行動，更不忘初衷，追求台灣社會的公平與正義。期盼台灣能夠立足於國際社會，成為一個嶄新而獨立的國家，加入聯合國成為會員，為國際社會追求民主、自由盡力。

←↑廈門街診所。

積極參與關懷社會

　　台灣社會在 1987 年解除戒嚴，但是刑法一百條仍然存在。刑法一百條的內容規定：「意圖破壞國體、竊據國土或以非法之方法變更國憲、顛覆政府，而著手實行者，處七年以上有期徒刑；首謀者，處無期徒刑。（第 1 項）預備或陰謀犯前項之罪者，處六月以上五年以下有期徒刑。（第2項）」

　　蔣介石與蔣經國父子的威權獨裁體制政權，從 1950 年代開始實施白色恐怖，長久以來就是以軍法及刑法一百條的惡法，嚴格地箝制社會追求民主自由的呼聲，國民黨政權運用結構性體制的司法打手，把主張台灣獨立、言論與思想親共者的主張者，依觸犯此條文進行打壓，同時更藉此惡法來肅清異己，以方便鞏固其專制獨裁的威權體制政權。許許多多的民主鬥士、理想主義者、因此惡法而遭受迫害的政治受難者都成為階下囚，犧牲寶貴的生命或不可取代的年輕歲月，蘇友鵬是為數眾多的被害者之一。即使在 1987 年解除戒嚴之後，威權政府雖然不再用軍法來打擊異己，卻持續以刑法一百條的惡法來箝制言論自由，繼續打壓異議人士。

　　1988 年，李登輝接續過世的蔣經國成為總統，在眾多保守派勢力、既得利益的黨團大老虎視眈眈下，進行台灣社會的改革，推動民主運動，遂要求法務部思考如何修法。1990 年 5 月，為解決解嚴後的叛亂犯問題，法務部擬修法解套，初步決定刑法一百條只修不廢。但是緊接著在 1991 年 5 月爆發獨立台灣會案，法務部調查局以加入獨立台灣會為由，進入國立清華大學拘捕五個人，造成台灣社會之譁然。這五個人極有可能依違反《懲治叛亂條例》與《中華民國刑法》第一百條的內亂罪，被求處唯一死刑。如此完全侵犯了《中華民國憲法》保障的言論自由，在台灣引發社會各界一連串的政治抗爭。1991 年 9 月 21 日，「一○○行動聯盟」成立，以廢除刑法一百條為訴求。終於在 1992 年 5 月 16 日正式頒布刑法第一百條修正條文，保障台灣人的言論自由權，台灣從此不再有因為思想被定罪的情事發生。

　　這一連的爭取思想自由人權的活動，特別是「一○○行動聯盟」，受到中研院院士、前台大醫學院院長、台灣毒蛇研究權威的李鎮源醫師奮身力挺。李鎮源院士的台北帝國大學同學、許強醫師因思想左傾被判處死刑槍斃，妹婿胡鑫麟醫師則被關在綠島的新生訓導處這個集中營長達十年。

蘇友鵬服完刑之後要進入鐵路醫院服務時，李鎮源院士義不容辭地當保證人，相信是李鎮源院士基於正義的表現。

　　本身經歷政治迫害成爲叛亂犯的蘇友鵬，在這一連串的活動中，自然也不落人後地投入參與。當年蘇友鵬會被逮捕，其中一個內在理由，或許就是懷抱理想、悲天憫人的善良心情所致，他無法容忍不公不平的社會，因此不見容於獨裁專制的國民黨威權獨裁政權。

1950年代白色恐怖案件平反促進會

　　自 1995 年開始，整個台灣社會與政府針對二二八事件的平反，及各項補償相關問題，已經產生極大的共識，也開始熱烈地展開行動。但是，相對於白色恐怖時期的相關案件，卻仍然鮮有著墨，抱持相對消極的態度。曾經遭受白色恐怖時期的政治受難者，因此要想辦法來積極解決這個問題。

　　其實早在 1987 年，就有一群政治受難者們成立一個互助會，目的要協助曾經經歷白色恐怖的政治受難者「同學」的就業、生活等相關現實與日常問題，可是這個互助會也非常強調以中國統一爲宗旨，在處理日常會務的許多方面，經常以該會宗旨爲最優先考量，導致意識型態影響處理的結果。互助會沒有採取申請入會方式，主事會務者認定所有政治受害者皆爲其會員。但是由於主其事者強調意識型態，因此在處理會務上容易造成一些問題，在針對訴求白色恐怖時期的「案件平反」上，又因爲理念與方式的爭議，無法順利解決問題。特別是他們長久以來對於國家（統派、獨派）認同上的差異，對白色恐怖案件的平反造成影響，始終無法順利推動。因此部份會員認爲必須另外成立一個專門的組織，全力來進行白色恐怖案件的平反行動。

　　1997 年 7 月 15 日，由吳聲潤先生、陳英泰先生、陳鵬雲先生及呂兆麟先生等人，發起一個 1950 年代白色恐怖案件平反促進會的籌備說明會。蘇友鵬也應邀參加，同時成為五十個發起人之一。籌備說明會推選林至潔女士、吳聲潤先生、施顯華先生、陳鵬雲先生、盧兆麟先生、陳英泰先生以及洪其中先生等七人為籌備委員，緊接著召開第一次籌備會議。1997 年 9 月 26 日，平反促進會在濟南路的台大校友會館舉行成立大會。蘇友鵬成為十五個理事之一。第一任理事長由林至潔女士擔任，她是郭琇琮醫師的夫人。另外四位常任理事是吳聲潤先生、盧兆麟先生、陳英泰先生、陳鵬雲先生。

　　促進會認為，要平反 1950 年代白色恐怖案件，同時爭取政府對受難者之賠償，應該尋求更多的外部協助。因此，他們首先向台北市政府登記，並找上時任立法委員的謝聰敏先生。謝聰敏立委曾因參與彭明敏教授與魏

1997 年白色恐怖案件平反促進會第一次籌備會議。（陳昫蘋提供）

廷朝先生的《台灣人民自救運動宣言》起草之事被逮捕，並因此入獄服刑，非常關心政治受難者的議題。因此，謝聰敏委員開始在立法院推動擬定相關的賠償條例。不過在此同時，促進會與互相會之間，由於對國家認同與意識型態之差異，在 1997 年互助會成員前往參加香港歸還中國的活動後，雙方之間不但在理念更加疏離，在推行活動的執行上，更開始產生南轅北轍之情況。當時台北市的市長陳水扁先生，一直對於促進會的活動相當支持，公私方面都非常積極地協助舉辦許多活動。

終於在 1998 年 5 月 28 日，經過大家努力奮鬥下，立法院完成三讀通過《戒嚴時期不當叛亂暨匪諜審判案件補償條例》，在同年的 6 月 17 日，由時任總統的李登輝先生簽署，並正式發布施行。但是國民黨執政時期，政府相關部門對於此條例在處理上並沒有積極執行，採取非常消極的態度面對。甚至於依《戒嚴時期不當叛亂暨匪諜審判案件補償條例》所設立的「不當審判補償基金會」在審理補償案件的申請作業上，審查多所刁難，導致許多申請補償的案件都被駁回。整個對於受難者的補償作業，一直要等到 2000 年政黨輪替，民進黨的陳水扁先生就任總統之後，才陸續開始積極進行相關補償作業。同時，陳水扁總統開始頒發「回復名譽證書」。解嚴之後，從 1995 年開始，能夠積極要求政府，開始面對白色恐怖時期的諸多不當案件進行相關處理作業，1950 年代白色恐怖案件平反促進會實在是功不可沒。

另外，長久以來，關於白色恐怖時期的紀念活動，通常都是在 12 月 10 日

名譽回復證明書。

的國際人權日舉辦，不過綠島地處偏遠，人權日的活動又多，政府在對應上有相對的困難度。2005 年 5 月 17 日，首次在綠島籌備舉辦音樂祭，陳水扁親臨參與並致詞演講，可以說相當可貴。活動以比較軟性的名稱「關不住的聲音——2005 綠島人權音樂祭」來舉行。選定 5 月 17 日這個日子，是根據已經公開的政治檔案，在台灣開始實施軍事戒嚴後，將近千人的第一批「政治犯」，是在 1951 年 5 月 17 日登陸綠島，被送進政治犯勞動集中營——新生訓導處，進行勞動思想改造感訓。這是一個極富紀念性的日子，也是所有台灣人都不應該遺忘的慘痛日期，相當具有代表性。2005 年 5 月 17 日的活動，總計有將近二百位受難者、相關家屬以及來賓參與此音樂藝術祭活動，這是自 1960 年 5 月 17 日結束新生訓導處感訓返回台灣之後，蘇友鵬第二次重返火燒島（綠島），也是最後一次踏上這個曾經待了九年的島嶼。這一年的「關不住的聲音——2005 綠島人權音樂祭」活動中，所有參與的政治受難者先到第十三中隊，祭拜當年在火燒島新生訓導處犧牲性命的難友。緊接著，在音樂會上，蘇友鵬不但帶領難友一起唱歌，也自己獨唱，紀念那些在白色恐怖時期犧牲寶貴性命的前輩，同時紀念所有曾經一起見證白色恐怖時期的難友。在這次活動之後，所有在火燒島舉辦的相關紀念活動，蘇友鵬都婉拒參加；他強調：「當年的受難者人數那麼多，應該把這些機會，禮讓給其他更多的難友來參與。」

台北市高齡政治受難者關懷協會

1998 年 8 月 31 日，1950 年代白色恐怖案件平反促進會在會址上，另外再成立「台北市高齡政治受難者關懷協會」。成立此關懷協會的目的是：1950 年代的政治受難者經過了近五十年，當年的年輕人已經漸漸步入高齡，其中有許多的難友，不論在生活上、精神上都面臨困苦無依的狀況，

即便大家領取了補償之後，仍舊需要社會大眾更多的關懷。蘇友鵬主持發起籌備會議，選出十五名籌備委員，由陳鵬雲擔任主席，常務理監事由陳鵬雲、施顯華、蘇友鵬、林麗南、吳水燈擔任。

　　關懷協會主要以關懷政治受難者為目的，針對早期白色恐怖時期的受難者，給予生活、精神之關懷，這一群早期的政治受難者，在釋放返回社會之後，除了背負著「叛亂犯」、「匪諜」、「共產黨」等等的污名，在後續的求學、就業方面，又長期面臨許多來自政府情治單位特務的騷擾，即使如蘇友鵬有幸進入台北鐵路醫院服務，成為一個「中華民國的公務員」，其本身也無法避免一再經歷這種無謂的騷擾。而且由於被國民黨洗腦教化，以及恐怖心情的影響，也普遍長期遭到社會大眾的排斥，導致生活困苦，精神上受盡極大的折磨。如今，當年二、三十歲的年輕人都超過七、八十歲，已經逐步邁入老年高齡，勢必需要更多的關懷。

　　但是在政治受難者逐漸凋零的 21 世紀，「1950 年代白色恐怖案件平反促進會」與「台北市高齡政治受難者關懷協會」，每一次舉辦的生日慶生會聚餐聯誼活動，由於會員們的健康狀況、辭世等，導致參加會員也逐年減少，同時兩會的會員有許多重疊，因此兩會近年來都共同舉辦聯誼活動，兩會的理事長也長期由吳聲潤前輩與蘇友鵬兩人輪流擔任。這兩個組織在過去為所有政治受難者的努力，所達成的功效，不應該被遺忘。近年來，除了生日慶生會的聯誼活動之外，每一次會員難友過世，促進會與關懷協會的會員們，都拖著沉重的腳步，一起為往生者獻唱，那也是大家紀念當年在清晨死亡點名後，看守所內大家為即將被槍決者送行的儀式。今天，大家藉著這個方式，不但要為逝者追思，也紀念所有犧牲寶貴生命的難友。更重要的是，他們期望歷史不要被遺忘，悲慘的過去，必須要讓下一個世代知道。台灣絕對不可以再發生類似的悲劇！這是所有政治受難者最大的期盼。

重返綠島

　　2002 年 12 月 10 日，綠島人權文化園區在陳水扁總統揭幕下正式啓用，但是只保留 1972 年建造的綠洲山莊，1950 年代第一批政治犯的新生訓導處並未能保存（新生訓導處在馬英九當法務部長時下令拆毀；不論其理由冠冕堂皇，欲銷毀不義歷史遺址的用意非常明顯）。這是長久以來台灣非常嚴重的問題，由於一直在被殖民的情況下，殖民者經常會刻意銷毀前朝的一切。同時被殖民的台灣民眾，容易在潛意識中選擇「遺忘」，雖然這是一種治療精神疼痛的機制，但是卻也產生遺失過去的後遺症。一個有爲的政府，應該以更開放的態度來面對這些不義遺址，提醒民眾記憶，藉以面對未來。

　　2005 年 5 月 17 日，爲了紀念 1951 年 5 月 17 日首批政治犯登陸綠島，移監到新生訓導處，由行政院文化建設委員會、客家委員會、教育部、行政院新聞局、交通部觀光局、財團法人台灣民主基金會、財團法人戒嚴時期不當叛亂暨匪諜審判案件補償基金會主辦，1950 年代白色恐怖案件平反促進會承辦，在綠島舉辦了一場「關不住的聲音──2005 綠島人權音樂祭」的紀念活動。舉辦音樂祭的主要目的，在於透過柔性的音樂會方式來紀念台灣的白色恐怖年代，政治受難者以及家屬遺族，所有的人聚集在紀念碑前，用音樂、行動劇之表演，懷念受難者，更喚醒台灣社會大眾對白色恐怖時代歷史的記憶。此次由官方正式在綠島人權文化園區舉辦的活動，另外一個深層的目的，也是在告慰白色恐怖時期的政治受難者、遺族以及受難者家屬。陳水扁總統親自蒞臨參加活動，並且發表演說，這是台灣第一次，官方正式面對 1950 年代白色恐怖的活動。陳水扁總統在致詞時特別提到，綠島人權文化園區移轉由文建會管理，並要求國防部限期清理白色恐怖案件檔案，更允諾要重現馬英九在法務部長任內下令拆毀的營舍。藉著

2005年5月17日，「關不住的聲音──2005綠島人權音樂祭」蘇友鵬重返綠島。（劉振祥攝，台灣游藝提供）

這個音樂藝術祭活動，期待台灣社會能夠關注到，綠島這個小島在台灣歷史上所扮演的角色，值得所有台灣人重新認識，關注、紀念在此人權園區曾經發生的事。

睽違了 45 年，自從 1960 年離開綠島之後，蘇友鵬首次再踏上綠島，但是這一次是受到隆重的邀請與熱烈的歡迎，以貴賓的身份參加綠島音樂祭，同時參與表演。

蘇友鵬指揮帶領 1950 年代白色恐怖案件平反促進會的成員盧兆麟等人，合唱了兩首歌曲──台語的《補破網》，日語的《幌馬車之歌》。《補破網》用來紀念那一群丈夫受難、獨力撐起家庭的偉大女性；《幌馬車之歌》則是紀念基隆中學校長鍾浩東，鍾校長在面對清晨的死亡點名，前往馬場町被槍決時，要求留在青島東路看守所的所有難友，用這一首歌

「關不住的聲音——2005綠島人權音樂祭」合唱。（劉振祥攝，台灣游藝提供）

蘇友鵬獨唱。（曹欽榮攝，台灣游藝提供）

來爲他送別。另外，蘇友鵬與蔡焜霖、王春長、吳大祿合唱義大利名謠
《歸來吧，蘇連多》。蘇友鵬也獨唱了舒伯特的小夜曲，那是那一年新生
剛到火燒島不久，蘇友鵬他們在綠島的新生訓導處組成康樂隊，在完全
沒有樂器的情形下，由林義旭前輩改編，用人聲的和聲方式（阿卡佩拉
「A-CAPPELLA」）無伴奏演唱練習的第一首歌曲。透過這些歌曲，來紀
念所有白色恐怖時期，曾經在此遭受政治迫害的所有難友。

後來所有在綠島舉辦的紀念活動，蘇友鵬都婉謝參加，他的理由是當
年受難者眾多，應該把參加這些活動的機會，讓給更多人參與，他認爲自
己不應該一直佔用機會。因此，2005 年的出席蘇友鵬有生之年最後一次踏
上火燒島這個人生的第二故鄉。

宴會中的那卡西

蘇友鵬喜歡唱歌，他優美的歌聲，是許多接觸過他的人共同回憶。從
台南北上台北求學，參加在士林禮拜堂協志會的聖歌隊開始，蘇友鵬就展
現美好的歌聲。熱愛音樂的蘇友鵬，小提琴與歌唱，一直是他生活中的良
伴，更是面對悽慘困境中的心情舒展。在初期火燒島新生訓導處，那段沒
有任何樂器的日子，新生們組成的康樂隊，在音樂老師林義旭前輩的帶領
下，用人聲和聲伴奏（A-CAPPELLA）的方式，演唱舒伯特的小夜曲。在
夜晚星空之下，蘇友鵬就一直以歌唱舒解自己的內心苦悶，同時撫慰一起
被禁錮的難友，互相鼓勵。他的歌聲更被管理當局利用做爲宣傳工具，在
每次外賓（包括美國大使藍欽先生）前往新生訓導處參觀視察時，絕對少
不了蘇友鵬的獻唱。

返回社會之後，蘇友鵬也會在每一次參加餐會時，於酒酣耳熟之際
起身獻唱。從歌劇、世界名曲一直到各地民謠，使用德語、英語、日語和

台灣話，蘇友鵬總是能夠藉由歌聲來自娛娛人，將宴會的氣氛帶到最高境界。更難能可貴的是，所有的獻唱，並不需要借助伴奏，蘇友鵬總是在隨性之下，自然地唱出優美的歌曲，英格蘭名謠《Comin Thro' the Rye》（當我行過麥堆）、歌劇《馬爾他》（亦翻為瑪莎或立奇蒙市場）當中的一首歌曲《如夢一般》詠嘆調、舒伯特的《Serenade》（小夜曲）、風流寡婦圓舞曲《Duett：Lippenschweigen；The Merry Widow》（雙唇靜默）、G. Giordani《Caro mio ben》（自君別後）以及新井滿的《千の風なって》（化為千風）等等。記憶力驚人的蘇友鵬，總是能夠朗朗上口，隨性地唱出一首接一首的歌曲，與在場所有人一起分享優美的旋律，讓現場的氣氛隨之翻騰。

　　1996 年，蘇友鵬的丈人莊泗川先生家人，為莊先生在位於台北市長安東路林森北路口的中山基督長教會，舉辦一個特別的感恩禮拜，慶祝莊泗川先生結婚 70 週年紀念，蘇友鵬的夫人莊娓英女士雖然早逝，但是蘇友鵬

蘇友鵬於九十大壽獻唱。

▲1996年莊泗川先生結婚70週年紀念禮拜，蘇友鵬獻唱祝賀。

與莊泗川先生兩人之間的情誼並沒有因此中斷，何況兩個人之間不但是丈人與女婿的關係，他們還是火燒島新生訓導處的同學難友，同樣都是政治受難者。

州立台南二中同學齊唱校歌。

同學會

1992 年 10 月 5 日，過去州立台南二中的老同學群聚一堂，他們的母校在戰後被改制為台南一中，當年母校台南二中主要招收台灣出生的學生，他們可是台南地區非常優秀的小學畢業生。只是蘇友鵬台南二中的同學中，有八個人在二二八事件及白色恐怖中直接間接受害。那真的是非常荒謬的時代，被精挑細選的社會菁英，竟然不容國民黨而遭受迫害，其中李瑞東在馬場町被槍決。畢業六十年，戒嚴也解除，終於大家能夠重新相聚思念過去，齊唱他們的校歌。

1997 年，台北市舉辦一場非常重要的聚會，一群長者身著當年的制

服、戴上當年的帽子，一起慶祝創校 75 週年紀念日。這場特別的創校週年紀念，與一般學校的創校紀念日最大的差別是：學校已經不存在。這所學校是台北高等學校，也就是現在的國立台灣師範大學。1945 年 8 月 15 日，日本天皇宣布戰爭結束，導致台灣的學校制度完全改變，台北高等學校被改為台灣省立師範學院，到國立台灣師範大學。另外一個相同等級的學校「台北帝國大學預科」最後則是面臨廢校的結局，後來日本人學生被迫離開台灣返回日本，台灣出身的學生也改編入其他學校，兩個學校完全結束。雖然學校不復存在，但是同窗情誼並沒有消失。這一天，舊台北高等學校的台灣與日本老校友，邀集當年的競爭對手——台北帝大預科的校友，一起慶祝創校 75 週年紀念日。大家披上紀念年輕瘋狂時代的外套，頭戴著那一頂在當年羨煞許多人的帽子，齊聚一堂，杯酒把歡。蘇友鵬沒有缺席。

台北高等學校創校75週年紀念。

1996年旅遊歐洲挪威留影。

自由旅行

　　1987 年，台灣終於解嚴，出國的管制也放寬。蘇友鵬曾經在工作中因爲必須到海外出差，申請手續時受到刁難、吃盡苦頭。如今不但管制開放，退休之後時間也多了，蘇友鵬也開始享受海外的旅遊，遨遊四海。這是一個愉快的經歷，不再受到任何的限制，沒有人在旁說三道四，不需要申請許可，自己可以安排計畫。蘇友鵬遍訪歐洲、美國、日本，特別對於北歐國家感到興趣，幾個北歐國家的面積大小和人口數都與台灣差不多，更重要的是，這些國家實施社會民主主義，有非常好的社會福利，照顧弱勢、追求公平正義，是蘇友鵬理想中的國度。

第**6**章
世代間的正義

悲慘的台灣歷史

日治

　　16 世紀中期，葡萄牙船隻航經台灣，船上的水手看到一個美麗的台灣島，驚嘆之中忍不住喊：「Ilha Formosa！」（意爲美麗島）開啓了台灣站上東亞歷史舞台的大門。大約相同時期，日本豐臣秀吉也曾經表達對於台灣的興趣。其後，荷蘭東印度公司進入台灣南部，從 1624 年一直到 1661 年被鄭成功驅逐，其在台灣的時間，總計佔據台灣 37 年。1683 年，鄭克塽投降清國將領施琅之後，台灣被劃入清國版圖。不過清國並未認眞經營台灣，甚至稱台灣爲「化外之地」，意即非皇帝治理之地，非屬於中華天朝文明圈之地；同時稱台灣住民爲「化外之民」，意謂居住在台灣的人，不屬於清國皇帝支配管轄的人民。

　　1894 年 7 月 25 日，爆發日清戰爭（清國稱爲甲午戰爭），次年 1895 年 4 月 17 日，日本總理伊藤博文與清國全權代表李鴻章在日本山口縣下關簽署《日清講和條約》（清國稱爲《馬關條約》），清國輕易就把這個所謂「鳥不語，花不香，男無情，女無義」的台灣割讓給日本，台灣也正式成爲日本領土的一部份。原本，清國對於台灣雖然握有所謂的所有權，但是管轄地區並未遍及全島，僅限於台灣西部的區域。行政區設置一府（台灣府）三縣（台灣縣、鳳山縣、諸羅縣），歸屬於福建省來管轄。清領這段期間，清國朝廷從未想要認眞經營台灣，派遣來台灣的官員極盡貪污之能事，完全沒有花心思在經營台灣，實施任何建設。當初日本要求割讓台灣，清國朝廷不但完全沒有徵求台灣人民的意見就欣然同意，即便在簽署割讓條約之後，也完全沒有知會台灣方面，因此造成日本先遣之海軍艦艇駛近台北淡水港時，還因爲誤會發生海防砲擊日本艦艇的情事。

　　日本統治台灣，目的是以取得台灣的勞動力與各項資源，供給日本內

地需求。但在此目的下經營台灣，日本政府卻不是仿傚歐美等國家，使用長久以來採取壓迫榨取殖民地的做法，反而是從最基本的地理環境調查開始，致力於衛生改善、醫療提升、開發水電力能源，以及農業研究發展，更花了許多的心血，投資進行基礎公共建設，完全以投資的方式來建設經營台灣這塊新領土；同時在台灣各地開設學校，強迫台灣民眾接受教育。雖然在實際執行上，初期接受高等教育之權利，對於日本人與台灣人確實有相當程度不公平的限制制度，但是優秀的台灣人子弟，仍然有機會能夠接受與日本內地完全相同水準的教育，因此台灣人子弟在各行各業出了許多優秀的人才。由於日本領有台灣的五十年間，投入相當多的人力與資源在台灣的各項基礎建設上，為今日的台灣產業發展打下深厚基礎。

終戰：狗去豬來

　　1945 年 8 月 15 日正午，日本昭和天皇頒布降服詔書的「玉音放送」，正式宣布日本接受無條件投降，第二次世界大戰結束，同時也為日本在台灣五十年的統治劃下句點。這一天，學徒兵二等兵蘇友鵬，在台北市近郊五股地區附近的駐防軍營，聆聽此即將要再次改變台灣命運的「玉音放送」。同年 9 月 2 日，盟軍亞洲地區最高統帥麥克阿瑟將軍，發布《一般命令第一號》指示各地日軍向同盟國投降，規定在中國（滿洲除外）、台灣、越南北部等地的日軍部隊，向代表同盟國的蔣介石將軍投降，蔣介石隨後委派中國陸軍總司令何應欽將軍為其代表，負責受降事宜，何應欽再委派陳儀將軍為其在台灣受降的代表。代表降方的台灣總督，兼日本陸軍第 10 方面軍司令官安藤利吉將軍，依照《一般命令第一號》之指示，於 10 月 25 日在台北公會堂（今台北中山堂）向代表盟軍——從中國前來的陳儀——投降並簽署受領文件。台灣社會各界認為可以脫離日本統治，回歸「祖國」，從戰敗國變成戰勝國的國民，在各地區張燈結綵、樹立牌樓，

熱鬧慶祝「光復」。

　　在這之前的 10 月中旬，蘇友鵬和一群同學友人跑去基隆，迎接前來台灣「接收」的中國軍隊抵達台灣，這是台灣社會各界共同舉辦的活動。那一天，碼頭上聚集了許許多多前來歡迎的群眾，樂隊演奏著歡慶的樂曲，大家唱著歡迎歌，整個碼頭上充滿了熱鬧歡欣喜樂的氣氛。到了中國國民政府軍預定要下船登岸的時刻，從碼頭上見到國民政府軍一直徘徊在甲板猶豫著，完全沒有要下船的樣子。同時可以隱約看到，軍艦甲板上國民政府軍與美軍似乎在爭執，最後在美軍人員的強烈催促下，國民政府軍才心不甘情不願地踏上連接碼頭的下船舷梯。當國民政府軍從美軍艦艇踏上舷梯走下船時，剎那之間碼頭上的空氣急速冷凍凝結，歡迎的音樂也戛然停止，前來歡迎的群眾臉上出現驚訝錯愕的表情。映入群眾眼簾的是身著破舊軍服、腳踩草鞋、肩挑扁擔和雨傘，上面掛滿了鍋盆棉被的「乞丐軍團」，他們陸陸續續地離船踏上碼頭，在碼頭上這些軍人也沒有紀律，只是三兩成群，或蹲或坐，沒有精神四散在碼頭地上。不論從哪個角度看來，這一群中國國民政府軍都不像是有紀律的軍隊，和台灣人民平日熟悉的日本軍隊印象完全不同，怎麼看都比較像是殘兵敗將，一群逃難的烏合之眾。這個景象立即傳至台灣各地，但是善良溫厚單純的台灣人民，在驚訝與衝擊的同時，仍然好意地為這些中國軍隊想到解釋，「畢竟歷經八年的中日戰爭，又搭乘艦艇渡過黑水溝台灣海峽，這些軍人實在是疲憊不堪⋯⋯」當然，也藉此來安慰自己錯愕的情緒吧。後來成為蘇友鵬在新生訓導處的難友「同學」郭振純前輩（19 歲時被徵召加入日本陸軍步兵第 47 聯隊，還沒有前往聯隊本部的印尼之前，在台灣最南端的南灣之留守部隊接受幹部訓練時戰爭結束。曾參與二二八抗爭活動，於 1953 年遭到逮捕，被以「連續參加叛亂之集會」罪名判處無期徒刑，在 1975 年因蔣介石逝世獲得減刑而出獄，共服刑 22 年）回憶戰後他復員回到故鄉，在台南車站，

第一眼看到中國軍隊後的心情是：「這真的是軍隊嗎？怎麼比起自己在小學時代看過的漫畫書中所看到的各戰場上的軍隊，國民黨軍隊實在是完全不堪入目。……日本軍隊怎麼可能被這樣子的軍隊打敗？不對，日本軍隊是被美軍的原子彈打敗！絕對不可能被這種『軍隊』打敗！」

郭振純前輩回憶到：「在台南車站看到穿著破破爛爛的阿兵哥下了火車，看起來就知道一點紀律都沒有。出了車站後四散在廣場上，三五成群隨地坐下來，有的在聊天，有的直接躺下來睡覺。在站長室旁的貴賓室，看到一個應該是部隊長的高級軍官，身上的制服倒是非常新穎，也很乾淨。他派頭很大地坐在沙發椅上，翹起腿接受站長的招待。手上拿起站長遞上的香煙，站長幫忙點了火，大口一吸，然後把煙往站長臉上噴。緊接著，轉頭吐了一口痰，拿起杯子喝了一口水。我看到這裡感覺很不愉快，就轉身離開台南車站。」

郭振純前輩不但是前日本兵，更被挑選進入幹部訓練班，服役期間接受嚴格的訓練，被要求必須遵守身為軍人的紀律。對於被天皇授予的武器和服裝，絕對看得比自己的性命重要，更必須隨時注意清潔衛生。沒想到在故鄉台南車站看到的「祖國」國民政府「軍隊」，竟然是一副慘不忍睹的「乞丐兵」模樣，而且完全沒有紀律可言。那個景象，完全顛覆了曾經身為軍人的郭振純前輩的期待與想像！當然，那些景象，也令許多的台灣人歡欣的心情受到衝擊！

殊不知，前來台灣接受日軍投降的祖國國民政府與國民黨軍隊，完全抱持著「戰勝國征服者」的心態。他們來台灣的目的，好像只是為了一件事——就是接收「戰敗國」日本的一切，將日本政府和人民的財產搜刮掠奪一空。在心情上，則視台灣人為被奴化的皇民，完全地歧視台灣人。至於一再對台灣人宣傳的「光復、重返祖國懷抱」，只是一句宣傳用的欺騙謊言口號，實際的情況根本表裡不一致。至於台灣與中國之間的文化差

異，更是助長問題益形惡化的關鍵因素。

　　台灣經過日本五十年的統治，雖然台灣人在參政權上受到限制，但是日本政府實施的國民教育，讓台灣社會整體的識字率在終戰當時已經超過百分之七十以上；在接受高等教育方面，即使日台之間存在著比例上的不平等，在接受高等教育的權利上，台灣人能夠就讀的人數，也確實受到相當的限制；但是台灣仍然有許多極為優秀的學生，不但能夠接受高等教育，在畢業後更進入社會，在各行各業嶄露頭角，成為社會的中堅份子。同時，在日本政府的嚴格要求下，台灣人非常守法、重視清潔具備良好的衛生觀念；反觀中國前來的官員與軍隊，則完全展現其在中國髒亂的習慣，這點和近年來中國觀光客前來台灣，在各地隨地吐痰、大小便製造髒亂，引起台灣社會反感頗為類似。前來台灣接收的國民政府及其軍隊，不但完全無法適應台灣進步的社會，更用征服者心態君臨台灣，把受日本統治五十年的台灣民眾，視為受殖民的奴隸，甚至於把台灣經過五十年日本統治之進步與發展，當成是日本皇民化的遺毒。在這種矛盾價值觀下，雙方的衝突日益增長，問題當然一定會嚴重。舉幾個大家都清楚的例子來說，來到台灣的中國人沒有看過自來水，不知道水道系統，以為只要牆壁鑽洞裝上水龍頭就會出水，結果因為沒有水流出，反而抱怨店家的水龍頭是不良品；馬路上看到別人放置的自行車，將其據為己有，可是不會騎自行車，只好將車背在身上扛回去。根據郭振純前輩的回憶：「在台南市，軍人到棺材店購買棺木，要求店家開立收據，金額比實際購買的價格高；數日後軍人把棺材拿回來退貨，拿出收據要求店家還錢，結果店家不但沒有做成生意，還賠上差價。」

　　衝突的畫面天天上演，中國人與台灣人之間的磨擦、衝突與對立，不可避免的與日激增。這種好比未開化的野蠻人，統治已開發進步社會的文化差異，雙方的對立可想而知。而更嚴重的問題是，貪婪腐敗的國民政

府與其軍隊，將台灣視爲戰利品，把所有的物資當成戰爭勝利的獎賞，將「接收」變成順理成章的「劫收」。首先，日軍物資以援助中國內戰名義被送回中國變賣，所有的物資，包括糧食、醫療、資源等，都被台灣省行政公署前來接收的官員，假藉各種名義掠奪一空（謹愼周到、做事仔細的日本人所提出的交接明細清冊，剛好被用來做爲劫掠的工具，一掃而空，如蝗蟲過境）；同時，爲了劫收日本遺留的物資工廠，人事安排上，循私指派安插自家人，放著訓練優良的台灣人不用，導致公司倒閉、工廠機械設備及原材料被盜賣中飽私囊，任由工廠的生產線無法生產完全停擺。掠奪行爲在民生基本生活用品上也不例外，稻米、砂糖等基本物資被盜賣導致缺糧，造成台灣社會民不聊生，戰爭結束後的日常生活，竟然比戰爭時期日本政府實施管制時更糟糕惡化。從台灣省行政長官公署到各地方政府的各級官員對於台灣民眾之歧視，軍隊紀律之散慢與違法，在職務上的貪污腐敗，令台灣人見識到中國人的醜惡與蠻橫。台灣，曾經是大日本帝國的米倉；曾幾何時變得物資缺乏，經濟蕭條，甚至於民不聊生……令台灣人民開始反感。原因是台灣被偉大的中華民國「光復」，「接收」變成「劫收」！台灣民眾熱烈歡迎的祖國中國，前來「光復」台灣的「祖國」，這些來自祖國的官員，如同蝗蟲一般，來自祖國的軍隊，則如同強盜土匪集團，所到之處，僅剩一片荒蕪焦土。美麗的蓬萊仙島台灣，變成鬼島。

　　台灣，在第二次世界大戰結束時，曾經是傲視亞洲的進步島嶼，卻在戰後短短一、兩年內，淪落到一個絕望的深淵。原本熱烈歡迎「台灣光復」、期待「回歸祖國」的台灣社會，到這個時候已經無法忍受，對「祖國」中國的不滿情緒正逐日高漲。失望取代期待，怨聲也取代了歡呼聲！台灣社會開始用「狗去豬來」（狗雖兇悍卻顧家，豬則一無是處），來形容戰後日本離開、中國來台灣後所造成的社會亂象，更因此對美國委任中

國人來台灣一事，對美國發出怨言道——美國人對日本人比對台灣人仁慈，因爲美國給了日本兩顆原子彈，卻把中國人給了台灣。

　　這裡引用兩首流行於 1946 年的台語打油詩，可以看到當時台灣社會對於光復之後，中國人前來台灣的種種作爲的感受：

　　　　台灣光復眞吃虧，餓死同胞一大堆，
　　　　物價一日一日貴，阿山一日一日肥。

　　　　盟軍轟炸驚天動地，台灣光復歡天喜地，
　　　　官員接收花天酒地，民生痛苦呼天喚地。

二二八事件

　　從 1945 年 10 月 25 日光復之後，由於台灣行政長官陳儀及其手下之貪污橫行，整個接收團隊結構性的貪污腐敗，政策倒行逆施，中國的軍隊在台灣的橫行不法、搶奪暴行……中國人在戰後前來台灣，除了以「戰勝者」的態度，也一定抱持著「征服者」的心情，因此自認爲沒有什麼事不能做，完全沒有一絲的忌憚。經過了一年半左右的時間，已經令台灣人無法繼續再容忍。依照早期的「官方」公式說法爲：「一，台灣人受日本奴化教育影響，所以反抗祖國政府。二，台灣人受共產黨的蠱惑，因此國民政府在不得不的情況下，只好派兵鎮壓，平定動亂」；近年來，歷史檔案出土，證據指向事件之發生，事實與官方說法有極大出入，政府只好出面改口，稱事件是所謂的「官逼民反」。但是實際的眞相又是什麼？何時能夠眞正得以完全釐清？相信還有許多的隱藏檔案待發掘，同時有具正義感的歷史學者鍥而不捨追查研究！更重要的是政府要誠懇地正視歷史，徹底完成眞正的轉型正義！

　　眾所周知，二二八事件的導火線是 1947 年 2 月 27 日傍晚，專賣局查緝員在台北市天馬茶房前查緝私菸，因不當使用公權力造成民眾一死一傷，成為二二八事件之引爆導火線。次日（2 月 28 日），當民眾前往行政長官公署前廣場示威請願時，卻遭受長官公署屋頂之衛兵開槍掃射，使原先單純的請願運動，急轉直下變成反抗政府的行動，同時發生在台北市的不當鎮壓，消息開始一路往南傳遞。於是累積在台灣人心裡，對國民政府在台灣長久以來（約一年半）所造成的不滿與忿怒，一夕之間徹底爆發。台灣各地陸續發生軍民衝突，到一週後的 3 月 6 日，除了澎湖外島之外，衝突事件蔓延到全台灣各地。自從戰爭結束，中國人進來到日本人離開，台灣人遭受的種種不公平的待遇，所有不滿的情緒在這個時候爆發，轉變成對「外省人」的激烈反抗。實際上，2 月 27 日傍晚的查緝私菸行動不是第一次，從 1945 年 10 月中旬，中國的國民政府前來台灣之後，這種藉「執行公務」欺壓台灣民眾的行為，就不斷在台灣各地發生。因此，民怨已經累積相當長的日子，才會讓台北發生的單一事件，在傳到中南部後，引起各地的台灣民眾蜂擁而起。

　　3 月 6 日，高雄發生血腥屠殺事件，這一天，高雄市的「二二八事件處理委員會」正式成立，在市政府的大禮堂舉行會議，大家討論要如何解決問題，以及處理善後。會議結束後，委員會推派的代表們前往位於高雄市中心偏西的壽山，目的是拜訪駐紮在壽山的高雄要塞司令彭孟緝，要求慎重處理高雄市的治安問題。委員會代表有高雄市的市長黃仲圖、市參議會的議長彭清靠，以及林界、涂光明、曾鳳鳴共五人。這幾位高雄市民代表們，要求彭孟緝下令停止軍隊對市民的射擊威脅，同時要求軍隊在委員會提出改革案之前，暫時先不要離開營區。結果彭孟緝除了高雄市長黃仲圖之外，將其餘的四人予以監禁，並槍殺了其中三人。同時彭孟緝率領軍隊下山，直接開往高雄市政府，包圍封鎖舉行委員會的大禮堂，開槍射殺參

加會議的人與其他無辜市民。就這樣,高雄市政府的大禮堂被鮮血淹沒!伴隨著震耳欲聾的爆裂槍聲與群眾的慘叫聲,眾多無辜者在此血腥謀殺行動中喪失性命!

　　台灣省行政長官公署陳儀則一方面對抗議民眾虛與委蛇,一方面緊急向南京國民政府請求援軍,在 3 月 8 日配合陸續自中國來的援軍,第 21 師及憲兵第 4 團登陸台灣後,陳儀在台灣各地展開強勢的武力鎮壓,屠殺無辜民眾的行動正式展開。除了槍殺百姓之外,基隆與高雄兩個港口城市,有許多無辜的路人被用鐵絲穿過手臂,直接丟下海。

　　緊接著又發動清鄉行動,台灣社會許多接受日本高等教育的菁英份子(包括司法官、學者、醫師、社會賢達人士等)失蹤、被捕、被殺害,無辜民眾也相同。1990 年代後期,政府公布事件受害人數約為三萬人,但根據實際的戶口清查結果,事件發生後約有十數萬人失蹤。事件之發生,只是單純的「官逼民反」嗎?綜觀事件的發展與結果,二二八事件何嘗不是蔣介石及其國民政府假藉鎮壓民變之名義,行掃除肅清異己之實?國民政府難道不是利用這個機會,將台灣的許多優秀人才一掃而空,所有相關的國民政府官員,在事件後全部升官,難道沒有疑點?當中國軍隊在扣下板機的時候,所謂「台灣同胞」的性命,在這些「祖國」中國人「征服者」的眼裡,到底算什麼?1989 年,中國北京發生的六四天安門事件,中國解放軍的戰車直接輾過馬路上的學生,那個驚悸的畫面震驚全世界。原來中國的統治者對待自己「同胞」的方式,是如此無理冷酷,如此殘忍兇暴!

　　國民黨政權長久以來宣稱台灣沒有人才,事實是被國民黨殺害的都是台灣人才,這些台灣菁英都是在日本統治時期被特別栽培,接受世界一流教育訓練,絕對比「高貴祖國」的中國人更優秀,更是建設台灣之重要基石。但是,卻必須被中國人糟蹋殘殺。

　　二二八事件最大的影響之一,是讓許許多多台灣人民的「祖國夢」破

碎！經過此事，那些沒有被肅清的許多受高等教育知識份子，絕大多數不再懷抱對中國的憧憬。他們看清國民黨與資本主義的殘暴、貪污腐敗、不公不義，因此開始轉向思考社會主義所提倡之人人平等。但是此現象，讓失去江山的蔣介石與國民黨流亡到台灣之後，有了進一步整肅異己、鞏固其政權的口實，結果是在台灣實施破世界紀錄、長達 38 年的戒嚴白色恐怖時期，遭受迫害的人更是不計其數。

戒嚴：白色恐怖啓程

　　1945 年中日戰爭結束後，中國內部隨即展開蔣介石的國民黨與毛澤東的共產黨之間，為了爭奪政權的國共內戰。經過三年半左右的時間，在 1949 年 1 月，蔣介石率領的國民黨軍隊在中國各地民心向背，戰事完全處於失利狀態，貪污腐敗的國民黨被中國百姓唾棄，在國共內戰中節節敗退，已經到無力回天之地步。同年 1 月 16 日，蔣介石將國民政府從南京輾轉遷往廣州，並在 21 日辭去總統職務；10 月 1 日，中華人民共和國正式於北京成立。10 月 13 日中華民國政府再遷往重慶，11 月 29 日又遷至成都；12 月李宗仁代總統避走美國，國民黨的中央政府於 12 月 16 日遷至台灣。「中華民國」這個流亡政權，由於無法得到百姓的支持，軍隊也沒有士氣繼續作戰，眼看局勢完全回天乏術，最後只好敗逃到台灣，而在此之前的 1949 年 5 月 19 日，陳誠的台灣省政府在台灣發布軍事戒嚴令，次日（5 月 20 日）凌晨生效，從此台灣進入無限期的黑暗時代。更造成今日台灣無法在國際社會立足的悲慘現狀

　　由於國民黨在國共內戰的持續失利敗逃，共產黨在 1949 年 10 月 1 日，正式在北京成立中華人民共和國，國民黨的國民政府於 1949 年 12 月被迫逃亡到台北市。緊接著，1950 年惡名昭彰的「白色恐怖」，大規模的逮捕行動正式啓動，台灣進入漫長的黑暗時期，一波接一波對異議份子的逮

捕、殺害，所有整肅異己的行動，其唯一的目的，只是爲了鞏固蔣家與國民黨的獨裁政權。在這樣雷厲風行的逮捕行動中，無法計數的冤獄令台灣的社會與人民遭受無止盡的迫害，付出慘痛的代價。許多的家庭失去至親而家破人亡，妻子失去丈夫、白髮人送黑髮人、兒女出生不久即沒有父母親……！這一切，只因爲無法認同蔣介石與國民黨的專制獨裁，思想理念的不同、追求公平正義、基本人權……許許多多的台灣人付出寶貴生命、青春的歲月被剝奪。在綠島新生訓導處、新店安坑軍人監獄、台東泰源監獄以及各地的管訓場所，到處都可以看到「思想犯」與「叛亂犯」，但是他（她）們被關的理由，完全是荒唐無稽！在此同時，另外有一群人則趁此機會獲取利益，藉由政府的連帶保證與獎勵密告制度，製造冤獄、公報私仇；情治單位的特務和司法敗類，爲了爭取獎金，任意非法逮捕人，用欺騙與嚴刑逼供，用冠冕堂皇的荒謬理由判刑，甚至於爲覬覦貪圖別人的財產，告密羅織罪名、製造冤獄。在這個黑暗時期，整個政府結構性地違法犯罪，人性最醜陋的一面也發揮到淋漓盡致。

　　蔣介石流亡到台灣之後，對於失去整個中國江山的餘悸猶存。但是獨裁者蔣介石不但不反省眞正失敗的原因，在於其政府自身之貪污腐敗所導致的民心向背，反而將不滿情緒發洩到收留他的台灣社會，採取更加嚴厲的高壓恐怖統治，藉以維持其不法政權。同時，違反國際之託管法，將台灣視爲私人的囊中物。首先在 1946 年 1 月 12 日，非法片面強制更改台灣人的國籍，此時台灣僅僅是軍事託管地，此事經英美兩國抗議。1948 年實施《動員戡亂時期臨時條款》，1949 年 5 月 19 日頒布《戒嚴令》並於次日正式實施，這個長達 38 年的戒嚴令，成爲世界政治史上的紀錄。在戒嚴之下，台灣人民的組黨結社、思想言論的自由被完全封殺限制，書籍新聞雜誌等出版品必須事先審查，司法上則用軍法來代替，完全扼殺人民接受公平司法審判的權利。司法只是獨裁者個人整肅異己、迫害人民的統治工

具。蔣介石以一個下野的身份到「復行視事」，完全視法律為無物，個人可以超越國家法律之上。如此個人凌駕司法，視司法為個人統治工具的獨裁者，根本就是把自己當成擁有生殺大權的皇帝，任意更改判決也就不足為奇。

對內在台灣，使用偉大的中華「民族大義」，在「反共抗俄」、「殺朱拔毛」的響亮口號下，箝制與國共內戰完全無關的台灣人民的自由，剝奪台灣人民的生命財產，台灣整個社會被嚴重地限制與扭曲。一方面透過無所不在的特務監視系統，遍布在台灣各行各業，每一個角落都有監控的眼線，睜大雪亮的眼睛、豎起耳朵，想盡所有辦法箝制台灣人民的思想與言論；另一方面，則以荒唐虛構的杜撰內容，對台灣人進行徹底的洗腦教育，達到思想改造的目的，這一切行為都僅僅是為了鞏固蔣介石及其獨裁專制政權。在國際社會，為了蔣介石個人的虛榮心，讓台灣冠上莫名其妙的「中華民國」虛假外套，結果導致台灣變成國際孤兒。由於蔣介石死抱著「中華民國」的殘骸，讓台灣到今天仍然無法成為一個正常的國家，立足於國際社會。聯合國大會在 1971 年 10 月 25 日，第 26 屆聯合國大會會議上表決通過的第 2758 號決議，中華人民共和國正式取代中華民國成為中國唯一代表，蔣介石的中華民國被逐出聯合國。這一切不正是「民族救星」、中華民族「偉大的舵手」——蔣介石的「豐功偉業」所造成？當年全台灣各地隨處可見宣傳口號，舉凡「民族救星」、「偉大舵手」、「殺朱拔毛」、「消滅萬惡共匪」、「反共必勝」、「建國必成」……這些教條口號，除了用以箝制洗腦台灣社會之外，或許真正的作用，只是滿足了蔣介石精神心理上的自慰。畢竟一個敗軍之將，失去一切，被人民唾棄、喪失領土、失去國家政權，落荒逃難到一個陌生島嶼，只好藉用這些口號來自我滿足！

鋪天蓋地的清鄉綏靖行動

　　二二八事件的大屠殺發生之後的一年多，台灣開始實施軍事戒嚴，接著開始再次進行清鄉綏靖行動，在台灣四處鋪天蓋地大肆逮捕人。蘇友鵬就是在如此的狀況下被莫名其妙地逮捕，判決十年徒刑，送到火燒島的勞動思想改造集中營（新生訓導處）接受「感訓」及「思想改造」。在「寧可錯殺一百、不要放過一個」的政策下，一波又一波的清鄉行動，迫害台灣社會的無辜民眾。這一切難道不是依照既定的計畫，執行清除台灣社會反對力量的行動？

　　所有政策的唯一目的，就是爲了鞏固蔣介石、蔣經國父子與國民黨的流亡獨裁專制政權。蘇友鵬一再地表示：「那是一個荒唐的時代與社會！」確實，台灣在 1950 年代悲慘、荒謬、無稽的歷史，製造許許多多的政治冤獄，從非法逮捕，以欺騙手段及嚴刑逼迫方式取得口供，到荒謬的判決，多少人因此受難，導致許多台灣民眾遭受平白無故的迫害甚至殘殺，讓許多的台灣家庭破碎，那個創傷未被撫平，仍然影響著今天的台灣社會；至於台灣社會也因爲洗腦教育的徹底滲透，導致今天仍舊有許多人無法認清事實眞相，造成國家認同危機，更給中國併吞台灣的充分藉口，這一切也都將持續影響台灣未來能否成爲一個正常國家。

　　當整個政府運用其所擁有的所有公權力來爲一個獨裁者服務，當軍隊與特務機關只是專制政權用來殘害自己國民的工具，司法成爲獨裁者清除異己的手段，民眾如俎上肉，完全任憑宰割，民主、自由與人權也完全被踐踏在地，社會的公平與正義根本就是天方夜譚。戒嚴令下的整個台灣社會，完全籠罩在一片肅殺的氣氛中，就如同一個監獄島，被禁錮在裡面的人民，完全沒有自由，心中充滿恐懼，社會之中也充滿了互相不信任。

　　1950 年 6 月 13 日，蔣介石頒布實施《戡亂時期檢肅匪諜條例》，當中

第 12 條：「匪諜之財產得依懲治叛亂條例沒收之。」第 14 條規定：「沒收匪諜之財產，得提百分之三十作告密檢舉人之獎金，百分之三十五作承辦出力人員之獎金及破案費用，其餘解繳國庫。無財務沒收之匪諜案件，得由該管治安機關報請行政院酌發獎金，或其他方法獎勵之。」

　　不可諱言，在那個風聲鶴唳的年代，跟隨蔣介石來台灣的百萬軍民當中，確實可能混雜著一些共產黨的地下工作人員。但是在蔣介石、蔣經國父子及國民黨實施的獎勵告密制度與連帶保證責任之下，這一把兩面鋒利的屠刀，讓絕大多數的政治案件都成了假案冤獄。一方面以「保密防諜，人人有責」的連帶責任制度，造成人人自危；再利用「獎勵告密」誘導人內心貪婪的本性。同時，在給予辦案人員獎勵之情形下，辦案人員為了得到「賞賜」，製造假案甚至於公報私仇，最後的結果自然是冤獄重重！

　　在這樣子的情形下，整個台灣社會自然就成了恐懼與貪婪的雙面集合，一方面擔心自己受到無故的波及，又為了滿足個人的利益，人與人之間的關係一定產生非常嚴重的猜疑心與不信任感。如此草木皆兵的社會，充斥的是這種扭曲的氣氛，人人自危，剛好成就了獨裁統治者的期待與恐怖統治的目的。

　　政府的兩面手法，鼓勵業績，獎勵辦案。民眾一方面是為了自保，另一方面則是貪婪的劣根性，藉機謀求他人之財來滿足個人私慾，配合政府嚴刑峻法來逼迫告密，兩者剛好相輔相成，獨裁政府坐收漁利。政府利用沒收犯人的財產充當獎勵的制度，導致許多貪圖別人財產而進行密告，結果造成冤魂的戲碼不斷上演，層出不窮。例如一直熱心為蘇友鵬婚事不厭其煩奔波的介紹人劉明先生，就是在此種情況下，因為被有心人覬覦其財產，結果無緣無故遭逮捕判刑，禁錮在火燒島新生訓導處十年。今天，台灣社會在各行各業中，有一種新興行業叫做「檢舉達人」。其實所謂的「檢舉達人」就是「抓耙仔」，檢舉不法應當是公民的責任義務，每個人

應該義無反顧地檢舉非法行為，但是藉由「利益」來獎勵、鼓勵檢舉告密抓耙仔的惡法，根本就是旁門左道，完全是荒腔走板，只是鼓勵貪婪風氣的惡劣法律。

專制獨裁者為了鞏固其政權，除了大肆興政治獄，更在台灣社會的每一個角落，布下天羅地網似的情治系統，到處都是特務與眼線，就如同人的身體遍布的末梢神經系統一般，無時無刻都在監控著所有的人民，獎勵告密檢舉，特務利用破案來立功，只為了滿足個人私利，結果製造的假案與冤案不勝枚舉。這就是台灣的白色恐怖時期，政府藉利益來鼓勵一群人，同時在社會製造恐怖，來達到統治的目的。

1949年5月19日，頒布《台灣省政府·台灣省警備總司令部布告戒嚴字第壹號》，宣布從1949年5月20日零時起，在台灣全境實施戒嚴。從這一天開始，整個台灣變成一個貨真價實的「監獄島」。1951年5月17日，火燒島（綠島）成為台灣這個監獄島當中最惡名昭彰的小「監獄島」。成千上萬的台灣人在這個美麗的島嶼上，犧牲寶貴的生命無法換回，許多青春歲月被剝奪。

政治犯是永遠無法抹滅的烙印

在司法上，被逮捕、被判決、服完徒刑返回社會，理論上已經被處罰完。可是政治犯的情形卻不是如此，服完徒刑並不表示從此沒事。相反地，政治犯返回社會之後，無論是住居、求學、工作，都仍然必須不定時地被「關心」，警備總部、調查局、管區警察局派出所，隨時隨地都有許多的騷擾，監視的眼光來自四面八方。幾乎所有從火燒島回來的叛亂犯，都遭遇到上述的騷擾，甚至如蘇友鵬成為公務員在台北鐵路醫院服務，仍然會不定期被調查局找去「招待所」招待一下；同時，人事單位也會不定

期地要求蘇友鵬提出報告（包括自傳），從自傳內容可以想像，當局就是要提醒人：「你是政治犯，我沒有忘記你。」

同案件的學長胡鑫麟醫師返回台南開診所，也不能倖免被騷擾，最後只好選擇避居國外；胡寶珍醫師返回台灣後回家鄉開設診所，從此隱身於台南新營，消聲匿跡音訊全無。蘇友鵬晚年最親密的戰友之一，蔡焜霖先生在返回社會通過入學測驗後，也因為面臨被關心而無法就讀台北師範大學前身的台北師專。國民黨如此之行為，難道不是趕盡殺絕，逼迫受害者走頭無路？胡鑫麟醫師曾經說：「依國民黨的定義，政治犯是『終身職』，不因刑期結束而消失身份。以前國民黨的做法是，你在外面有沒有事，隨時和時局緊張有關。他們從大陸撤退來台時，臨走前還把握最後機會，屠殺了許多人……我們這些黑名單人士，首先性命不保。我們年紀也老了，不要緊了，我要我的小孩逃離這種命運……離國民黨越遠越安

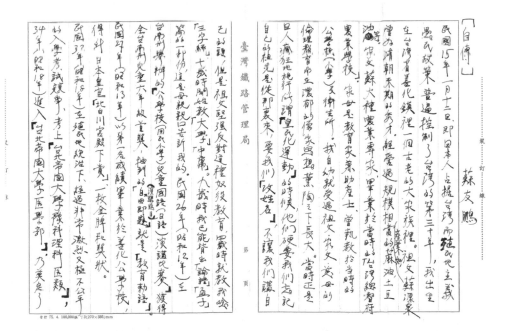

蘇友鵬於台北鐵路醫院就職中所寫的自傳。

全。」（節錄自《島嶼愛戀》〈醫者之路〉一文）

另外，「政治犯」這個標籤，就如同刺青墨汁一般，一旦進入身體就無法洗清除淨，深深地烙印在每一個政治受難者身上。那一年大家在火燒島上，拒絕參與一人一事良心救國運動的刺青，雖然造成一些人在後來被槍決，但是絕大多數的人得以讓身體髮膚沒有受到那個刺青的污染。只是萬萬沒有想到，釋放返回台灣社會之後，那一道無形的「政治犯」刺青，卻像如影隨形的鬼魅般，無所不在地緊貼在側。蘇友鵬他們無法擺脫調查局的特務、管區警員等，無時無刻不定期的「關心」（實際就是騷擾）。雖然沒有做任何事情，但是每天就是要生活在無奈與恐懼的陰影下，沒有經歷過的人，實在難以想像那種厭煩又提心吊膽的生活。

這種騷擾一直要等到解嚴，嚴格地說，要經過 1991 年 5 月廢除《動員戡亂時期臨時條款》，以及 1992 年刑法 100 條廢除之後，台灣才正式走入一個比較正常的社會，特務與警察的騷擾才漸漸消失。經過漫長的數十年之後，情治單位特務和管區員警的關心，才完全劃下句點，蘇友鵬他們這些政治犯終於得到喘息，不再背負著政治犯的沉重壓力，得以放下心中的重擔。但是，長久以來心中的陰影，仍舊如扣緊的枷鎖，深植在許多人的內心裡。因此仍然有許多的受難者及家屬，永遠走不出那道無形的監牢。

堅毅開朗善良的個性

不過，對於曾經遭受的政治迫害，蘇友鵬用一句「I am very LUCKY！」（我非常幸運！）帶過。為什麼說「LUCKY」呢？他說：「首先，我沒有被判處死刑，撿回一條性命。也沒有被判處無期徒刑，只是十年而已。而且，我在刑期結束後沒有被延長刑期。再來，我能夠參與在火燒島新生訓導處成立醫療所，治療生病與受傷的人，照顧大家的健康，這是個非常難

2017年，蘇友鵬面帶微笑談「LUCKY」。

得的經驗。最後，因爲我是專業醫師，回到台灣之後，剛好碰到醫師荒，所以找工作時比其他的許多同學（受難者之間互相稱爲同學）幸運，在工作上也相對沒有碰到很多的騷擾。甚至於還成爲公務員！」

蘇友鵬自己遭受迫害，莫名其妙被逮捕，判刑十年關在火燒島的新生訓導處這個集中營。同一天一起被逮捕的還有另外三個台大醫師，在同一個案件中總共有七個台灣大學的醫師（三個死刑、三個各十年、一個辦理自新）[1] 受害。如果再加上不同案件的受難者，從二二八起一直到發動白色恐怖這短短的幾年期間，更有無以計數的醫師被殘酷地殺害、禁錮，所造成台灣社會的損失，眞的是完全沒辦法計算。

另外，蘇友鵬台南二中的同學中、也有五個直接受難者（李瑞東死

1　蘇友鵬同案台大醫院犧牲者。死刑：郭琇琮醫師、許強醫師、謝湧鏡醫師；十年：胡鑫麟醫師、胡寶珍醫師、蘇友鵬醫師；自新：翁廷俊醫師（自新後被迫離開台大醫院，後自行開業）。

刑、邱媽寅與邱奎璧被判十年、葉石濤五年減刑爲三年、黃昆彬被逮捕數次，詳情見第 1 章）。另外的兩位台南二中同學王育彬與謝敏堅 [2]，雖然本人沒有直接受迫害，但是他們的兄長們（王育霖、謝湧鏡）同樣被國民黨殘暴地殺害，家人必須面對多少的痛苦，家庭也籠罩在悲慘之中。那個荒謬近乎瘋狂的年代，其實「生」與「死」僅僅只是一線之隔，只是判決書上一字的差異。蘇友鵬被羈押在軍法處的看守所時，每天清晨一再面對「生」與「死」，徘徊在「生」與「死」之間，在那種情形下，根本沒有人生的希望可言，完全不知道明天將要面對什麼！

蘇友鵬鐵路醫院的同事，在蘇友鵬之後，接任耳鼻喉科主任的李汝隆醫師回憶說，蘇友鵬曾經有一次在聚餐酒酣耳熱時，對他們這一群年輕的醫護人員說了：「你們能了解與想像，面對死亡、等待死亡的心情嗎？」這句話。當時剛聽到，李醫師沒有特別深入去思考，一直到後來才驚覺，當時蘇友鵬的那一句話充滿了多少絕望與無奈。

「面對死亡、等待死亡」，是輾轉監禁在台北市各地的看守所，蘇友鵬每天清晨必須經歷死亡點名的心情，這何嘗不是其他受難者共同的感受？蘇友鵬說：「經過暗夜的死亡行軍，在基隆搭船，進入充斥機油臭味的登陸艇底層後，我們大家想的是，他們是不是要把我們帶到外海，然後丟下海餵魚？」緊接著再被移送到火燒島，在荒島上的勞動集中營一待就是九年的光陰，這當中每天要面對不知道什麼時候會被管理的官兵，或是政治指導員來找麻煩；即使釋放返回台灣社會之後，仍然隨時要面對調查

2　間接受害的台南二中同學。王育彬：長兄為王育霖先生，東京帝國大學法科畢業，曾任日本京都地方法院檢察官、新竹市檢察官、台北市立建國高級中學教師，個性耿直，在二二八事件時遭中國國民黨政權殺害，棄屍淡水河。他另一個哥哥王育德博士是語言學教授，為了躲避國民黨的追殺，不得不亡命日本；謝敏堅：兄長為謝湧鏡醫師，畢業於東京慈惠醫科大學，1945 年返台任台大熱帶醫學研究所血清室主任，和蘇友鵬同案，於1950年秋天，依台北市工作委員會案判處死刑，於台北市馬場町遭槍決死亡。

局與警備總部特務持續的騷擾，為了一本無關的英文雜誌被調查局「招待」了數天，真的是無奈與絕望的日子！但是這一切並沒有讓蘇友鵬屈服！困境沒有擊潰他堅強的心志，蘇友鵬努力在自己的崗位上生活，奮發工作，成家立業，全心全意經營家庭，照顧妻兒生活的決心。在鐵路醫院工作上，蘇友鵬盡全力協助台南二中的學長楊蓮生院長，發展鐵路醫院的耳鼻喉科，造就台北鐵路醫院，成為領導台灣耳鼻喉科的權威重鎮。退休之後的蘇友鵬，全力投入關懷同樣是政治受難者的難友，長期不斷地為難友爭取權益。直到晚年，仍不忘記希望，堅定持續為台灣的未來努力，積極地關懷台灣社會民主與人權的活動。蘇友鵬總是抱持著樂觀，面對每一天的生活。

　　綜觀蘇友鵬的一生，外在加諸於他身上的困境，因為家庭經濟問題，求學過程比其他人辛苦，好不容易熬到醫學院畢業，原本以為即將脫離艱困生活，卻又遭受獨裁專制政權的迫害，身心受盡創傷；返回社會工作，在成家後仍無法擺脫特務如影隨形的騷擾。壯年又喪偶，獨力照顧家庭撫養三個兒子。雖然人生充滿波瀾萬丈的挫折，卻沒有令他屈服，因為蘇友鵬堅毅開朗的個性，反而更積極地面對人生，努力貢獻社會，非常善良地關懷身邊的所有人，同時也堅持追求台灣社會的民主化，投身在爭取人權、維護人權的活動。蘇友鵬的一生，見證了台灣的近代史，一個個性善良、樂觀進取、努力不懈，面對困境永遠不屈不撓、積極奮鬥的台灣人精神。蘇友鵬積極正面的人生態度，正是台灣人的典範，值得所有人學習。

轉型正義——Transitional-Justice

　　自進入台南二中開始學習英文後，蘇友鵬一輩子都以自己的英文能力自許。不但在醫學領域上使用英文發表學術論文，搜集醫學新知，更長期

閱讀英文書籍雜誌，關心國際時事。博學多聞的蘇友鵬數次提到：「英文字典在第二次世界大戰之後，新增了一個單字叫做『GENOCIDE』[3]，意思是種族滅絕。此英文單字之產生與被編輯入英文字典，主要是由於德國在希特勒及納粹執政並發動戰爭後，有計畫地進行猶太民族之滅絕屠殺，不過除了德國納粹外，在世界各地也相繼發生了多起種族滅絕的事，許多無辜的人因此犧牲了寶貴的生命。無可取代的生命！」

在這裡必須要特別強調兩件事：

① 1945 年 9 月 2 日，盟軍亞洲區總司令麥克阿瑟將軍的《一般命令第 1 號》。中國的蔣介石是代理盟軍前來台灣接受在台日本軍隊的投降。在這種情形下台灣的地位是一個「軍事託管地」，在《國際法》上，中國的國民政府並不擁有台灣，同時中國沒有變更台灣人國籍（日本國籍）的權力。至於 1951 年 9 月 8 日簽署的《舊金山和平條約》（中華民國，或中華人民共和國皆未參與簽署），以及 1952 年 4 月 28 日簽訂的《中日和平條約》（中華民國與日本之間簽署的條約），宣告中日戰爭結束，中華民國也沒有在法律上取得台灣的所有權。但是國民政府卻在 1946 年 1 月片面違反《國際法》，將台灣人的國籍變更為中國籍。因此 1947 年的二二八對台灣人的大屠殺，是非常嚴重的戰爭罪行！

3　GENOCIDE 一詞，最早由波蘭籍猶太法律學者拉斐爾‧萊姆金在 1944 年提出。其中「genos」意思為殺害。1948 年 12 月 9 日，聯合國大會通過第 260A 號決議《防止及懲治殘害人群罪公約》，簡稱 CPPCG 條約。該條約於 1951 年 1 月 12 日生效，其中第二條對種族滅絕行為定義如下：「蓄意全部或局部消滅某一民族、人種、種族或宗教團體，犯有下列行為之一者：殺害該團體的成員。致使該團體的成員在身體上或精神上遭受嚴重傷害。故意使該團體處於某種生活狀況下，以毀滅其全部或局部的生命。強制施行辦法，意圖防止該團體內成員生育。強迫轉移該團體之兒童至另一團體。」（節錄自網路）

②1948 年及 1951 年這個時間點，當時聯合國的中國代表是蔣介石的中華民國，中華民國不但是聯合國的創始會員國，同時也是安全理事會的常任理事國。蔣介石一方面參與 260A 的決議案（防止及懲治殘害人群罪公約），投下贊成票並簽署，同時在台灣大肆執行逮捕槍決民眾的行動。

不能忘記，中華民國前來台灣只是代表盟軍接受日軍投降，台灣在當時既然只是一個軍事託管地，中華民國政府並沒有取得台灣的所有權，卻鳩佔鵲巢硬據台灣為己有。從1945年10月中國的國民政府進入台灣之後，先違反《國際法》，強制變更託管地台灣人民的國籍在先，又在強佔台灣，高喊光復台灣、解救台灣同胞的同時，把槍口對準所謂的「同胞」，在1947年藉機發生二二八事件屠殺了整個世代的「台灣同胞」；緊接著在1949年宣布戒嚴，在台灣長達38年的白色恐怖時代，藉口「共匪」、「叛亂」這兩個關鍵字，台灣有不計其數的無辜民眾被逮捕、遭槍決、蹲苦牢，在集中營強制思想改造、接受感訓，這不但是嚴重的戰爭罪行，更是種族滅絕！

而這一切的作為，就只是要維護鞏固蔣介石與國民黨的流亡獨裁專制政權，只是為了一個單純的目的，完全不是什麼「必要之惡」的問題。因為個人的私慾，多少家庭失去至親，在這個私人的利益之下，許許多多的台灣人被有計畫地虐殺，犧牲性命，當然就是「GENOCIDE」（種族滅絕）！如此的行為不但違反《國際法》，更是違反人性的惡劣行徑！如今在台北市中心精華地點，還矗立著一座供奉蔣介石的神廟，桃園設置陵寢，放置準備反攻大陸遷回中國的死屍，讓軍隊衛兵防守；甚至於台灣各地最中心的道路，一定都要以「中正」命名；政府不願正視面對，沒有處理如此荒謬的倒錯，何來轉型正義？眾多的受難者要如何釋懷？

　　蘇友鵬非常喜歡用拿 1970 年發生在波蘭的「華沙之跪」（Warschauer Kniefall），來說明如何完成轉型正義。那一年的 12 月 7 日，西德總理威利‧勃蘭特（Willy Brandt，1913-1992）訪問波蘭華沙，他在華沙猶太人死難者紀念碑下獻花之後，突然雙腳跪下，低聲地祈禱說：「上帝請饒恕我們，願苦難的靈魂得到安息。」西德的勃蘭特總理，爲第二次世界大戰中納粹德國在華沙所犯下的屠殺猶太人罪行，用實際的行動誠心地道歉謝罪。勃蘭特總理的下跪，不但讓波蘭人民深受感動、化解心結，願意與德國重新建立關係。國際媒體也以「德國總理跪下去，德國人民站起來」，來形容德國面對歷史事實的誠心反省與懺悔。歷史上稱西德勃蘭特總理的行動爲「華沙之跪」。

　　蘇友鵬舉「華沙之跪」的例子，表示德國今天之能夠在第二次世界大戰之後重新站起來，不但目前得以成爲歐盟主要領袖國之一，更在國際社會變成一個舉足輕重的重要國家，就是因爲正視過去的錯誤，發自內心由衷地反省。因爲誠懇地面對過去，才可能讓整個國家對於未來有希望。一個國家的偉大與進步，絕對不是科技發達，更非軍事強大、國民生產毛額有多驚人、經濟發展與國民所得有多高，而是具有反省能力，願意誠心面對，爲過去的錯誤做出更正。今天，德國仍舊不斷針對那些曾經在納粹時代協力屠殺猶太人的人，給予司法的審判，即使已經過了 72 年，德國還願意繼續爲轉型正義努力。反觀台灣，在一個有眾多受害者，卻沒有加害者的矛盾社會，想要擺脫過去的歷史包袱，要達成眞正的社會和解，當然必須徹底做好轉型正義。唯有誠實地面對歷史眞相，台灣才有機會走向光明的未來！德國絕對可以做爲台灣在轉型正義上的最佳模範。台灣的轉型正義之路，應該從公布事實眞相，釐清責任歸屬，誠摯道歉開始；然後才有原諒、和解！這不是悲情，這是台灣人必須正視的歷史！

　　蘇友鵬雖然一直到晚年才接受基督教的洗禮，但是從早年剛來到台北

求學，因爲地緣關係，他走入教會參加各種活動，就深受基督教信仰的影響。蘇友鵬在進入大學的醫學院之後，也持續參加教會的聚會，以及最喜愛的聖歌隊活動。後來被逮捕，經歷面對死亡、等待死亡一年，然後又被送到火燒島的集中營。返回社會之後雖然有很長的時間沒有再踏入教會，但是蘇友鵬的母親及娘家的親戚大多數是虔誠的基督徒，家庭中仍然可以接觸到基督信仰，喜愛讀書的蘇友鵬也從未間斷地研習基督教的聖經。一直到晚年，經年輕時的好友、台灣基督長老教會濟南教會會友李詹懷德長老，鍥而不捨長期持續不斷地關懷、鼓勵與帶領，蘇友鵬終於決定接受洗禮，成爲一個正式的基督徒。其實綜觀蘇友鵬的一生，他並未放棄追求基督信仰的眞理，也非常努力地研讀聖經教義，只是他要以自己能夠了解的方式來面對自己的信仰思想，終於最後蘇友鵬決志受洗。蘇友鵬一再以基督教信仰中，耶穌教導的主禱文，來解釋台灣社會轉型正義的意義。蘇友鵬說：「主的祈禱文教導我們，在禱告中要祈求『赦免阮的辜負，親像阮也有赦免辜負阮的人』，我願意赦免辜負阮的人，但是到底『誰』是我應該赦免的對象呢？台灣一直都存在著許多的受害者，可是非常荒謬無稽的是，竟然沒有一個，連一個加害者都沒有！沒有事實眞相、沒有加害者，我到底要如何赦免及原諒呢？這是台灣追求轉型正義的矛盾盲點，一個荒謬無稽的現象，更是所有台灣人，必須要面對的嚴重扭曲的轉型正義課題！」

1950 年 5 月 13 日，星期六，台灣大學附設醫院在同一天內失去七個醫師，其中有三個是經驗豐富的主任。這不只單純是受難者本身被迫害，更是台大醫院，甚至於台灣醫學史上最嚴重的傷害。這一群醫師，不單只是能夠醫病，他們還擔負著培養台灣醫療人才的重任。但是因爲不見容於專制獨裁政權，造成的損失實在難以估計。

蘇友鵬，人生被剝奪了寶貴的十年時間，親身經歷、見證了外來獨

裁專制政權對台灣社會的殘酷迫害。他以一個政治受難者的身份，願意誠懇地原諒那個迫害他的加害者，結果竟然發生沒有加害者可以原諒如此荒謬的現象！當年參與迫害共犯的人、其後代、或曾經與迫害者站在一起的人，竟然囂張且厚顏無恥地睜眼說瞎話，宣稱「台灣沒有威權、台灣沒有迫害」，企圖以詭辯的方式面對過去在台灣發生的事實。更有甚之，大言不慚用所謂的「必要之惡」來為暴政做合理的解釋。他們辯解當年的時代背景有不得不惡的必要性。蔣介石、蔣經國父子及國民黨在台灣實施所有這一連串的「必要之惡」，目的只是為了獨裁者個人來犧牲所有人，何來必要之有？如此說法，完全是挑戰台灣人的智商！已經被學術界確定，必須為所有的加害負責的獨裁者，自稱為基督徒卻行「偶像崇拜」，將個人神格化、偶像化，要求台灣將其當神明偶像來祭拜，台北市中心的特等區域，運用公權力更改使用目的，建造一座供人祭拜的廟宇；全台灣各地區更有無數以其姓名來命名的道路與學校，這豈是一句荒謬可以解釋？何況整個獨裁政權從上到下，是完整的結構性的犯罪，有發號司令者，有執行者（包括特情治特務、司法官、執行槍決的劊子手以及告密檢舉者），這整個犯罪結構中的每一份子，難道沒有任何責任問題？台灣這個精神錯亂的社會，必須根本解決問題，完成真正的轉型正義！

　　台灣社會的轉型正義，不應該淪為一個選舉口號！也不應該是政治考量！雖然政府在 1990 年代後期，終於認定蘇友鵬他們是政治受害者，對於他們過去遭受的不當經歷給予補償，這確實是一個非常重要的里程碑！表示政府終於願意開始面對歷史，但「補償」與「賠償」雖僅僅是一個小小的文字差異，卻代表著完全不同的意義。轉型正義，難道不是應該先考慮受難者以及其家族與遺族的情感，誠懇地面對歷史事實？轉型正義絕對不應該淪為政治的考量！更不是選舉口號！既然是政府做錯事情，既然蘇友鵬他們這一群人是政治上的受害者，為什麼政府不能使用「賠償」？2004

年 7 月 15 日，在解嚴 17 年後台灣終於第一次政黨輪替，時任總統的陳水扁先生雖然處於朝小野大的困境中，仍然努力爲政治受難者盡了力。首先，頒發了「回復名譽證書」給蘇友鵬等受難者。這是個遲來的正義，邁向光明的一步。這張證書代表著政府給予當年受到不當審判的受害者及家屬，一個對歷史所造成傷痛的安慰撫平。終於，蘇友鵬可以從慘痛的經歷中，取得一個暫時的心靈安慰。但是歷史的真相仍然不明，慘不忍睹的事實仍然被隱藏在黑暗陰影角落之中。台灣真正的轉型正義，到底何時才得以徹底完成？公平與正義，何日得以伸張？

　　戰後發生在台灣的所有悲慘的歷史，從二二八開始，到長達 38 年的軍事戒嚴白色恐怖，絕對不是單純的「大時代的悲劇」一句話就可以輕描淡寫地一筆帶過！它是不折不扣非常嚴重的「政府暴力犯罪行爲」！同時是

↑回復名譽證書。

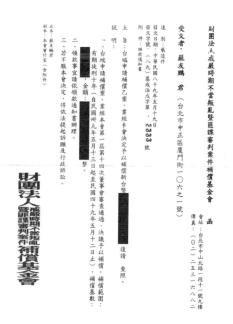

←戒嚴時期不當叛亂暨匪諜審判案件補償基金會之補償證明。

一整個政權從上到下的組織結構性犯罪。對於事實眞相的調查、釐清與公布，相關「加害者」的責任歸屬追究，都是轉型正義中非常重要的一環。轉型正義不應該只是一個政治口號，更不應該成爲政黨及政客的政治操作！這是台灣邁向未來絕對必須要經歷的陣痛。歷經六十幾個年頭，當年的受難者絕大多數都已經辭世，與時間賽跑的轉型正義，需要台灣所有人更多的關心注意！只有眞正完成轉型正義，台灣才有光明未來可言。

愛因斯坦曾經說過：「對不公不義的事冷漠，就是獨裁者的幫兇。」也有人說：「曾經有過獨裁者統治的國家，若不落實轉型正義，就非民主國家。」台灣經歷了蔣介石及蔣經國父子的獨裁專制政權的統治，其間雖然是以萬年沒有改選，從中國整個帶來的國民大會，以所謂「民主投票」方式來選出的「總統」，也有所謂其他政黨當花瓶，但是一切都是假民主之名的專制獨裁。國民大會及立法院是萬年國會，一直到李登輝成爲總統推動局部改革，勸退萬年國會，才有今天的總統直選，這段過程是許許多多不畏艱難、追求民主的人，犧牲奉獻換取的成果。可是台灣在解除戒嚴滿三十年，歷經三次政黨輪替到今天，蘇友鵬在生前卻未能等到轉型正義的到來！蘇友鵬未能知道發生在自己身上的事實眞相，也不知道誰是那個加害者來原諒。

蘇友鵬從 1995 年從鐵路醫院退休後，每一年都會參加 12 月 10 日的世界人權日相關活動，在 2000 年之後，更是每一年政府舉辦世界人權日活動的座上嘉賓，他也一直帶領政治受難者獻唱歌曲，紀念所有台灣的政治受難者。努力協助受難者爭取申請賠償、回復名譽等工作。只是非常遺憾，在與時間賽跑的轉型正義這一條跑道上，蘇友鵬本人未能在生前，等到、看到台灣社會完成轉型正義。

經過漫長的期待，在 2017 年 11 月 20 日，立法院終於通過文化部所提的《國家人權博物館組織法（草案）》。成立於 2011 年 10 月 10 日的「國

家人權博物館籌備處」，也終於成為正式的機關。人權博物館將以台灣威權統治時期相關人權檔案史料文物的典藏、研究、展示及教育推廣為核心。除了管理景美和綠島兩處白色恐怖人權紀念園區，並擴大連結，協助當代人權理念實踐推廣的組織發展與國際交流，彰顯民主、自由、公義的台灣核心價值。

緊接著，立法院在 2017 年 12 月 5 日完成《促進轉型正義條例》之法律三讀，行政院下設置促轉委員會，將有五大任務，分別是開放政治檔案；清除威權象徵、保存不義遺址；平復司法不法、還原歷史真相，並促進社會和解；不當黨產處理及運用；其他轉型正義事項。許多的政治受難者殷切期盼的，就是歷史事實真相的還原，以及釐清責任歸屬。轉型正義的徹底執行，是眾多受難者殷殷的期盼，相信也是絕大多數台灣社會大眾的期待！經過數十年，受難者年事已高，他們在等待期望得到事實真相、責任歸屬，但已經有為數眾多的白色恐怖時期政治受難者等不及還原歷史真相，就抱著失望與遺憾告別離世！但遲來的喜悅絕對比不來好，接下來就看執政當局如何執行。

轉型正義的相關法律終於能夠通過立法，當然是邁出了第一步，給予眾多的政治受難者一個安慰，可以為曾經發生在台灣的諸多不公不義進行平反工作，讓受難者能夠脫下沉重的包袱。這是黑暗中的一道曙光，雖然距離黎明尚遠。眾多受難者期待的歷史事實真相，加害者的責任歸屬，都是政府必須面對的重要責任，更是撫平歷史傷口的必要手續。我們期望政府更積極的作為，也必須努力，為一個不再有傷痛的台灣奮鬥！

告別人生舞台

2014 年 3 月 17 日下午，立法院的內政委員會審查台灣與中國之間的

《海峽兩岸服務貿易協議》時，執政黨的立委以粗暴惡劣的手段，片面宣
布審議結束交付院會表決，此舉引起台灣社會非常大的反彈。許多大學與
研究所，甚至高中職的年輕學子，於 3 月 18 日傍晚 18 時在立法院外舉行
「守護民主之夜」晚會，並於當晚進入立法院議場靜坐抗議，開啟了長達
23 天轟動全世界的太陽花學運抗爭活動。學運期間的 3 月 29 日那一天，選
在這個國民黨所謂的青年節的日子，蘇友鵬與另外 14 位政治受難者一起前
往立法院，在大議場上為佔據國會的年輕學子加油打氣，蘇友鵬也上台致
詞，勉勵這一群關心台灣前途的年輕學子。

　　2014 年 10 月底，蘇友鵬與同為火燒島新生訓導處教學醫院的難友林
恩魁醫師，連袂參加聯合國促進會的年度晚宴，兩人皆是促進會的永久會
員。距離他們在火燒島接受感訓已經六十年，兩個醫師在返回社會之後，
一北一南各自奮鬥，睽違多年的老夥伴，這是他們最後一次一起參加的公

2014 年太陽花學運
期間，蘇友鵬在立法
院議場勉勵學生。
（黃謙賢攝）

◀2014 年蘇友鵬參加
聯合國促進會年會餐
敘。（林由里提供）

2015年1月，蘇友鵬前往三芝雙連安養中心探視林恩魁醫師。

開場合。兩個年事已高的醫師，都期望台灣能夠成為一個新而獨立的國家，成為聯合國的會員國。2015 年 1 月 27 日，蘇友鵬前往雙連安養中心，探視居住在中心的林恩魁醫師，在那裡他們回憶起當年在火燒島（綠島）的日子，他們胼手胝足，在最艱難的環境下，成為火燒島的醫療砥柱，共同在火燒島創造了醫療史上空前絕後的奇蹟。林恩魁醫師是一位非常虔誠的基督徒，退休後為求能夠保存母語的使用，全力彙整原來用羅馬字編纂的台語聖經，並歷經六年時光完成改寫，同時把台語漢字版聖經的版權捐獻給教會。林醫師遭受的苦難沒有影響他堅定的信仰，反而成為他在困苦中的安慰。林恩魁醫師堅定的信仰，打動蘇友鵬的心靈。此次的相會，竟成為兩個難友在世上最後的見面。如今兩位醫師，已經回到共同的天上的家，不再有人世的苦難。

2015 年 1 月 11 日，蘇友鵬家人在台北市的晶華酒店，為蘇友鵬舉辦了九十大壽的慶生會。席開六桌，邀集所有居住於北部的大家族成員一起聚餐。席間，蘇友鵬依照往例高歌，為慶生會帶來許多的高潮。

2015 年 3 月 5 日，蘇友鵬與難友陳孟和前輩、郭振純前輩、涂炳榔前輩、鍾逸人前輩等，連袂出席「日本拓殖大學授予奇美博物館創辦人許文龍先生榮譽博士學位」頒發典禮活動。

2015 年 8 月 5 日，蘇友鵬和長久以來一起為台灣的人權、民主、社會公平正義奮鬥的政治受害者難友們，來到教育部聲援反課綱的青年學生。這一群學子反對教育部聘用意識型態不認同台灣的所謂「學者」以黑箱作業方式，片面針對國文、歷史、地理及公民共四科課綱的「微調」。期間還發生參與反課綱活動的林冠華在自家燒炭自殺事件。蘇友鵬他們前來活動現場表達關心，同時勉勵青年學生為更美好的台灣加油。

2015 年 8 月 8 日父親節，蘇友鵬的三個兒子全家，在剛經過颱風肆虐的晚上，為蘇友鵬慶祝父親節。筆者接到通知有幸參與盛事。席間，父親

↑↓2015年1月11日蘇友鵬九十大壽餐會。

2015年3月5日,蘇友鵬與難友郭振純、陳孟和、鍾逸人、涂炳榔等出席「日本拓殖大學授予奇美博物館創辦人許文龍先生榮譽博士學位」頒獎典禮活動。(簡中生攝)

2015年8月5日,蘇友鵬與難友探視反課綱青年學生。(黃謙賢攝)

2015年8月8日父親節聚餐。

蘇友鵬發紅包給所有的媳婦及孫子，這是蘇友鵬感謝三個媳婦為家庭付出的表現，蘇家奇特的習慣，由蘇友鵬拘腰包給大家紅包。蘇友鵬知道筆者12月要前往英國倫敦演講，也非常大方地給筆者一份順風大禮。

　　2015 年 12 月 4 日，台灣醫界聯盟基金會舉辦一場紀念李鎮源院士百歲冥誕的活動，參與負責編輯一○○行動聯盟攝影輯的邱斐顯女士，輾轉透過筆者國中同學得知蘇友鵬與筆者之關係，表示希望能夠邀請蘇友鵬參加當日的紀念活動。當日由於邱女士上午的行程有所延誤，邱女士抵達活動現場時紀念活動已經開始，她在爆滿的會場上四處搜尋蘇友鵬，突然看到一位身著西裝個子矮小的老先生，從擁擠的座位上站起來拿出平板電腦拍攝活動相片。邱女士眼睛一亮，那個手上拿著最新科技產品的人，就是久覓不著的蘇友鵬醫師。邱女士立即拿起相機從側面拍下蘇友鵬的背影，後來在活動結束之後兩人才正式見面。邱女士將當天與蘇友鵬的初次碰面寫

◀▲2015年12月李鎮源院士百歲誕辰紀念會，蘇友鵬使用平板拍攝照片。（邱斐顯攝）

2015年12月李鎮源院士百歲誕辰紀念會後，蘇友鵬與邱斐顯合影。（邱斐顯提供）

成一篇文章〈初次遇見蘇友鵬醫師〉放在她的部落格「台灣藝術花園」。

　　緊接在 2014 年年底的地方選舉之後，2015 年的台灣社會，爲了 2016 年的總統與立法委員選舉，進入緊鑼密鼓的選戰準備。蘇友鵬再次受邀參加「白色恐怖時期政治受難者小英後援會」擔任副會長的職務，協助參與各項大選的宣傳活動。終於在大家的努力之下，2016 年 1 月 16 日，蔡英文不負眾望贏得勝利，民進黨不但重新取得執政權，更取得國會多數席次，取得完全執政。

　　2016 年 1 月 24 日星期日，44 年來最大的寒流侵襲台灣，台北市的氣溫降至 4 度。這一天的下午兩點，前台北市市議員江蓋世夫妻透過筆者安排約了蘇友鵬訪談。當三個全身包得像變形肉粽的「奧少年仔」踏入蘇友鵬位於廈門街的診所兼住家時，蘇友鵬仍如平常一般，身著運動套裝加上一

♠2016 年 1 月，蘇友鵬接受江蓋世訪問，筆者與兩人合照。（邱斐顯提供）

件背心，頭上戴著註冊商標的泳帽，熱誠地歡迎大家的來訪。訪談在診間進行到中途時，診所的電鈴打斷了正在說話的蘇友鵬，原來是兩個從中南部北上參加演講比賽的高中學生，為了其中一人喉嚨痛需要找醫師診療，正徘徊在陌生的台北市街頭尋找診所。蘇友鵬聽到年輕學生說完之後，要求三個「奧少年仔」暫時離開診間，以便為生病的學生診療。三個「奧少年仔」在診間外面等待時，聽到蘇友鵬非常細心溫柔地聽學生敘述症狀及進行檢查，完成必要之治療開完藥，詳細地告知如何服用藥物及注意事項。結束時僅收取年輕學生新台幣 150 元，不需要健保（蘇友鵬的診所非健保診所）。當學生離開之後重新開始未完的訪談，江蓋世好奇地詢問蘇友鵬的收費，蘇友鵬回答說：「年輕的小朋友從中南部北上參加比賽，身上一定沒有帶很多錢，我能夠幫助他是我的福氣，更何況我年輕時也接受了許多的幫助，今天能夠回饋社會不也是我報答與感恩的方式之一？」

接下來的訪談，應江蓋世的要求，蘇友鵬開始唱著當年在火燒島經常唱的歌，一首接著一首，從歌劇到蘇格蘭民謠，自日本歌到懷念台灣老歌，時空似乎回到六十幾年前，在那個荒島的晴朗星空下，唯一的伴奏是迎面的海風，以及拍打在岸邊的浪濤聲。三個「奧少年仔」只能發揮想像力，追逐著那群被禁錮在淒涼荒島的叛亂犯，感受他們如何藉著蘇友鵬的歌聲來思念遠在海另一邊的親人。

蘇友鵬回憶火燒島歌唱思鄉。（邱斐顯提供）

江蓋世並非第一次與蘇友鵬見面。1970 年代，江蓋世曾經來蘇友鵬的診所看病。說到這裡，蘇友鵬轉身前往存放病歷表的櫃子，兩三下就抽出一張泛黃的病歷，上面清楚的筆跡寫著江蓋世的姓名、出生年月日，以及潦草的德文症狀與治療紀錄，一時之間「奧少年仔」才驚覺，蘇友鵬當年是使用德文習醫。（江蓋世的訪談文發表在2016年1月25日其臉書上）

2016 年 2 月 10 日，蘇友鵬邀集大家族（陳、蘇、龔），前往位於屏東縣泰山鄉的基督長老教會日光墓園掃墓。這次籌劃了數個月的盛大掃墓，聚集了三個家族，近百人的家族成員共襄盛舉。在舉行完追思禮拜之後，蘇友鵬迫不及待地進入骨灰壺的放置區，首先前往最疼愛他的姑婆鄭陳巒的地方，感情豐富的他舉手碰觸透明玻璃窗，眼睛充滿淚水，哽咽地述說當年姑婆給他一個五元銀元的往事。接著看著旁邊姑婆的獨生女龔鄭梅及大婿龔命楠醫師的骨灰罈，自言自語地在嘴裡唸唸有詞，似乎在報告現況。緊接著，來到七舅陳海國夫妻的靈位，兩個人有著不同的革命情感，那一年兩個相差僅兩歲的舅甥，一起參加了一場失敗的武裝行動；最後來到母親的蘇陳蕊的面前，蘇友鵬不禁跪倒在地，透過玻璃窗痛哭。結束掃墓之後一行人浩浩蕩蕩地前往屏東市內的餐廳聚餐，蘇友鵬席間恢復明亮開朗的笑容，開始往例的唱歌助興，歌曲一首接著一首地獻唱，一場熱鬧的家族聚餐在蘇友鵬的帶動下，輕鬆愉快地進行，許多初次見面的成員、許久不見的親人，得以在歡樂的氣氛下交流，讓整個大家族的關係更加緊密。

2016 年 5 月 20 日，蘇友鵬受邀參加蔡英文總統就職典禮，蘇友鵬在2012 年蔡英文競選時，就擔任政治受難者代表的小英後援會的幹部，2016年的大選也擔任後援會副會長一職。2016 年 1 月 16 日的大選，是台灣首次完全執政的政黨輪替，蔡女士當選總統對於蘇友鵬來說自是歡愉的，長久以來深藏在內心的癤，66 年來，一個沒有歷史真相的疙瘩，終於在民進黨

2016年1月家族掃墓，蘇友鵬致詞與家族合影。

2016年1月家族新春餐敘，蘇友鵬獻唱、家人喜相逢。

2016年5月20日，參加蔡英文總統就職典禮。（藍芸若提供）

的完全執政下，看到一絲的開啓的曙光。這一天蘇友鵬穿上正式的西裝，興奮愉快地參加了就職典禮，並於會後與難友留影。

　　2016 年 7 月 15 日，由文化部、國家人權博物館籌備處在景美人權文化園區舉辦一場特別的展覽，名爲「醫人治世先覺者——白色恐怖時期醫師群像特展」。這個展覽以十四個醫師政治受難者爲對象，他們都是被依涉中國共產黨台灣省工作委員會而受害，其中更有多達八個醫師被槍決。這個展覽從年初開始策劃、籌備，一直到正式展覽，蘇友鵬皆全程參與，他一方面是當年受害醫師其中的一人，更是劫後餘生的人。身爲親身經歷的見證人，蘇友鵬全力投入這個特別展覽的籌備過程，不但提供許多的意見，更提供許多珍貴的紀念文物相片。開展當天適逢解嚴 28 週年紀念，意義非凡。

2016 年 9 月底，一向非常重視自己的身體健康，長年一直風雨無阻，每週固定三次前往青年公園游泳池運動健身的蘇友鵬，在廈門街自家無預警暈眩昏倒，經緊急送到醫院檢查診察，發現左側咽喉部位的唾液腺有癌細胞，同時左眼發生黃斑部病變出血，導致視力受損。在接受治療的同時，蘇友鵬淡淡地退居後台專心養病，不再參加任何公開的活動與行程。同時因為擔心驚動大家造成麻煩，蘇友鵬選擇安靜地專心接受治療及休養，暫時停

2016年7月15日白恐醫師特展海報。

止所有的公開行程。這段期間，對蘇友鵬來說，最不習慣的應該是不能再去游泳，畢竟游泳是他一輩子的習慣，更是長久以來幫助他舒緩壓力最好的方式，卻在人生這個階段不得不放棄。

2017 年 2 月 22 日，日本東京大學人文社會系研究科的學生，前往參觀訪問景美人權文化園區，由陳中統醫師和蘇友鵬負責座談會。這是發病後蘇友鵬第一次前往景美人權文化園區，也成為他的最後一次。

2017 年 3 月 26 日，蘇友鵬的難友蔡焜霖前輩，長久以來與蘇友鵬共同為爭取台灣的民主自由與人權奮鬥，設宴款待自日本歸國的台灣獨立聯盟日本本部長王明理女士（王育德先生的女兒），蘇友鵬也是這個私人聚餐的座上賓。王明理女士在 2015 年初次與蘇友鵬見面，聊了天才知道原來蘇友鵬與她的叔叔王育彬是台南二中同學，在 1945 年終戰到醫學院恢復上課

↑↓景美人權園區東京大學學生座談會。

2017 年 3 月 26 日餐敘，蘇友鵬、王明理、蔡焜霖、陳欽生與筆者合影。王明理女士贈送父親書籍給蘇友鵬。

前的幾個月時間，蘇友鵬曾經師事其父親王育德先生學習北京話。雖然認識只是短短兩年的時間，但是雙方有太多共同的連結。特別是明理女士還身負著母親的期待，想要知道胡鑫麟醫師的夫人李碧珠女士（李鎮源院士的胞妹，世界知名小提琴家胡乃元的母親）的現況。那一年胡鑫麟醫師為了擺脫特務的不斷騷擾，不得不逃離台灣前往日本，在日本胡、王兩家之間一直都有密切往來，兩位夫人也如親姊妹般互相扶持。王明理女士特別帶來父親的著作送給蘇友鵬。

2017 年 4 月 14 日，蘇友鵬前往台北艋舺基督長老教會參加一個告別式，楊蓮生院長辭世永眠。兩個人在八十年前結識，蘇友鵬釋放返回社會後，楊院長全力協助進入台北鐵路醫院服務，兩個耳鼻喉科的專家，一生共同努力相扶相持，成就了鐵路醫院的耳鼻喉科。在前一年的 11 月，楊院長得知蘇友鵬生病，特地探視了他，豈知世事難料，精神抖擻的楊院長竟然提前離開，蘇友鵬真的是百感交集。

2017年4月23日，蘇友鵬設宴款待返台參加台北高校95週年紀念的王明理女士，邀請胡李碧珠女士出席。此外，蔡焜霖前輩、中研院副研究員陳儀深教授、日本時事新聞通信社台北支局長大月先生皆為座上嘉賓，席間蘇友鵬與蔡焜霖前輩應大家的要求合唱英格蘭民謠，先以英語演唱，再以日語演唱。時光回到1950年代，地點是火燒島新生訓導處，新生們在星空下享受短暫的自由時間，用歌曲安慰鬱悶被禁錮的心情。世事難料，沒有人會想到，兩個昔日難友的合唱，竟然成為蘇友鵬最後的絕響！

2017 年 9 月 16 日傍晚，蘇友鵬在家人的陪伴下，結束多彩多姿的一生。享年91歲8個月。

蘇友鵬沒有能夠等到台灣的轉型正義！

2017 年 4 月 24 日，最後公開行程聚餐。後排右起為蔡焜霖、大月克己、蘇峰儀、曾敏華、筆者；前排右起為王明理、胡李碧珠、蘇友鵬、陳儀深。

與蔡焜霖前輩合唱的人生絕響。

世代間正義——Inter-generation Justice

「那是一個莫名其妙荒謬無稽的時代！」這是蘇友鵬經常掛在嘴上的口頭禪。從1947年的二二八事件開始，1949年實施戒嚴，1950年啟動大規模的逮捕行動。短短的數年間，台灣社會中從菁英（學界、法界、醫界、財經界、政界、媒體……）一直到最底層勞工，許許多多的台灣人失蹤、被逮捕、被監禁、被殺，多少的寶貴生命因此被殘害，無數年輕人寶貴的青春歲月被剝奪，眾多的家庭因此破碎，父母失去子女、妻子失去丈夫、兒女失去父母兄弟。這一群人絕大多數都是戰後台灣重建的中堅人物，比起自中國前來「官員」的能力，絕對是有過之而無不及。但是在國民政府的眼裡，台灣人只是被日本殖民奴化的皇民，次等人種。國民政府把與台灣完全無關的《中華民國憲法》，強加在台灣這塊美麗的島嶼上，特別是蔣介石在國共內戰被打敗亡命到台灣之後，無視《國際法》的託管令，更利用韓戰爆發美國介入之機，在台灣惡意的利用「通匪」、「叛亂」、「顛覆政府」等莫須有的罪名，肅清異己，鞏固確立其獨裁專制政權。

在長達38年的白色恐怖期間，台灣就如同電影《楚門的世界》一般，整個社會是一個精心策劃、虛幻不實的世界，劇本由國民黨所寫，蔣家父子則是導演，整個專制政權體制結構配合演出，除了少數違背良心為虎作倀的參與者之外，所有的台灣人都生活在虛構謊言之中，過著完全被欺瞞的日子，只能順服在一個威權底下。在這段暗黑時代，整個台灣就如同是一座監獄島，四周的海洋遮蔽住真實面貌。蘇友鵬和其他眾多的政治受難者，則是監獄島中特別被挑選的一群人，他們被特別禁錮在那個禁閉室碉堡中，被當作恐怖示範，用他們的血淚，為台灣譜出一部黑暗進行曲。

1971 年，中華民國在聯合國的席次被中華人民共和國取代之後，更完全無視國際現實，死抱「中華民國」的殭屍，堅持所有的「漢賊不兩

立」，台灣無法成為一個新而獨立的國家，導致今日在國際社會不被承認，無法抬頭挺胸走上世界；更由於死抱「中華民國」，讓堅持「一中原則」的中華人民共和國有充分的理由打壓台灣，同時成為中國要併吞台灣最好的藉口。

2014 年，台灣爆發轟動國際全世界的太陽花學運，蘇友鵬興奮地手足舞蹈，因為他從學運當中，看到年輕人站出來關心台灣前途。他從學運，看到台灣年輕人願意關心未來，同時台灣意識的抬頭，表示年輕人了解，台灣未來的光明希望在他們的手上。整個反對運動從3月18日到4月10日，二十幾天的抗議活動，在台灣社會造成相當大的影響，喚醒台灣人對於惡鄰中國的反感。學生的訴求是反對馬英九及國民黨政權枉顧台灣主權，草率地通過傾向中國的服貿協定，特別是法案在立法院的黑箱作業，引起年輕學子進入立法院抗議。整個太陽花學運對台灣社會丟下了一個超級震撼彈，喚醒台灣認同的意識，甚至影響了 2014 年底的地方選舉，以及 2016 的總統和國會大選。學運期間，蘇友鵬及另外十幾位政治受難者親自前往立法院，為佔據國會的年輕學子鼓勵打氣。蘇友鵬代表政治受難者上台致詞鼓勵，他提到一個超越轉型正義的觀念——世代間正義（Inter-generation Justice）。

2014 年 3 月 29 日，特別挑選這個國民黨威權體制的「青年節」，蘇友鵬站上被佔據的立法院大議事場講台，對著眾多的青年人演講，簡短的致詞中說：「……可以參加這個反服貿黑箱的活動，覺得很感動。我記得馬總統說過，萬一這個服貿沒通過，台灣會邊緣化。寧可被邊緣化不要緊，不要中國化！希望台灣不要被納入國共兩黨的獨裁暴政的犧牲者。希望大家繼續努力！為了我們子子孫孫的幸福！」

後來，蘇友鵬在接受訪問時，對於太陽學運的評論是：「所以這次的太陽花學運，我很感動就是這樣，學生已經有自覺了，所以很寶貴的時

2014年太陽花學運期間，進入立法院探視年輕學生。（黃謙賢攝）

代。就像我那時在台大醫院，四、五個醫生被抓走，白天把我們抓走。當時是很荒謬、很恐怖的時代，所以我們的子子孫孫，就不要讓他們活在這種很恐怖的時代。我們有責任、有責任推動！Inter-generation Justice，就是『世代間正義』。為了台灣的未來，為了不讓我們的後代子子孫孫重蹈覆轍，再次遭遇如此荒謬無稽的迫害，台灣絕對不能讓悲慘的歷史重演！」

　　台灣從 16 世紀躍上東亞舞台之後，一直都是殖民地，因此台灣民眾習慣於遺忘過去，這是被殖民的特色。但是一個沒有歷史的社會，如何能有未來？歷史是一片明鏡，一個不重視歷史的國家，不可能有一個光明的未來！長久以來，台灣在獨裁專制下，執政者利用軍警特治國，社會充滿恐怖氣氛，草木皆兵，人與人之間沒有相互的信任關係。希特勒有蓋世太保，史達林有克格勒，蔣介石與蔣經國父子則利用軍隊、警備總部和調查

⬆⬇2014年太陽花學運，蘇友鵬與白色恐怖難友進入立法院議場鼓勵青年學子。（黃謙賢攝）

局的特務、警察來監視掌控台灣社會。同時，掌權的執政者又虛構歷史，隱藏扭曲事實眞相，透過教育體制洗腦，將完全偏頗的假歷史強加在人民身上，導致台灣眞正的歷史被完全抹殺。台灣人今天最嚴重的問題不就在自己的身份認同上？中華民國在 1949 年受命前來台灣接受日本軍隊的投降，結果由於國共內戰失利逃亡來台灣，鳩佔鵲巢一直到今天。不管是「中華民國在台灣」、「台灣的中華民國」，都只是一個不被世界承認的「國家」！1971 年 10 月 25 日，第 26 屆聯合國大會會議上表決通過的，關於「恢復中華人民共和國在聯合國組織中的合法權利問題」的決議，此影響台灣命運的聯合國大會第 2758 號決議，非常湊巧的是在國民黨聲稱的「台灣光復節」當天被通過，而由於要維持蔣介石個人的面子，堅持所謂「漢賊不兩立」的私人恩怨，台灣一次又一次被犧牲。全世界只承認一個中國，中華民國則是早就被取代的政權。可是目前在台灣宣稱的所謂「中華民國」政權，不但無法取得國際的承認，也成爲惡鄰中華人民共和國在國際社會打壓台灣生存空間的理由，更變成無時無刻虎視眈眈地想要併吞台灣的藉口，這就是台灣目前最嚴重的問題！生死存活的現實問題！與台灣完全無關的「國共內戰」，成爲事不關己的台灣的麻煩包袱。台灣一天沒有成爲新而獨立的國家，就一天要繼續面對這些壓力，台灣人民在國際場合也必須一直要遭受不必要的歧視。

　　這是台灣人必須要思考的重大生存問題，身爲台灣社會的一份子，我們不解決問題，問題就永遠存在。台灣經歷了接二連三的被殖民，台灣人長久以來只能當被殖民的次等民族；特別是在第二次世界大戰戰後中國來到台灣所作所爲，軍事戒嚴、白色恐怖、人民被迫害之事，都是台灣無法抹滅的悲慘歷史事實。蘇友鵬犧牲他寶貴的十年歲月，親身見證的慘痛歷史。這段歷史雖然是一個人的經歷，卻影響著許多人，更眞實地反映了台灣當時的荒謬。當然，悲劇絕對不容許再次發生在台灣。爲了台灣，爲了

我們的後代子子孫孫著想，我們不能把問題留給後代，我們更應該讓我們的後代子孫不再生活在恐怖之中。我們有責任，更有義務，必須忠實地呈現歷史真相，持續傳承真實的歷史事實，悲慘的歷史絕對不可以再發生，不公不義之事絕對不應該在台灣發生。身為台灣社會的一份子，大家有共同的責任，傳承到下一個世代，做為一個警惕。這是蘇友鵬晚年一直強調的世代間正義！蘇友鵬已經離我們遠去，但是他的遺志也是我們應該深思的課題，台灣的未來，後代子孫的幸福，是我們必須努力的目標！

　　蔡焜霖前輩、楊國宇前輩、郭振純前輩、以及許多仍然在為台灣的民主、國家認同與世代間正義的 1950 年代白色恐怖時期政治受難者，他們都有共同的希望，也仍然拖著日漸衰弱的身軀，努力地為了傳承在打拚。同時，他們期待所有受難者的第二代、第三代能夠一起站出來，繼承先人的腳步，將過去悲慘的白色恐怖時期的真實故事，敘述給更多的人了解，不是為了仇恨，而是歷史不能被遺忘！為了台灣的未來，子子孫孫不應該再遭受到相同的苦難，台灣絕對不可以再踏上歷史回頭路！這是前輩們共同的願望，也是許許多多為台灣的人權努力的鬥士，共同努力的目的。大家期盼台灣能夠有一個美好的未來，建立一個自由、民主、公平、正義的新國家、新社會。這也是蘇友鵬的遺志！

　　台灣必須要重新檢視整個教育制度與教育內容！長久以來，台灣由於被殖民，沒有自己的歷史，殖民者用自己的歷史觀來強加在台灣人身上，利用「洗腦教育」來強迫台灣人接受不屬於台灣人自己的歷史觀、地理觀及世界觀。導致台灣人不知道自身的過去，自然也無法去思考、規劃屬於自己的未來。特別是第二次世界大戰結束之後，中國代表盟軍前來台灣接受日軍投降，演變成今天鳩佔鵲巢的「中華民國體制」，造成今天台灣在國際上面臨的困境，這都是洗腦教育造成的問題。一個沒有歷史的國家，不會有好的未來！所謂「鑑古知今」，只有從根本上去改變教育，藉由教

育讓年輕世代了解過去的歷史，讓所有台灣人認清事實真相，才能規劃出一個屬於台灣自己的光明未來！今天德國能夠從第二次世界大戰後重新站起來，即使經歷了納粹對猶太人的大屠殺，東西德的分裂到統一，仍舊可以成為世界屬一屬二的先進大國，最主要的因素就在於：從最基本的教育上著手，不但真誠地面對歷史，更藉由不斷地深思反省，傳承歷史，重複告誡年輕的一代要如何努力來避免過去的錯誤。反觀台灣，社會仍然無法認真、誠懇地面對過去發生的不幸，沒有徹底的反省！這絕對不是悲情，是積極面對未來唯一的方式！

透過徹底的改變，完整地呈現實實在在的歷史真相；藉由徹底的真實教育，讓所有的人能夠了解過去的歷史事實與真相，同時思考如何避免再次發生悲劇，這難道不是我們所有人的責任與義務？只有透過不斷地反省與回顧，才能讓悲劇不再發生！

蘇友鵬醫師在整理個人資料的最後這兩年，一再提醒筆者，要把真實的故事說出來，讓更多的人了解歷史的真相，清楚地認識悲慘的過去，避免重蹈覆轍，促進社會真正的和解，才能避免再次走回頭路！正視歷史的不幸過去，台灣的後代子孫不應該再面對那個悲慘的故事，絕對不應該再一次經歷那個莫名其妙又荒謬的歷史悲劇！這是所有台灣人的使命，留給台灣一個充滿光明的未來，這就是蘇友鵬醫師在晚年不斷聲嘶力竭呼籲提倡的「世代間正義」（Inter-generation Justice）。

我已經爭戰好的爭戰，已經盡跑走的路站，已經守所信的道理。
——台語聖經‧新約提摩太後書第4章7節

蘇友鵬醫師一生見證三個時代，在困苦的經濟壓力下完成學業，莫名其妙走入荒島的勞動集中營黑牢，造福綠島包括難友、管理官兵、眷屬及

當地居民，在困境中秉持著做為一個醫師的道德操守、醫人救世的重大使命。返回社會之後，不畏懼持續不斷的騷擾，勇敢地在職場發揮長才，繼續其白袍人的責任，同時奉獻一生給這個他熱愛的土地。

如今他離我們遠去，前往天家，遺留給我們的是一個悲天憫人的情懷，一個為台灣的未來努力的目標。蘇友鵬充滿理想的胸襟，期待一個公平正義的社會，他懷抱這愛台灣的心，不斷地為這塊孕育他的土地努力，他到最後仍然沒有忘記呼籲大家為台灣奮鬥。

台灣，是我們的母親，在台灣歷史中，蘇友鵬人生的一格結束，我們也將繼續拿起那支筆，承接起歷史的片段，塗滿自己的一格，將整個片段將連接到未來，為台灣寫下新的一頁。福爾摩沙，一個受神祝福的土地！願主耶穌與台灣同在，保守看顧！

國家圖書館出版品預行編目(CIP)資料

死亡行軍：從神童到火燒島叛亂犯：蘇友鵬醫師的一生
/ 龔昭勳著.-- 初版. -- 臺北市：前衛, 2018.05

　　面；　公分

ISBN 978-957-801-845-7(平裝)

1.蘇友鵬 2.白色恐怖 3.醫師 4.臺灣傳記

783.3886　　　　　　　　　　　　107006639

Todes Märsche 死亡行軍
從神童到火燒島叛亂犯
蘇友鵬醫師的一生

作　　者　龔昭勳
責任編輯　chhenghong
美術編輯　Nico
封面設計　黃聖文
封面繪圖　陳英徹
指導贊助　國家人權博物館
　　　　　NATIONAL HUMAN RIGHTS MUSEUM
　　　　　http://www.nhrm.gov.tw
出 版 者　前衛出版社
　　　　　地　　址｜10468　台北市中山區農安街 153 號 4 樓之 3
　　　　　電　　話｜02-25865708
　　　　　傳　　眞｜02-25863758
　　　　　郵撥帳號｜05625551
　　　　　業務信箱｜a4791@ms15.hinet.net
　　　　　投稿信箱｜avanguardbook@gmail.com
　　　　　官方網站｜http://www.avanguard.com.tw
出版總監　林文欽
法律顧問　南國春秋法律事務所
出版日期　2018 年 5 月初版一刷
　　　　　2019 年 1 月初版二刷
總 經 銷　紅螞蟻圖書有限公司
　　　　　地　　址｜11494　台北市內湖區舊宗路二段 121 巷 19 號
　　　　　電　　話｜02-27953656
　　　　　傳　　眞｜02-27954100
定　　價　新台幣 350 元